Guideline on Campground Planning, Construction and Management in China

中国营地规划建设与运营管理指南

主编·文艺

科学出版社
北京

内 容 简 介

21世纪以来，我国自驾游快速发展，营地也一度成为现象级的文旅新业态，方兴未艾。2020年以来，在疫情防控常态化的经济发展新阶段，露营地再度成为新晋网红业态。虽然露营地在我国经历了20余年的本土化发展，但仍普遍呈现出业态单一、体验较差、运营不佳的共性问题。《中国营地规划建设与运营管理指南》共计七章，从营地概念与国际发展、中国营地发展建设、营地分类与功能、营地规划设计建设、营地管理运营要点分析、营地规划建设及运营管理案例分析，到创新型营地建设和运营典范，系统分析了不同资源及基础依托下的营地规划建设及运营管理核心。从产业背景、国家标准、规范要求、市场需求及模式引导等层面对中国营地发展建设给予全面指导。

本书全面归纳了国内外各类营地发展与规划建设方法，并涉及当前国内最前沿的新营地建设与运营案例分析，专项材料丰富、内容综合、理论与实用性较强。除了适合营地开发建设方、运营方、营地规划设计从业者阅读参考之外，也适合未来即将包含营地项目建设在内的风景名胜区、自然保护区、国家公园、遗址公园等保护地管理人员学习使用，还可为相关专业学科在校本科生、研究生提供学习参考。

图书在版编目(CIP)数据

中国营地规划建设与运营管理指南 / 文艺主编．—北京：科学出版社，2023.6

ISBN 978-7-03-075678-7

I. ①中… II. ①文… III. ①野营（军事体育）—旅游业发展—中国—指南 IV. ①F592.3-62

中国国家版本馆CIP数据核字（2023）第101826号

责任编辑：亢丽平 / 责任校对：胡小洁
责任印制：徐晓晨 / 封面设计：徐 辉

科学出版社 出版
北京东黄城根北街16号
邮政编码：100717
http://www.sciencep.com

北京虎彩文化传播有限公司 印刷
科学出版社发行 各地新华书店经销
*
2023年7月第 一 版 开本：787×1092 1/16
2023年7月第一次印刷 印张：15 1/2
字数：376 000

定价：158.00元

（如有印装质量问题，我社负责调换）

编　委　会

序

2022年的“5·19”第十二个中国旅游日，我和文艺博士一行在北京尚信村所在的温榆河河滩地的树林里扎起的天篷下的临时营地中以飞快的速度完成了旅游日短视频的拍摄任务。作为“旅游人”，旅游日那天自然少不了各种线上线下的活动。那天一大早，面对延宕不绝的新冠疫情和中国采取的“动态清零”抗疫政策，以及旅游业所面临的生死存亡的一个接一个挑战，我首先就在个人微信账号上发出了《题中国旅游日》的短诗：“岐路逶迤，雄峰远望。云游后，再致敬万水千山。日开处，尽游历。”

当日上午，在第一批五个国家公园之一武夷山国家公园所在南平市的市委书记林瑞良主持的“环武夷山规划研讨会”上，我以线上方式与中国城市规划设计研究院（简称中规院）和清华同衡的规划团队，以及同济大学吴志强院士等同行一起探讨南平市如何在环武夷山区域更好实现生态保护与绿色发展的课题；下午，我同样以在线方式应邀参加由内蒙古自治区主席王莉霞在阿尔山中国旅游日内蒙古分会场主持的内蒙古旅游业高质量发展座谈会。座谈会一结束，立即驱车一小时从市区赶到温榆河边，那里已有一片一片的帐篷和露营人群。那个时候晚霞已经在西边的天陲涂上了浓烈的暖红色，而温榆河两岸高耸的树梢上流淌的白云则在蓝天下催促我们赶快趁着日色和霞光摄制介绍《徐霞客游记》首篇“开游”之作《游天台山日记》的抖音视频。当然，在选景和酝酿台词的间歇，我们仍然没有辜负天篷下露营桌上的时果和现煮的咖啡——日程如此之紧，我们仍能不舍品质，这，就是露营的魅力。

时隔不久，6月5日，即使处在北京疫情肆虐的压力之下，我们仍和大地溪客的小伙伴们找了一片树林，按照北京市防疫规定的不堂食、户外活动不超过10人的要求，驾车来到地处北京燕山浅山区域、昌平的北京红栌银山国际汽车营地，带着一本《西南采风录》，一边煮茶临风，一边畅谈即将开启的“游历读书会”的发展计划。非常巧合的是，当年西南联大一部分师生徒步从长沙跋涉到昆明途中，《西南采风录》的作者刘兆吉采集到的第一首民歌就是文艺博士的老家湖南益阳的情歌：“隔河望见牡丹开，一朵鲜花不过来，指望老天快下雨，风吹牡丹过河来”，露营的同事们都要求文艺用益阳方言把这首民歌读下来，虽然久居天阙的文艺讲起家乡的俚语方言已经不是很地道，但是我们听来还是觉得比官话读起来更有“地方依恋”——方言艺术和场景艺术的理解，还是要在贴近自然的营地更容易实现啊。

两个小故事，都和露营有关，也都和文艺（人名）有关。作为大地溪客的品牌创始人，这些年来，文艺博士舍弃了很多，譬如她本已熟悉的旅游规划和景观设计。作为毕业于俄罗斯圣彼得堡国立建筑大学的博士，文艺在旅游地的规划设计领域可算是正宗科班出身，多年的从业经历又让她积累了良好的业务成绩，但是她不满足于已知的领域，总想探索出别的新路。这或许与她从小就喜欢像男孩那样“拆家”的性格有关，据说她小时候就喜欢把爸妈好不容易买到家的电器、机械什么的家用物品拆解开，就想看看这些设备仪器是怎么组装起来的。到了创业的年代，她把“拆家”的爱好移情到了“营地科技”上来，过一阵就会拿一件新奇的样品给我欣赏、品鉴或试用，有的是一个神奇的小瓶子，里面不知装了什么玩意，但是可以让灌进瓶子里的矿泉水变成能消毒的防护品；有的是一种装置，背在身上可以在海拔 4000 米以上的青藏高原免受缺氧之苦；有的时候跑到军工厂与军转民的科技人员探讨如何把野战甚至航天的黑科技转移到旅行和露营的旅居装备上来；有的时候又在某个景区搞了一套自行设计、工厂代加工、具有时尚感但又结实耐用的异型结构的酒吧、客栈或咖啡屋……科技创新的道路上总是充满了不确定性，不管是文艺博士个人，还是大地溪客公司，关于中国营地的规划建设和落地运营，他们一直在孜孜以求、追寻创新进步。

始于 2019 年 12 月的新冠疫情让旅游业陷于深深的泥沼而难以自拔，但是露营的市场需求却在时常被“静默”的城市和市民中间顽强地显露出来。在前不久李克强总理主持召开的全国性稳住经济大盘的十万人大会的精神鼓舞下，各地的移动性也在逐步地恢复起来，可以预见，不久的数月后，常态化防疫、预约性出行、家庭式露营、团建式户外活动、探险式穷游……一切的一切，都会重新回到 2019 年及之前的常态，不，都会以新的某种姿态，带给人民更多的惠益和幸福。“十四五”期间，从中央文件到国务院“十四五”旅游业发展规划文本，都一再述及的“打造一批文化特色鲜明的国家级旅游休闲城市”的重要产品形式之一的营地，无论是物质规划和用地提供，还是活动组织和运营管理，都会出现大幅度的普遍增长。与欧美相比，中国人对于户外、露营、房车旅行和扬帆碧波的认知，都还处于一种萌芽阶段。营地之规划、之建设、之运营，介于文化和旅游、自然资源、国民教育、自然游憩、遗产活化等多学科之间，营地游憩和营地旅游发展迫切需要一本专业性的图书，来探讨、分享许多相关的知识和道理，而文艺博士及其团队撰写的这本《中国营地规划建设与运营管理指南》，恰好能够满足这一新的社会发展要求。

作为了解文艺博士的学养和营地专业落地能力的同事，我认真地向各位读者推荐她的新作——《中国营地规划建设与运营管理指南》。

国际旅游研究院 院士

文化和旅游部“十四五”规划专家委员会 委员

北京大学城市与环境学院旅游研究与规划中心 主任、教授

2022 年 6 月 10 日

前 言

12年前，在研究论证北京雁栖湖是否具备承办G20峰会的基础条件时，我沉浸在一堆地方经济指标参数、土地性质和场地建设的摸底材料中，脑子里曾经闪现过一个疑问：为什么连北京雁栖湖都没有好玩的露营地？以后具备中国特色的营地会建成什么样？

带着这个疑问和期待在旅游规划咨询行业混迹多年后，我决定自己下水找答案。从参加各类行业内部会议搜寻优质材料供应商开始，到挑战创新试制可拆卸式移动建筑，再到以“军品转旅品”的技术背书去研究适用于自然保护地区的可移动旅居空间装备体系……但凡与营地建设、装备和运营有关的内容都可以充分激发我和团队小伙伴的好奇心。也感谢这份“好奇”，它是这么多年来一直推动着我们每个人自主前进探索的内在动力，且让我们熬到了今天。正是经历这十二年为“一纪”的岁月之后，我们也备感荣幸地见证了2010—2022年中国营地从新名词、新事物的引入到营地产业如火如荼发展的现状。

中国文化对外来文化予以本土转型是我们独有的传统特色，中国营地也不例外。全国现存的与露营地相关的企业有5.6万家，2021—2022一年内新增注册量更是达到了2.6万家，百度搜索“露营”二字热度指数也同比增长高达491%，2022年上半年瞬时爆红热搜榜单的魔都上海阳台搭帐露营和帝都打工人群“北京野会”的各类场景无不暗示着今年春夏季中国露营的特殊火爆程度，这也恰巧标志着当下中国营地产业发展已经步入正轨，并处于前所未有的高速发展状态。但奇怪的是当前各大新媒体的情绪释放和产品营销内容，多数聚焦在“家门口的诗和远方”“生活暂停”“生命锚点”“都市逃离”等一些极具感情色彩的词汇和生活状态上，而关于营地建设和运营管理方面的专业信息收集和经验分享内容却寥寥无几。据各专业书籍销售平台的搜索数据，从2015年至今围绕营地建设和管理相关的专业图书的出版数量竟然不足5本，这种反差着实让我震惊，也正是这个反差值印证了我和小伙伴整理出版这本书的跨时代意义。

所以，即便是处在中国营地百家齐放的当下，在搬家式露营、精致内卷露营、保姆式露营、门票露营、不过夜露营、音乐露营、狼人杀露营、炽热露营、日归露营、高原露营、沙漠焰火露营、狩猎露营、岛屿露营、雨中露营、雪地露营等各类产品推陈出新的今天，出版写作这本书的初衷也是为一探中国营地的特色，过程中始终沉下心来理性地思考和探究未来中国营地的建设发展和管理核心价值，至于收获，就交给时间吧！网络上流传一句话“露营只有零次和无数次”，我们对中国营地建设和管理的研究和探索心态也正是如此，保持归零心态，从头越，再出发！

在篇末，要特别感谢国际旅游研究院院士、北京大学城市与环境学院旅游研究与规划中心主任吴必虎教授，本书得以顺利出版得益于他的精心策划和悉心指导，从专业学术研究到事业合作搭档，他都是我们最敬重的老师和最有趣的合作伙伴。在创业彷徨惆怅、举步维艰的日子里，在一起户外出行和创新研发可移动旅居装备体系的过程中，他始终给予我们最大的支持、鼓励和启发。还要感谢高原科学与可持续发展研究院、北京大地风景文化旅游发展集团有限公司、北京大地溪客建筑科技有限公司在研究和案例调研方面给予的大力支持。未来可期，愿继续从心携手，同创共赢！

文　艺

2022 年 6 月 6 日

目 录

第 1 章 营地概念与国际发展

第 2 章　中国营地发展与建设

第3章　营地分类与功能

第 4 章　营地规划设计建设

第6章 营地规划建设及运营管理案例分析

第 7 章　创新型营地建设和运营典范

附　录

参考文献

第 1 章

营地概念与国际发展

第 1 章

营地概念与国际发展

1.1 营地概念

1.1.1 国际研究

国际房车露营协会（Fédération Internationale de Camping, Caravanning et de Autocaravaning，简称 FICC）将汽车营地定义为在交通便利、风景优美的地方开设的，有一定场地和设施条件，可以为自驾车旅游者和其他露营者提供自助或半自助的露营经营主体，主要提供游览、住宿、餐饮、休闲、娱乐、购物、租赁、信息咨询、金融保险、汽车保养与维护等服务，一般分为小汽车营地和房车营地两大类。

随着旅游业的不断发展，营地的概念也在不断延伸。英文文献将其表述为“campsite”或“campground”，多数学者认为营地是提供给人们休息停留的地方。营地概念的不同表述，源于营地的种类、规模大小和性质的差异。营地的定位也有很大差异，如营地设在交通主干道边或通往景区的必经之路，则属于单纯的宿营场所；如设在风景区内或周边的营地，则具有度假休闲性质[1]。

1.1.2 国内研究

进入 21 世纪之后，在自驾游市场需求快速增长的态势下，我国学术界也开始关注营地建设相关方面的研究，从不同的角度给出了营地的相关定义。汽车露营地是指在交通发达的风景优美之地开设的，专门为自驾车爱好者提供自助或半自助服务的休闲度假区，其提供的主要服务包括住宿、露营、餐饮、娱乐、汽车保养与维护等[2]。露营地是指在自驾车旅游线路上，依托旅游交通干线和风景优美之地或者在旅游景区附近开设的，有一定场地和设施条件，可以为自驾车爱好者提供自助或半自助服务的，具有特定主题复合功能的旅游场所[3]。

2010 年之后，当国内自驾车营地建设如火如荼时，有学者发现完全照搬西方模式的自驾车营地在我国并不完全适用，于是开始从我国自驾车营地建设现状的角度出发重新给它下了定义。汽车露营地是服务于自驾游产业的重要载体，是面向度假旅游时代的现代游憩活动目的地，包含了汽车露营地和房车露营地两种形态[4]。由于我国自驾游产业具有以小汽车为主要进入方式的特殊性，因此可将自驾车营地定义为以小汽车游客为主要客源，仅设置少量房车营位或提供房车租赁服务，并设置一定休闲旅游活动的综合性目的地[5]。

1.1.3 营地定义

综合以上概念界定，虽然国内外各位专家学者的侧重点不同，但营地的建设仍然具有以下共性：

（1）营地的建设和发展要依托于良好的交通可达性和优秀的旅游资源品位；

（2）营地面向以自驾车为主要交通方式的自助或半自助游客群体；

（3）营地包含小汽车和房车服务两大板块内容，但国内外侧重点各有不同。

综合以上共性，我们可以将中国的营地定义为：依托交通便利和资源丰富地区而开设的，既可以服务于自驾汽车及房车的自助或半自助游客群体，又可以集合户外移动旅居装备（房车、帐篷及其他宿营基础保障）、休闲设施、娱乐设备，涵盖自然教育研学、休闲度假、主题游乐、公共活动功能的综合型文旅产品。

1.2 营地起源与发展

公认的营地起源在19世纪60年代的美国，它首创于学校，是服务于青少年儿童的一种户外教育活动形式。随着美国公路系统的完善、现代汽车工业技术的迅猛发展和经济的不断增长，到20世纪60年代营地的内涵转变成为放松身心和亲近自然的一种新型旅游度假活动，并开始在美国和欧洲地区快速传播开来。发展至今，露营在美国及欧洲已经不再局限于仅仅是一种短时间的旅游行为，而是与日常生活深度融合的长时间和多频次的度假生活行为。在欧洲和美国，许多营地的发展历史可追溯至五六十年之前，这些营地拥有大批忠实的游客，俨然成为他们在户外的第二个家。综合来看，国际露营产业的发展可分为以下几个阶段。

1.2.1 以青少年教育为核心的萌芽时期

大多数营地是服务于自驾游产业核心子系统的重要一环，它的产生发展、升级演化都与自驾游的兴起和发展进程密不可分。世界公认露营是19世纪60年代起源于美国的一种以青少年户外拓展和自然教育为核心内涵的产品形态。1861年，美国康涅狄格州男子学校的校长首创了校园露营活动，目的是让青少年能够在自然环境中开拓思想和接受体育教育。这种露营产品形态的教育意义得到西方社会大众的肯定，各个国家都逐渐开展了以青少年为主要对象的有组织的露营活动。在这一时期，营地多作为各类学校、教会及教育机构的配套产品出现。

1.2.2 汽车普及化下的发展时期

第二次世界大战之后，全球经济进入稳定发展期，西方社会大众对于精神层面的消费需求开始快速增长。与此同时，美国汽车制造业快速崛起，汽车开始作为必备品进入普通家庭的生活。1908 年，美国福特自主研发的世界首款 T 型车辆开始进入美国人的日常生活，这一革命性的创造让汽车成为运载“整个世界”的工具。汽车的高效和便捷等特性，极大地拓展了美国人的生活半径，也改变了美国人的旅行观念。20 世纪 20 年代，美国人开始将帐篷、厨具等设备加载到家用轿车中，汽车露营旅游的雏形开始出现。汽车的高效化和快速化也促使营地从起初的一种针对青少年群体的教育属性产品，向针对全社会群体的具有休闲游憩属性的旅游产品升级演化。与之相适应，对各类与风景区紧密结合的具有休闲、度假和娱乐功能的户外营地产品的需求也开始大量集中地出现。

1932 年 8 月，由英国发起的国际房车露营协会（FICC）在荷兰成立，它是联合国下属的非政府组织和全世界汽车露营的权威机构，这一组织的成立标志着露营活动开始向世界范围推广。与此同时美国的国家公园和配套的公路体系开始迅猛发展，极大地带动了露营旅游的发展。随后露营旅游开始出现市场细分，相关的房车生产商、经销商及各类露营组织和机构也相继诞生。自驾车营地率先在北美和欧洲地区呈现出规模化发展的趋势，营地与户外休闲、野餐、漂流并列成为最受欢迎的四大旅游项目。在丰富旅游产品类型、营造城市休闲功能、丰富居民旅游生活等方面发挥着多重效应。

1.2.3 深化联动的产业发展时期

20 世纪 90 年代以来，露营产业快速发展，配套和辅助的上下游产业链中的要素均有不同程度的发展。21 世纪初，美国已经拥有各种类型的公、私营地 2 万余个，仅营地这一项旅游产品每年就可为美国贡献 200 亿美元的综合收益，并且依旧在逐年增长当中，自驾车营地成为占据美国市场最为重要的休闲旅游产品 [6]95–96。欧洲地区自驾车营地数量也达到了 5 万余个，成为全球之最 [7]。每年庞大的露营群体带动了房地产业、旅游业、房车制造业、汽车租赁行业、户外用品行业的快速发展。露营在西方国家已经不再是局限于旅游产业内部的产品的概念，而是融合了服务、科技、制造等行业要素的产业系统的概念。它的蓬勃发展带动了区域旅游服务业的发展，带动了地方就业，在一定程度上为区域经济的发展创造了新的活力。

1.3 世界营地发展现状

户外旅行及自驾车营地的发展通常与社会经济发展演化的阶段相适应。从 20 世纪中后期露营旅游在全球范围内的推广发展到今天，美国、欧洲仍然是户外旅游较活跃的市场，亚洲地区的日本和韩国率先发展露营旅游，并且形成了具有本土特色的产品体系和露营文化。

1.3.1 美国营地：高度普及化的重要休闲旅游产品

美国作为世界上自驾车营地数量最多，且市场发展较为成熟的国家，除了政策引导、国家标准限定下的规范化发展之外，最大的创新之处在于政府积极主动引导、全民休闲露营消费理念的培育 \ 完善的行业协会监督管理体系的构建三大亮点。

美国汽车营地的标准化与规模化的管理是通过政府引导、行业协会监督的模式来实现的。在政府的促进下，美国成立了规模庞大的公立和私立营地管理协会，除了美国国家公园管理局（National Park Service，NPS）、美国国家森林管理局（National Forest Service，NFS）和美国内政部土地管理局（Bureau of Land Management，BLM）以外，美国还有房车工业协会（Recreation Vehicle Industry Association，RVIA）、美国汽车协会（American Automobile Association，AAA）、美国露营协会（American Camping Association，ACA）、美国房车拥有者协会（American Recreation Vehicle Owners Association，ARVOA）、美国国家露营地拥有者协会（National Corvette Owners Association，NCOA）、拖车生活（Trailer Life）、威勒斯（Wheelers）及伍德尔斯（Woodall's）等机构。美国的大部分营地都加入了某些机构和行业协会，受其统一监督与管理，并且营地的开发、建设与评比有各自统一的标准。营地要遵守各自机构和行业协会的规定，营地的建设与管理也要符合各机构与组织制定的标准。营地每年都会接受等级标准的检查和重新评定的工作，这样可以很好地监督营地后期的维护与管理工作。

美国汽车露营的参与人口的年龄结构分布均衡，上至七八十岁的老人，下至几岁的儿童，呈现多层次分布特征，究其原因是美国拥有相当完善的国民休闲教育体系。学校的休闲教育从学前班开始一直贯穿至高等教育。美国高校还有专门的休闲、娱乐与户外游戏专业。美国的休闲与户外教育对美国户外露营产业的发展影响深远，从理念上提高了人们对休闲及户外运动的认识，从习惯上为营地培养了庞大的潜在客源及消费群体。

全美境内有近 20 000 个公立和私立商业营地，其中私立商业营地近 8000 家，公立营地的数量达到 12 000 余家，大大超过私立营地的数量。就公立营地而言，美国国家公园管理局下辖的 384 个国家公园内就有 440 个营地及 29 000 个营位。美国农业部森林管理局在其管辖的 155 个森林公园内有 4300 个营地，而美国陆军工兵部的 2375 个公园内就有 103 000 个营位[6]96，除此以外各州及各市县还有各自管理的公立营地。

政府的直接参与和经营，有以下效果：一方面，让营地摆脱了以盈利创收为唯一经营目标的传统模式，强化了营地作为公共配套服务设施的属性，保证了建设质量和后续维护的统一；另一方面，这一模式的广泛推广也为汽车营地的建设经营打开了国家优秀旅游景区的大门，拓宽了营地建设经营的范围，从根本上促进了营地功能性和景区资源性的有效统一，加强了二者之间的互动，促进大批资源品位高、服务水平优良的营地的出现，并在美国范围内形成有效的引领和促进。

在发展历程方面，美国大致经历了青少年教育、国家公园营地大爆发和近代露营产品多样化发展三个阶段。在国家公园营地大爆发阶段，美国的露营产品和国家公园的发展内涵保持一致，以“景观保护和适度开发”为主，在自然保护较为严格的国家公园非核心区域，通过简单的户外露营设施构筑，在严格的国家公园资源保护体系之下，保障各类珍稀自然景观和资源的同时，又可实现民众户外教育和休闲游憩功能。进入近代以来，在休闲旅游的旺盛需求驱动下，美国露营产业呈现出蓬勃发展的态势，各类专业的露营行业协会、专业运营公司层出不穷。露营的形式也从最初的帐篷露营过渡到房车露营。各类主题化、娱乐化、休闲化的营地开始大量出现，并成为美国社会中最重要的一类细分旅游产品。营地的服务种类从最初的简单提供加油、加水和停车等的配套产品，向露营住宿、休闲度假、主题娱乐、汽车服务复合型服务转变。

美国营地分布广泛，各州营地设施完善、服务全面、活动丰富、客源稳定。据统计，美国1/3的旅游土地以营地形式存在，有超过1000万的人口常年住房车，自驾车旅游营地总数更是达到2万多个，约有15%的人口参加自驾车旅游，且保持持续增加趋势。2014年之后参加露营活动的游客每年就超过3000万人次，仅营地的年收入就超过200亿美元。

1.3.2 欧洲营地：营地数量全球第一，倡导亲近自然和独特体验

在欧洲，营地体系相对完善，整体以中高端的度假型营地为主，侧重于亲近自然的露营理念。受地理位置上的便利性和文化上的共通性的影响，欧洲国家的营地之间形成了紧密的合作关系，在品牌营销和游客共享上进行了有效的战略合作，打造了在全球范围内具有强大影响力的露营体系。例如，国际汽车露营服务公司（Auto Camper Service International，ACSI）是欧洲最大的营地搜索引擎，会员包括露营者和营地拥有者，在30个国家和地区拥有近万个营地，制定了一系列欧洲营地的行业标准，对欧洲9873家营地进行监管，并向露营者提供有关露营及假日营地的信息。欧洲露营网（Camping Europe）提供包括23个欧洲国家的三星以上的品质营地的信息检索，提供详细的营地信息介绍、设施介绍和预订服务及入口，并且提供多种检索方式，如营地开放时间、营地设施、营地资源等信息，十分便利。

欧洲的营地一般都选址在远离都市的海滨、田园乡村、高山湖泊和国家公园/自然公园的邻近区域。以逆城市化安静放松的生活氛围营造为核心，以现代化的高品质和舒适的露营设施为补充，以面向成年人、儿童和老年人各个细分市场的不同活动为特色体系，欧洲营地将季节性活动和主题活动相结合，打造出了丰富多彩的营地文化活动，注重家庭团体的体验。

在欧洲，营地旅游一直是十分流行的旅行方式，尤其是法国。法国的营地建设质量居欧洲前列，这主要得益于法国政府超前的营地建设和管理理念。例如，在管理方面，法国的自驾车营地最高隶属于法国国家旅游发展署管理，在旅游发展署下设立专业的营地管理机构，专门负责营地建设标准的起草、实施、评价和监督工作。法国汽车营地标准细则设置完善，内容丰富，对营地内的照明、用水等基础服务设施均设立了精准的量化指标，便于统一实施和评定[8]。此外，政府部门还要负责对营地安全性进行统一评估，对于处在水域、森林等敏感区域的自驾车营地所可能发生的安全事故进行了详细分类，并提出了相应的预警、疏散条例。在生态环境保护方面，法国政府早在2006年就颁布实施了《全国房车露营地风景质量管理宪章》，对营地内的水资源回收再利用、垃圾分类处理、废弃物回收等细则做出了明确规定。在开发方面，要求营地建设依照凸显地域价值和尊重地域风貌两大原则，塑造具有地方特色的吸引物体系，促进与周围环境风貌的融合共生。在法国政府的推动下，营地旅游也逐步成为在欧洲十分流行的旅行方式。从市场的情况来看，法国约有80%的游客愿意选择营地旅游的度假形式。2015年之后，法国营地每年的总接待量都会突破有600万定期露营人数，英国每年有1300万人在营地住宿，2004年到2008年每年的房车销售量均在3.5万辆以上[9]。德国全境已有3600多个营地，138万辆房车保有量，每年露营的消费总数在100亿欧元以上[10]。大多数的欧洲人认为，营地休闲

具有文化多元性，是促进社会各阶层融合在一起的重要载体，是一种令人愉悦的社交度假模式。值得一提的是从营地经营者的角度来看，自驾车营地也成为所有旅游度假产品中利润最高的产品，法国自驾车营地的平均利润率就远远高于酒店和度假村的平均利润率。

1.3.3 日本营地：精细化建设、专业化发展，精准定位细分市场

在日本，建设一个对当地社会负责任的郊区型汽车营地是那些渴望与大自然亲近的露营者的愿望。日本也是亚洲地区最早建设营地的国家，营地数量已经达到 3500 以上 [11]。日本知名度高的营地多以独具一格的场地景观和建筑风貌著称。例如，坐落在富士山脚下的闪闪发光的富士山（PICA Fuji-san）营地，位于山梨县南都留郡富士河河町，远可眺望富士山，近可下富士西湖划船，营地总占地大约 50 000 m^2，类似丛林深处的一所秘密基地，完全处于原生态自然环境包围中；而坐落在群马县的北轻井泽山间的甜蜜草坪（Sweet Grass），充分利用场地的森林、草原和溪流景观建成了 40 栋住宿设施和拥有 130 多顶帐篷的区域，深受青年游客喜爱。其中，最有意思的是树屋设计，就像是格林童话里被树枝缠绕的树屋，深受儿童喜爱。

1.3.4 俄罗斯营地：以疗养与青少年教育为主，校外集体生活教育典范

俄罗斯位于欧洲东部和亚洲北部，是世界上国土面积最大的国家，整个国家跨越了 11 个时区 [12]。广袤的土地孕育了俄罗斯令人叹为观止的自然景观。俄罗斯有 5 万多处不同等级的各类营地。根据 2019 年俄罗斯颁布的促进和规范营地产业发展的行业标准来看，标准明确规定俄罗斯营地是以包含木屋、帐篷及旅居车等各类设施为核心载体，面向家庭亲子、青少年教育、休闲度假等各类市场群体，提供的以过夜住宿为主要形态的旅游产品。另外，该标准出台的核心目标也是为了引领俄罗斯营地从公共配套附属设施向独立的旅游目的地升级发展，以满足多元化的休闲旅游市场需求。

大多数的俄罗斯营地还属于公共教育配套设施，是不完全对外开放的。与英、美等国家完全商业化的营地运营体系不同，俄罗斯的青少年营地中绝大部分都归属于俄罗斯联邦政府直接管辖，被纳入青少年学校教育的必备体系，并由联邦政府统一拨款，不需要单独由参与家庭再付费。且参与的青少年需先提交网络申请，经过层层选拔之后，才能获取参与营地教育的资格。俄罗斯的大多数教育型营地每年根据季节特征，都有着相对固定的营期和主题设置。与美国营地项目比起来，俄罗斯营地的课程活动更偏向于团队活动，倡导更多的是团队的协作、情感的交流，以及追求服务国家的使命感。

值得一提的是，以青少年营地教育见长的俄罗斯在全球营地市场中也拥有十分亮眼的表现。例如，俄罗斯规模最大的营地——阿泰克成立于 1925 年，拥有近百年的发展历史，在全球营地领域具备非常高的知名度，且全年开放，每年夏季营地能接待 3500 多名儿童，冬季能够接待 1500 多名儿童。每个营区又根据所在地理位置和景观资源的不同，建立了与之风格环境相适应的宿营区，开设了体系丰富的营地教育课程，如雷奇诺伊营地（Camp Reioh Noi）以舒适宽敞的住宿环境为特色，拥有一个室外海水游泳池、两个运动场和一个篝火广场；基帕里斯尼营地（Camp Kiparisny）绿树成荫、环境舒适，配套有游戏室、自助餐厅、运动场、户外舞台

以及绘画课程；拉祖尔尼营地（Camp Lazurny）位于苏克苏（Suuk-Su）遗址上一个独特的公园内，自然地标包括普希金石窟（Pushkin Grotto）、夏里亚平岩（Chaliapin Rock）和苏克苏宫（The Suuk-Su Palace）。营地还拥有自己的学校，可容纳 1224 名学生，正在实施的有 100 多个主题教育计划，例如技术、艺术、旅游和当地历史、社会和教学计划[13]。

俄罗斯政府垂直化的营地教育管理系统、强有力的安全保障机制，以及与时俱进的营地教育理念与符合社会需求的价值挖掘式营地教育课程，让营地成为除了家庭和学校之外的第三课堂，也成为全球学习的典范。在面向旅游市场层面，亲近自然、融合人文、特色突出的以休闲疗养为目标的奢华露营方式在俄罗斯也开始备受追捧。2019 年颁布的营地行业标准还明确规定了在符合地区法律法规的基础之上，营地可以选址于自然保护区及文化遗产区域内。并且随着市场需求的不断迭代，奢华营地开始日渐向一站式度假目的地的形态升级。

1.4 世界营地发展趋势

1.4.1 产品多样，功能多元

营地从单一到复合，娱乐化、特色化经营趋向明显。在国际社会，营地经历了产品形态从单一到复合，功能从简单到复杂的整体发展态势，营地除了融合最基本的休闲度假功能之外，还日益呈现出与探险、主题游乐、户外拓展、高端体育等融合的趋势，服务活动也趋向多样化。国际营地产品的开发往往采取营地和旅游项目组合开发模式。现在的营地也不仅是一个户外住宿的场所，更是为露营者提供了满足亲近自然、放松自我、自我实现需求的一个旅游目的地。营地的项目与产品也绝不是仅有住宿设施，在欧美国家，营地除了为露营者提供住宿设施及必需的上下水、电之外，还为大家设计开发了丰富多彩的活动项目和产品，并且还以营地为平台，借助周边的自然资源开发了不同类型的娱乐产品。例如，在森林型营地开发森林越野、狩猎等产品；在山地型营地开发登山、山地自行车、山地马拉松、攀岩、山谷定向穿越等项目；在海滨型营地开发游泳、帆船、沙滩越野车、沙滩排球、游艇等娱乐活动。在开展各类活动的同时也推出如船舶出租、牧师服务项目、临时保姆等服务项目。

1.4.2 统一标准，建设规范

从粗放到标准，各国普遍出台了营地建设评级标准。美国的营地分为五级，这种划分很大程度上与旅游者的需求层次从最低的生存需求到最高的自我实现层面相耦合。英国按照营地质量从优异、优质、良好、好、尚可将营地划分为 5 个星级。丹麦、法国的汽车营地评价标准对配套设施、营位面积、基础设施、接待容量等进行了量化分级。丹麦的汽车营地由丹麦露营局根据其营地星级评定标准，授予从一星级到五星级不等的汽车营地星级荣誉，标准也适用于北欧各国。在丹麦从一星级到五星级的汽车营地都有各自不同的评定标准，通常把拥有 200 个营位可容纳 600 人的三星级汽车营地定为基本标准模型[14]。

法国为了促进本国汽车露营产业的发展，设置了专项的房车营地管理机构，由法国旅游发展署（Atout France）专门负责起草、制定和实施房车营地的星级评定标准。在法国政府的积极推动下，房车营地的星级评定标准带动了相应的设施改造，使得营地收费标准也随之上调。房车露营游客不再是追求低价旅游产品的社会阶层较低的游客，而是追求豪华、自然、舒适和环保的新型消费者。

1.4.3　细化客群，精细分类

从简单到精细，细分露营产品形态日益多元。近年来在欧美地区及亚洲的日韩等地，自驾车营地伴随着旅游业的升级深化，开始出现专注于小众市场的细分产品，如野奢营地、女子专业营地、高尔夫营地等不同的露营产品。这类产品虽然数量少，但游客的忠诚度和重游率却非常高，在市场中占有的份额日益增加。在这类产品中，房车、汽车等不再是露营的核心载体，而是体验露营的一种过程。特色化和高品质化的住宿设施，人性化、标准化的服务体系，特色化、体验化的露营理念文化及在地化的露营活动是其保持旺盛生命力的核心。精细化露营产品的兴起，说明露营旅游者越来越追求舒适的露营体验和高质量的服务。

比如，在欧美地区呈持续增长趋势的露营旅游类型是奢华露营。这类露营者大多是女性，追求舒适豪华的露营体验。奢华露营源于欧美人在非洲游猎时追求的奢侈享受，奢华露营在过去一直属于小众市场，在近几年才逐渐成为欧美人户外休闲的主流。奢华露营不同于其他露营之处在于其露营设备，一般不是居住在帐篷，而是居住在小木屋内等。大多数人认为欧美人在小时候基本都有露营的经历，而简单地住帐篷或露营车等已经不能给他们带来更多新奇舒适的露营体验，度假式露营的兴起也正好满足了他们追求新奇、舒适露营体验的需求。

第 2 章

中国营地发展与建设

第 2 章

2.1 中国营地发展阶段与基础

中国营地的建设与发展相对滞后于西方国家。直到20世纪90年代，中国才开始出现自驾游的萌芽，整体呈现起步晚、需求大、发展快的基本特征。综合来看，可以划分为三大阶段。

2.1.1 萌芽阶段

从20世纪90年代末期到21世纪初，以市场自发性的需求萌芽和供应产品的缺失为特征。在这一阶段的经济相对较活跃的大城市里，汽车已然开始进军普通人的日常生活，扮演着日益重要的角色。同时，随着中国改革开放力度的不断增强，西方房车文化开始向中国输入，并对市场产生了潜移默化的影响，市场开始自发出现了与自驾游相关产品的萌芽。以个人或家庭为主，行为以自主安排行程、自发选择目的地为主，但受限于市场发展的不成熟，营地仅停留在探索阶段，并未进行深入探究和实际建设。

2.1.2 起步阶段

从2000年到2014年年底，以市场爆发性需求增长，政府引导市场，供给体系初步形成为特征。进入21世纪之后，在大规模城镇化运动和带薪休假制度不断完善的驱动下，全民休闲化旅游度假时代逐渐到来，催生出了规模庞大的自驾游群体。政府开始关注支持自驾游相关产业发展，并着手促进行业相关政策制度建设和市场引导机制的构建。与此同时，各类型的市场主体也先后加入到自驾游产业建设的浪潮中，自驾车俱乐部、传统旅行营地品牌、营地连锁服务机构等经营主体呈现快速增长的态势。在组织化经营扩张和爆发式市场增长的双向叠加下，这一个阶段的营地数量和规模均有不同程度的增长，但总体还是呈现小、弱、散、乱的特征。

2.1.3 发展阶段

从2014年以来，自驾车营地顺应市场发展趋向，逐渐成为新一轮经济改革发展中心的增长点。从中央到地方，先后密集出台了多项扶持和规范政策，让自驾车营地成为旅游行业内部的风向

中国营地发展与建设

标。相应建设规范化标准的拟定也是从那时开始的，例如，2015 年《休闲露营地建设与服务规范　第 2 部分：自驾车露营地》正式发布并于 2016 年开始实施，这是我国首部国家级的自驾车营地建设标准；2019 年 9 月，中华人民共和国文化和旅游部又发布了《自驾游目的地等级划分》和《自驾车旅居车营地质量等级划分》两项行业标准，将自驾游目的地划分为国家级自驾游目的地、省级自驾游目的地两个等级。将自驾车旅居车营地划分为 5C、4C 和 3C 质量等级。标准还对自驾游规划、政策支持、基础设施、公共服务、安全引导、应急管理和数据统计等方面提出了要求。这一国家行业标准的颁布也标志着我国的自驾游和营地建设正式迈入了产业化、标准化、特色化同步发展的新阶段。

2.1.4　发展基础

1. 政策导向

2009 年国务院下发的《国务院关于加快发展旅游业的意见》首次提出把旅游房车、邮轮游艇、景区索道、游乐设施等旅游装备制造业纳入到国家鼓励类产业目录中，在这之前，国内营地建设主要供私家车停放，很少引入房车类的旅居宿营产品。从 2011 年年底开始，中国各省市开始普遍建设房车营地或自驾车营地，部分省份及地区已相继出台营地建设标准。2014 年 10 月，国务院常务会议将“升级旅游休闲消费，落实职工带薪休假制度，实施乡村旅游富民等工程，建设自驾车、房车营地”作为推进消费升级、促进经济提质增效的重要产业方向之一。房车营地建设成为促进旅游业升级发展的重要战略之一，2015 年后，关于自驾车、旅居车及露营旅游的政策法规密集出台，国家层面多部委、多领域，地方层面多省市都相继推出自驾游产业发展的相关政策。

（1）战略奠基——基础设施定位奠定营地发展基调

2015 年 11 月，国务院第 66 号文件《国务院关于积极发挥新消费引领作用加快培育形成新供给新动力的指导意见》发布，该意见首次将自驾车房车营地的发展定调为“旅游旅游基础设施建设”。营地将着重发挥“基础设施网络支撑”作用，通过“系统构建和完善基础设施体系”“加快旅游咨询中心和集散中心、自驾车房车营地、旅游厕所、停车场等旅游基础设施建设”，以“适应消费结构、消费模式和消费形态变化”。这一发展定位的转变，将自驾车营地发展建设的战略意义不再局限为服务于自驾游产业体系内部，而是将其拓展服务于整个休闲旅游度假市场的新载体，自驾车营地转变为与风景区、度假区紧密相关的重要支撑服务体系。

（2）法律许可——房车上路趋向合法化

2015 年 4 月 8 日，公安部交通管理局正式下发《关于规范旅居挂车上路通行管理工作的通知》，并抄送本部办公厅、三局、交通运输部公路局、国家旅游局办公室。该通知明确指出“旅居挂车与其他载货挂车在乘坐人数、运载质量、行驶路线、运行规律等方面有着本质区别，……各地公安机关交通管理部门要……抓紧纠正违反《道路交通安全法》有关规定限制旅居挂车通行高速公路的错误做法；同时，要按照区别对待、分类管理的原则，进一步细化城市道路通行管理措施，……切实保障旅居挂车的通行权利”，并首次给予了自驾车房车合法的上路身份，为我国房车自驾游产业的蓬勃发展从源头上提供了保障。

（3）资金引导——多方参与助力营地发展

2015 年 7 月，国务院第 100 次常务会议审议通过了《国务院办公厅关于进一步促进旅游投资和消费的若干意见》，该意见不仅明确指出房车营地将是新辟的旅游消费市场与热点，还首次在时间节点及量级规模上对自驾车、房车营地做出了明确要求，指出到 2020 年鼓励引导社会资本建设 1000 个自驾车房车营地。

2016 年 11 月，国家旅游局、国家发展改革委等 11 部委印发的《关于促进自驾车旅居车旅游发展的若干意见》提到，中央财政及地方要加大对自驾游道路、停车场、厕所、电信、环卫处理等基础设施建设的支持力度，并鼓励旅游产业投资基金、金融企业加大对营地龙头企业的资金及金融支持。

2018 年 6 月，国家体育总局印发的《体育总局办公厅关于加快推动汽车自驾运动营地产业发展的通知》提到，各地体育行政部门要通过政府购买服务、体育赛事活动安排等方式加强对营地的支持；鼓励体育产业引导资金、体育产业投资基金投资汽车自驾运动营地；引导以社会资本为主体的各类产业投资基金投向汽车自驾运动营地的建设、运营和管理；加强与银行等金融机构合作。国家层面着力构建从中央到地方，涵盖财政资金、产业基金、金融资本及社会资本的多层次支撑、多方参与的营地金融支撑体系，为营地行业在全国范围内的拓展普及奠定基础、提供支撑。

（4）用地许可——自驾车营地建设用地定调

2015 年 12 月国土资源部、住房和城乡建设部、国家旅游局联合发布《关于支持旅游业发展用地政策的意见》，在用地政策方面提出了诸多利好，包括支持自驾车、房车营地旅游，营地应当与自然人文环境协调，按旅馆用地管理。政策从根本上明确了营地建设的游戏规则，看似提高了门槛，实则从根上保证了营地项目的合法性，为后续营地项目的交易、兼并、合作提供了条件。随后 2016 年颁布的《关于促进自驾车旅居车旅游发展的若干意见》进一步明确了营地类建设项目涉及的各类用地的规范性，选址在城镇规划区外的营地建设项目的公共停车场、各功能区之间的连接道路、商业服务区、车辆设备维修及医疗服务保障区、废弃物收纳与处理区等功能区可与农村公益事业合并实施，依法使用集体建设用地，自驾车营区、旅居车营区、商务俱乐部、木屋住宿区、休闲娱乐区等功能区应优先安排使用存量建设用地。这不仅赋予营地类项目优先用地的权利，同时有效引导营地各类建设项目落地实施。

（5）产业支撑——奠定营地文化推广普及基础

2016 年 11 月印发的《关于促进自驾车旅居车旅游发展的若干意见》倡导大力发展自驾车旅居车及营地设施制造业，将旅居车纳入汽车行业发展规划，同时鼓励企业开展自驾车旅居车装备、营地设施、户外运动装备等用品的自主研发，按规定享受国家鼓励科技创新政策。在汽车制造业成熟生产技术的保障下，旅居车和相关零配件制造技术标准体系的构建将加快，为规模化生产制造奠定基础，以推动国内营地普及发展，助力营地文化的宣传及新消费需求的培育。

（6）发展引导——融合发展提升营地软实力

2018年颁布的《体育总局办公厅关于加快推动汽车自驾运动营地产业发展的通知》提出实施“营地+”行动，鼓励以营地为核心开展赛车、徒步、登山等各类户外运动，与文化、旅游、教育、康养等产业融合，与“互联网+”结合，不断丰富营地服务功能，提升营地服务的智能化建设。“营地+”行动的开展引导营地进入集合多元服务功能的综合化发展阶段，营地将作为聚合运动、旅游、休闲等服务的核心，成为具备多元功能的服务综合体。

（7）消费引导——培育普及营地文化激发消费

2016年，李克强总理第二次在《政府工作报告》中又明确提出要加强自驾车营地等设施建设，迎接正在兴起的大众旅游时代，营地纳入国家重点部署产业，自此国家层面大力倡导宣传推广营地文化，先后颁布的《关于促进自驾车旅居车旅游发展的若干意见》及《体育总局办公厅关于加快推动汽车自驾运动营地产业发展的通知》提到要大力推广自驾车旅居车生活新方式、普及汽车自驾知识和营地文化，倡导开展旅居车博览会、文化产品推介会、主题展览，以及群众性自驾休闲活动和营地主题赛事节庆活动，并充分利用广播、电视、互联网、手机App等各类大众传播平台和现代多媒体传播技术进行宣传推广普及，激发培育市场新消费需求，包括培育青少年露营文化。

（8）服务保障——趋向专业化组织化保障体系

2018年《体育总局办公厅关于加快推动汽车自驾运动营地产业发展的通知》颁布实施，该通知提出积极利用体育产业协会等发展平台，开展汽车露营大会、营地装备展示、营地招商推介、营地预订服务、人才培训等工作，做好营地的数据统计和发展评估，并培育一批有示范引领作用的营地和汽车露营领域的专业服务机构，为营地的发展提供服务支持。借助行业协会平台优势统筹开展营地发展保障工作，让营地这一新兴业态在初级发展阶段能够得到全方位支持和鼓励，对于新业态的拓展普及发挥积极作用。

综合来看，国家层面的相关政策主要集中在宏观引导、整体布局，政策支持、发展环境营造，标准制定、属性定义等几大方面。在国家宏观政策的导向下，各级地方政策也积极响应，纷纷出台促进自驾车营地发展建设的相关文件。良好的政策环境为自驾车营地的发展建设奠定了基础，也更加明晰了自驾车营地的发展建设方向和实施步骤，见表2-1所示。

表2-1　2009—2019年国家（省、市）关于促进自驾车营地发展的相关政策

层级	发布时间	政策名称
国家	2009-12	《国务院关于加快发展旅游业的意见》
	2013-02	《国民旅游休闲纲要（2013—2020年）》
	2014-08	《国务院关于促进旅游业改革发展的若干意见》
	2014-10	《国务院关于加快发展体育产业促进体育消费的若干意见》
	2014-04	《关于规范旅居挂车上路通行管理工作的通知》
	2014-01	《汽车露营营地开放条件和要求》
	2015-08	《国务院办公厅关于进一步促进旅游投资和消费的若干意见》
	2015-10	《休闲露营地建设与服务规范》
	2015-11	《国务院办公厅关于加快发展生活性服务业促进消费结构升级的指导意见》

续表

层级	发布时间	政策名称
国家	2015-12	《关于支持旅游业发展用地政策的意见》
	2016-11	《关于促进自驾车旅居车旅游发展的若干意见》
	2017-07	《汽车自驾运动营地发展规划》
	2018-06	《体育总局办公厅关于加快推动汽车自驾运动营地产业发展的通知》
省（市）	2012-07	《云南省汽车旅游营地等级划分与评定》
	2015-11	《重庆市人民政府办公厅关于促进旅游投资和消费的实施意见》
	2019-04	《浙江省户外运动发展纲要》
	2019-12	《江西省汽车自驾运动营地发展规划 》

2. 市场需求

我国改革开放以来，城镇家庭人均可支配收入递增，特别是到20世纪90年代中后期开始大幅度上涨，恩格尔系数不断下降。居民收入在增多的同时消费结构也开始发生变化，文化层面的消费需求开始快速增长。国家统计局2021年数据显示，从发达地区的人均GDP来看全国已经有17个省份人均GDP突破1万美元，包括北京、天津、上海、浙江、江苏、内蒙古、广东、福建、辽宁、山东、陕西、安徽、湖南、江西、辽宁、山西和重庆，这些地区中产阶层已经进入以休闲业为主同时向休闲度假过渡的旅游阶段。在休闲度假时代，散客自助旅游后起直追，居民对精神文化、旅游等方面的消费大幅提高，消费项目更新换代。这是我国旅游市场繁荣和旅游业基础服务完善的表现，也是旅游者心理日趋成熟的必然选择。随着社会经济的深入发展和小康社会的全面建设，中产阶层的增速发展也势必会带动和促进自驾游产业的快速发展。

随着我国经济的发展、度假理念的传播和带薪休假制度的完善，我国居民的休闲度假需求旺盛增长。根据2015年中央政府门户网相关数据，当人均GDP为1000美元时需求以观光业为主，2000美元时需求以多样化和多元化的休闲业为主，达到3000美元时休闲度假旅游需求全面爆发。中国在2008年突破了被视为国家成长阶段经济转折点的“人均GDP3000美元”这一指标[15]。截至2018年我国全年可休假天数已经达到130天，催生了黄金周、周末近郊游等旅游常态化的高峰出行现象。未来随着生产性服务业地位和旅游产业战略地位的上升，居民休闲度假需求的上升，在多元层级政策和市场因素的推动下，我国将全面步入休闲度假旅游时代。营地作为一种融合了个性住宿、休闲、娱乐综合属性的新型旅游产品，必然在度假时代占据较大的市场份额。

中国旅游车船协会发布的《中国自驾车、旅居车和露营旅游发展报告（2021—2022）》显示，2020年，自驾游人数达到22.4亿人次，首次占比超过70%，达到77.8%，自驾游市场已经进入成长期的“高原阶段”。且据本报告课题组组长莫克力解读，未来我国自驾游人数占比有可能达到90%左右[16][17]。大规模的自驾游出行群体将催生出大量的营地产品需求。与此同时，自驾游市场消费经济的快速成长，将直接或间接带动上游制造产业、中游服务产业、下游消费产业的快速集聚和消费总额的快速累积，形成一个万亿级别的消费市场。

值得关注的是，经过始于2020年的席卷全球的新冠疫情的影响，我国采取严格的出入境及跨省人员流动政策，以往火热的出境游市场受限于政策及疫情等综合因素逐渐低迷，国内旅游市场需求长期积压。在国内疫情控制趋向稳定后，疫情防控进入常态化的阶段，旅游消费需求经历了从“爆发性增长”到“补偿式”休假、“报复式”出游的转变。据文化和旅游部统计数据显示，2021 年“五一”假期全国国内旅游出游 2.3 亿人次，按可比口径达到疫情前同期的 103.2%；国内旅游收入 1132.3 亿元，恢复至疫情前同期的 77.0%。2021 年端午节假期 3 天（6 月 12—14 日），全国国内旅游出游 8913.6 万人次，按可比口径同比增长 94.1%，恢复至疫前同期的 98.7%。在出境游仍然存在许多不稳定、不确定因素的情况下，大量出境游市场转移到国内，可以预测未来国内旅游市场需求将呈现稳步增长态势。

疫情发生后，旅游消费市场需求发生了一定转变，尤其是在疫情仍然处于不稳定的状态下，在目的地选择上，本地化、周边化、乡村化的趋势较为明显，近郊游成为人们的首选，艾媒数据调查结果显示，2020 年中国消费者疫情后首次计划近郊游的占 43.5%，计划远途过夜游的中国消费者占 20.1%，出国旅游的占 6.9%，无旅游计划的消费者占 29%；在产品选择方面，人们则更加倾向于安全、健康及高品质个性化产品，空间开阔的户外场景和私密性高的新玩法受到更多追捧，房车露营、户外徒步、低空项目等玩法在疫情后备受关注；在出游方式选择上，人们更加侧重于出行的安全性、私密性，而自驾游因为其自由、私密、安全的优点成了游客出行的主要方式，特别是作为国内新兴旅游方式的房车旅行在疫情期间正以加速的状态被大家所接受，以自驾游为代表的旅游消费快速复兴。上汽大通房车科技有限公司，2021 年 5 月、6 月、7 月的订单数据与 2020 年同期相比分别增长了 399%、220%、218%，订单总收入与 2020 年同期相比增长了 257%。携程数据显示，2020 年中秋假期的租车订单量相较 2019 年增长 77%。神州租车《2021 年十一出行大数据》显示，国庆黄金周期间，租车订单总量增长显著，日均预订量较 2020 年同期提升近 35%。一嗨出行数据显示，异地自驾游的订单占国庆订单总量的 73%。近郊自驾游、房车游将成为未来几年的主流旅游市场之一，此外自驾游、房车游的兴起并不完全归因于疫情，也是伴随人们生活水平不断提升而产生的高品质热门出游方式，支撑服务于自驾游、房车游的营地行业发展迎来巨大机遇，营地的规划建设将备受关注，这无疑是优化提升国内自驾旅行体验品质的关键因素。

3. 产业支撑

（1）汽车制造产业

随着中国汽车工业的迅猛发展，2009 年中国的汽车产量超过日本，销量更是超过了美国，成为世界最大汽车生产销售国。据公安部统计，2020 年全国机动车保有量达 3.72 亿辆，其中汽车 2.81 亿辆，占机动车总量的 75.54%；机动车驾驶人达 4.56 亿人，其中汽车驾驶人 4.18 亿人，占机动车驾车总人数的 91.67%。全国有 70 个城市的汽车保有量超过百万辆，同比增加 4 个城市，31 个城市超 200 万辆，13 个城市超 300 万辆，其中北京、成都、重庆超过 500 万辆，苏州、上海、郑州超过 400 万辆，西安、武汉、深圳、东莞、天津、青岛、石家庄等 7 个城市超过 300 万辆。同时《中国自驾车、旅居车与露营旅游发展报告（2020—2021）》显示，2020 年自驾游规模达到 22.4 亿人次，全国自驾游人数占国内出游总人数的 77.8%，自驾游成为国内游市场的主体。

（2）交通设施产业

中国是当今世界上公路里程增长最快的国家，2020 年年末全国公路总里程达到 519.81 万公里，其中四级及以上等级公路里程 494.45 万公里，高速公路里程 16.10 万公里，高速公路网络稳居世界第一。路网体系不断完善，为自驾车旅游的蓬勃发展奠定了坚实基础。而且自 2007 年以后，全国多个省市都在规划建设自驾车营地，硬件配套设施得到了进一步的优化提升。

（3）汽车租赁产业

《中国旅游租赁行业发展报告（2021—2022）》显示，汽车租赁已成为自驾游产业链中重要的组成部分，该市场保持高速增长。2020 年汽车租赁市场规模约 1000 亿元，同比 2019 年增长 9.05%；2021 年，汽车租赁市场规模约为 1107 亿元，同比 2020 年增长约 10.7%。由此催生了大量汽车租赁相关企业，据企查查统计数据显示，2022 年我国汽车租赁相关企业达到 139.6 万家，集中分布于上海市、北京市、深圳市以及广州市这四个国内一线城市。市面上形成了以神州租车、一嗨租车、悟空租车以及首汽租车为主的汽车租赁公司，相关数据显示 2020 年我国租车公司车队车辆规模达到 53 万辆。

（4）房车销售制造产业

在自驾游产业份额快速增长的驱动下，中国传统汽车制造企业均开始涉猎房车制造业销售板块的业务，据企查查 2011—2020 年房车相关企业注册量统计数据显示，2019 年之前均呈高速增长趋势，2019 年房车相关注册企业数量达到 1181 家，截至 2020 年我国共有 5419 家房车相关企业。国内房车制造企业对于中高低端市场均有所涉猎，中低端市场囊括了房车售价从数千元的房车顶盒、数万元的小拖车到十几万、数十万的自行式、拖挂式房车等各种类型，价格适中，易于被普通家庭所接受，可以预见未来我国的房车保有量将进一步得到提升。

（5）关联参与主体逐步增多

中国露营行业发展短短十几年来，从最初的鲜为人知逐渐到被大众所接受。“中国国际露营大会”“国际房车露营展览会”“户外露营产品展销会”“露营博览会”等各类官方与非官方行业交流展会对有关营地建设和服务的技术及标准、营地经营管理、营地服务项目、营地星级评价等内容进行的交流，促进着露营行业专业化的不断推进；而随着互联网信息技术的发展，“中国露营网”“露营中国”“房车之家”“露营天下”等各类门户网站也成为露营知识普及、露营活动推广、行业动态展示等信息的主流平台，从而使得露营旅游的休闲方式不断得到认可与推广。

2.2 中国营地建设标准

2.2.1 建设历程

中国露营产业自 20 世纪 90 年代末期发展至今，其间经历了改革开放深化发展、中国城镇化快速演进的经济发展巨变阶段，随着居民生活水平不断提升，家庭私家车保有量持续上升，自助自由式的自驾游成为我国居民出游的重要休闲方式。《中国自驾车、旅居车与露营旅游发展报告（2020–2021）》显示，2020 年全国自驾游人数占国内出游总人数的 77.8%，自驾游已经是国内旅游的绝对性主导市场，催生了营地行业的兴起与快速发展。营地的规范化建设和引导备受关注，国家相关部委联合有关产业协会积极推动引导营地标准化建设的体系构建，相继颁布出台营地建设评估标准、等级评定办法及营地服务管理要求，主要分国家体育总局、文化和旅游部两大国家部委主导。

2014 年 1 月 1 日起，由国家体育总局发布的《汽车露营营地开放条件和要求》正式实施，标志着第一部汽车露营国家标准诞生，填补了我国在汽车露营营地建设方面制度的空白，我国汽车露营营地标准化建设全新起航。2016 年 12 月中国汽车摩托车运动联合会正式印发《中国汽车自驾运动营地星级评定办法》，标志着体育项目协会确信营地质量认证服务结果取得制度层面的突破性进展，引导营地趋向品质化标准建设和发展。

2016 年全国休闲标准化技术委员会发布《休闲露营地建设与服务规范》第 1 批 4 个标准，分别是导则、自驾车营地、帐篷营地和青少年营地，对于规范国内营地建设行为、遏制营地行业盲目无序发展起到积极作用。

2017 年起，国家体育总局汽车摩托车运动管理中心和中国汽车摩托车运动联合会牵头组织修订《汽车自驾运动营地建设要求与开放条件》，制定《汽车自驾运动营地服务管理要求》《汽车自驾运动营地星级划分与评定》行业标准。

2018 年 10 月国家体育总局批准将《汽车露营营地开放条件和要求》细分为三项行业标准：第一项为《汽车自驾运动营地建设要求与开放条件》、第二项为《汽车自驾运动营地服务管理要求》、第三项为《汽车自驾运动营地星级划分与评定》，标志着我国汽车自驾运动营地标准体系初步建立。

2019 年文旅部牵头发布了《自驾游目的地等级划分》《自驾车旅居车营地质量等级划分》，两项标准都具有较强的应用性和指导性，在自驾游目的地及自驾营地的建设中能够发挥高效指导与规范引领作用。

2.2.2 标准解读

2019 年文化和旅游部发布的《自驾游目的地等级划分》主要包含范围、规范性引用文件、术语和定义、等级划分和依据、等级划分的必备条件和等级划分的一般条件六大部分内容，自驾游目的地划分为两个等级，从高到低依次为国家级自驾游目的地、省级自驾游目的地。等级划分依据包括必备条件和一般条件两大类。

必备条件 9 项，规定了自驾游目的地应具备的门槛条件。在建设配套方面要求国家级自驾游目的地的自驾游线路不少于 3 条，国家级自驾游目的地自驾车旅居车营地不少于 3 个，国家级自驾游目的地自驾游驿站不少于 3 个，在营地支持保障方面应制定相应的规划和实施支持政策，另外在安全保障、公共服务及营地信息收集统计方面应有相应的配套机构人员实施。

一般条件 13 项，89 个细分类，包含管理统筹、支持促进、资源组合、自驾游线路、交通设施、服务要素、旅游厕所、环境卫生、标识导引、安全救援、公共信息、游客满意度及服务质量管理 13 个类别的评价因子，不仅明确了自驾游目的地中产品建设的硬性准则，建成运营的各类营地的自驾车、旅居车营位的总数量一般不少于 1000 个，营地类型要有多种类型组合，有供越野的多种道路类型等；还从宏观引导到服务创新等层面给予了强制性要求，如要促进发展机制、纳入国民经济发展规划、成立协会、有公共资金支持，丰富越野车租赁类型和创新互联网租赁服务等；另外将市场满意度划入自驾游目的地等级划分的评估项，要求每年开展自驾游满意度调查，并根据调查结果及时优化和改进营地产品服务，从现实市场需求出发建立起更加客观科学的动态优化评估机制。

2019 年文化和旅游部发布的《自驾车旅居车营地质量等级划分》主要由范围、规范性引用文件、术语和定义、等级划分和依据、等级划分的必备条件和等级划分的一般条件六大部分内容组成，自驾车旅居车营地划分为 3 个质量等级，以大写字母 C 为表示符号，分别是 3C、4C、5C（C 的数量越多等级越高）。等级划分依据与自驾游目的地等级划分相同，包括必备条件和一般条件两大类。

必备条件 14 项，规定了自驾车旅居车营地应具备的门槛条件，除了对生态环境、营地选址、安全保障、基础设施等提出明确要求外，还要求参与评定的营地必须满足正常营业时间两年，申请升级的营地须在原有基础上营业满一年。

一般条件 15 项，101 个细分类，将包括综合区位、资源环境、规划设计、功能区设置、道路和停车场、服务中心和服务保障区、旅居车宿营区、自驾车露营区、废弃物收纳与处理、特色功能区、旅游厕所、电力及照明、标志标识、安全保障、管理与服务在内的 15 项标准作为营地等级划分的评估项，不仅涵盖对服务中心和服务保障区、自驾车露营区、旅居车宿营区和特色功能区多个营地空间的评估，还涉及对营地环境区位、基础设施、特色风貌、服务管理及安全保障的全方位综合评估。具体到评价条件的细项，主要分为强制硬性指标和驱动营地特色化发展的导向性评估指标，如在功能区设置方面提到营地可根据需要，按照突出特色、增进体验和生态环保的原则，设置特色功能区，如木屋住宿区、帐篷露营区、儿童游乐区、户外运动区、露天活动区、商务活动区、宠物活动区等特色功能区，同时要求自驾车、旅居车营位数量应为不少于 20 个，其中自驾车营位一般不小于 50 m^2，旅居车营位不小于 80 m^2。

《自驾游目的地等级划分》和《自驾车旅居车营地质量等级划分》的颁布实施，使自驾游目的地及营地将能够按照类似景区评级的方式得到明确的等级划分，将逐步引导自驾游进入规范化、秩序化的发展阶段，对于深化自驾产品和旅游新要素、新业态的融合衍生发展及打造高品质营地示范样板都会产生持续积极的驱动影响。

2.2.3 趋势导向

以自助和自驾为出行方式的旅游行为，以国内总出行人数六成的绝对性优势占据国内旅游消费的绝对 C 位。此次突发的新冠疫情引发了人们对于探索自我和健康的追求，近郊生态游、亲子自然游、体娱拓展游、疗愈康养游等产品将在中短期内呈现出更为快速的反弹性发展态势。2019 年文旅部牵头发布了《自驾游目的地等级划分》和《自驾车旅居车营地质量等级划分》，提出建立和评定自驾游目的地的等级划分标准和要求，引导自驾游向网络化产业链体系发展。

一方面是市场需求驱动的影响，自驾游市场规模逐步扩张，自驾群体日渐多样化，在产品需求方面呈现出明显的高品质多样化趋势；另一方面是文旅产业迭代升级的需求，在全球资源流通困难、经济发展疲软的当下，传统重资产、重建设的旅游发展模式所产生的经济压力较大，文旅产业亟须构建一批以科技引领、文化创新等软实力为主导的新型产业发展体系，快速为传统景区发展注入活力，并逐步引导传统文旅产业产品迭代升级更新。

转变一：从自驾车营地到自驾游目的地，中国露营产业迈进本土产业化发展阶段

我国自 2003 年加入国际房车露营协会，2015 年之前国家层面营地建设标准一直处于空白状态，其间营地建设处在无标准、无参照的粗放式发展阶段。标准的缺失也直接导致我国营地建设混乱，有的按照酒店五星级标准进行基础设施配置，有的参照国际露营建设标准进行建设，有的参照我国体育行业标准《汽车露营营地开放条件和要求》进行建设。建设标准的不统一直接导致营地建设质量参差不齐，无法进行统一的评价和监管，也直接导致我国营地无法形成核心凝聚力和竞争力。

2015 年我国从国家层面开始着力构建以规划科学和持续发展为技术支撑的标准化引导体系，相继颁布了《休闲露营地建设与服务规范》《汽车自驾运动营地星级划分与评定》等标准，分别从帐篷、自驾车、青少年营地、运动营地等类型出发，对营地建设开放门槛、管理服务细则进行了量化指导。2019 年《自驾游目的地等级划分》《自驾车旅居车营地质量等级划分》的出台，首次从营地延伸到了目的地的概念，这一变化是与旅游产业发展全域进程深化相适应的，也是对日益增长的自驾游和休闲度假需求深度融合的一种积极响应。新国标的量化细则，既明确了营地建设、开放运营的基准门槛，又提出了综合化引导建设的标准，我国营地产业已经向粗放的参照国际露营建设标准的发展时代告别，迈进了由本土特色化产业链搭建的新阶段。

转变二：文化和旅游部主导制定标准，引领自驾游向地域特色创新化发展

生活型休闲度假产品是营地良性发展的基础。与西方自驾游历经百年循序渐进的发展进程不同，我国自驾露营产业是在西方露营文化输入和全民休闲度假时代来临的双重驱动下集中爆发成长起来的，在发展之初呈现出市场响应快于政策响应的基本特征，这也决定了最先触及营地建设发展的关联市场端主体，从自身诉求出发制定多层级营地建设开放标准的实际现状。

目前我国主要营地建设标准包含：2015 年由中国旅游车船协会等单位起草，全国休闲标准化技术委员会提出并归口，发布的《休闲露营地建设与服务规范》系列标准文件；2018 年全国体育标准化技术委员归口，会联合国家体育总局汽车摩托车运动管理中心、中国汽车摩托车运动联合会等多家单位共同起草，中华人民共和国国家体育总局发布的《汽车自驾运动营地建设要求与开放条件》《汽车自驾运动营地服务管理要求》《汽车自驾运动营地星级划分与评定》等系列标准。

直至 2019 年全国首个由文旅部主导的营地建设标准才正式颁布，其颁布主体的变化也保障了在行政层面引导营地回归休闲产品旅游属性的基准地位。横向对比我国营地标准体系的构成，这些体系都在突出强调露营的概念。特色化、生活化露营休闲产品是良性运营的前提和基础，而户外教育、体育运动和各类定向运动，也均是营地品质提升的增值核心方式。

2019 年文旅部营地标准着重强调了自驾游露营产品构建时在娱乐、休闲、自助、功能等方面进行特色化、增值化的主题设施与服务建设的重要性，倡导自驾车营地发展的核心要义在于露营文化的培育和与之相匹配的生活化营地产品供给创新。

转变三：建设、运营动态统筹评定体系，推动精品化营地品牌建设

2019 年公布的《自驾车旅居车营地质量等级划分》建设标准采用了类似景区的量化评级体系，自驾车旅居车营地共划分为 3C、4C、5C 三个级别（5C 等级最高）。其中，基础条件强调营地与既有旅游区如文化遗产、A 级景区、乡村旅游区等的联动互补；露营功能强调标准化建设和特色增值互补，在标准化建设方面明确自驾车和旅居车营位数量一般不少于 20 个，旅居车营位面积一般不少于 $80m^2$，旅居车停泊位两车间距一般不少于 3m 等；在增值功能方面着重强调了面向细分市场的特色业态补充，如青少年自然教育、户外运动、露营休闲活动、特色手工体验等项目；在特色服务类别中既着重强调面向游客的信息与休闲服务完善配套，又考察与地域文化相适应的特色服务模式的创新。

先建后批的动态评级体系，标准化与特色化并重的评级细则，不仅明确了营地硬件建设和开放运营的门槛基准，更对营地运营水平和本土特色服务提出了更高要求，也保障了相应 C 级的营地建设和运营品质，进一步加速露营行业去弱存优的发展进程，助力精品营地品牌的建设。

转变四：升级迭代、融合创新、要素协同，营地的旅游目的地产品供给创新

2019 年公布的《自驾游目的地等级划分》标准首次提出自驾旅游目的地的概念，按标准分为国家级和省级两个级别。该标准是考察和评定一定旅游资源富集区内，面向自驾游市场的露营产品供给、露营支撑基建和自驾信息化服务水平的综合指标体系，由必备条件和一般条件两大指标体系构成。它在公共服务建设、营地发展宏观支撑、市场需求调查等方面做出强制要求，如在国土空间规划中充分考虑自驾游目的地建设需求、成立自驾游行业协会、储备有自驾游支持公共资金等，其目的在于整合资源，自上而下，从行政体制保障、规划政策落实、社会基金支撑等层面更好地促进自驾游产业的升级发展。促进相关联的基础交通产品、旅游信息咨询、互联网自驾服务产品、营销运营渠道等上下游要素面向自驾游时代进行融合创新、系统升级。

从单点的自驾车营地到网络化的自驾游目的地的体系转变，我国的自驾游产业将迈进更快速的产品迭代发展期，和传统景区的融合互动、互联网浪潮下的信息和产品服务创新、特色的露营休闲产品培育将是这场升级革命中的发展机遇关键点。

2.3 中国营地建设现状

2.3.1 空间分布

从国家层面来看，为了配合相关政策的落地实施，中国露营协会率先提出全国“三圈两线”的营地建设规划，即围绕首都经济圈、长三角经济圈和珠三角经济圈，东部沿海线、丝绸之路线构建东南沿海线和丝绸之路线的自驾车营地分布的基本格局。

在实际的建设发展过程中，我国自驾车营地的空间分布呈现两大态势：一是围绕首都经济圈、长三角和珠三角城市群，率先出现规模化、标准化的汽车营地建设，在数量、规模和质量上引领了全国自驾车营地的标准化发展；二是围绕资源禀赋高和文化特色突出的东北、西南和西北片区，形成了与资源特色紧密结合的特色自驾车营地系列产品。在该类片区，自驾车营地的发展建设往往呈现出依赖于高级别景区发展的特征，具有明显的资源指向性，往往趋向片区中心城市和省会城市集聚，以点状布局为主。

综合来看，由于我国自驾游产业发展起步晚、发展速度快、市场需求量大等综合因素，因此我国自驾车营地整体呈现不均衡的宏观布局特征。自驾车营地的实际发展建设进程表现出明显的经济环境趋向、资源特色趋向和政策资金趋向三大基本特征，这三大因素相互作用，决定了我国自驾车营地宏观布局的基本特征。其中，首都经济圈、珠三角、长三角片区经济发达，人均可支配收入高，片区内有千万级人口以上的大型城市，市场驱动力强大，自驾车营地发展速度快。西南片区的云南、四川、重庆，以及内蒙古东部等地资源禀赋高，个性化和精细化的自驾游产品需求高，自驾车营地的建设也高于其他地区，如图 2-1 所示。

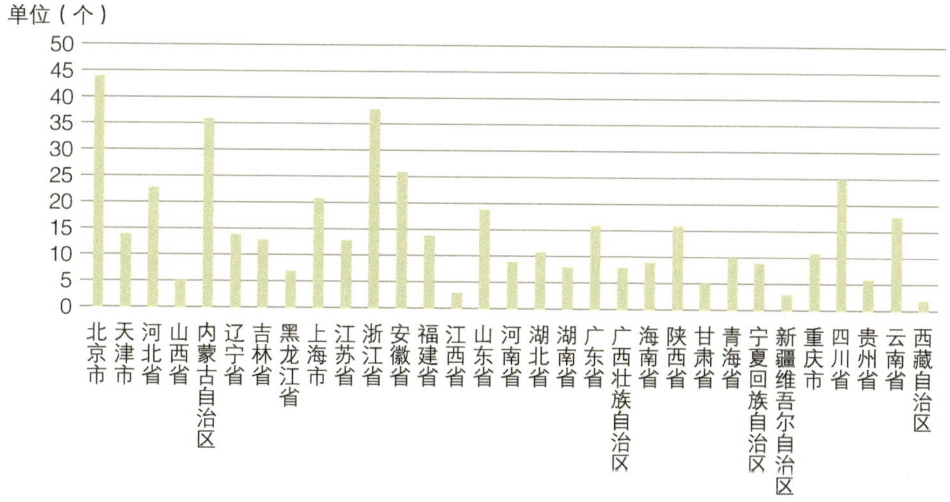

图 2-1　2016 年全国各省市自驾车营地建设总量

2.3.2　规模数量

从 2004 年中国首家自驾车营地——环青海湖民族体育圈汽车休闲营地开营，到 2014 年李克强总理第一次在政府工作报告文件里面明确提出加快自驾游和营地建设。发展到 2016 年年底，包括在建和已经建成的中国自驾游营地已经达到 400 多个，其中具有一定规模、可以营业的自驾营地数量也达 200 余家。

2016 年 9 月，国家旅游局等六部委下发《关于加快推进 2016 年自驾车房车营地建设的通知》，并附《2016 年全国自驾车房车营地建设项目表》，在该项目表中，拟投建的自驾车房车营地共有 514 家，带动关联投资约 350 亿元。“十三五”期间旅游业发展已经被明确为国家重点专项规划，其中汽车房车营地的规划建设更是重中之重，各省、市、自治区积极响应国家政策，并结合地区情况做出了今后营地的规划及实施战略。依据全国各省市的“十三五”规划，力争到 2020 年全国房车营地数量达到 2000 个，见表 2–2 所示。

表 2–2　全国主要省份和地区 2020 年自驾车营地发展建设目标及概况

地区	建设目标	拟建设规模	已建设规模
长三角	建设覆盖范围广、服务完善的自驾车营地网络体系	500 家营地	149
云南	露营地与自驾游建设成为旅游业转型的抓手	500 个营地	46
四川	建设成为中国自驾车旅游第一省	300 个营地	61
甘肃	“互联网 + 基地 + 房车”的思路完善营地建设	200 个国际标准营地	29
山东	自驾车与房车营地大省	200 处房车自驾营地	44
湖南	省 – 市 – 县 – 点四级自驾车营地体系	150 个房车自驾车营地	33
内蒙古	引入企业联合打造全区统一的自驾车旅游呼叫中心，大力发展“落地自驾、异地还车”特色服务。引入汽车俱乐部以及汽车旅馆等企业，打造高水准的自驾车营地	128 个房车自驾车营地	84
陕西	“一带一路”建设文化营地体系，引领产业方向 建设“一廊五带”（即丝绸之路自驾车旅居车营地廊道，黄河、秦岭、红色旅游、渭河、汉河自驾车旅居车营地带）营地基本构架	100 个营地	34
福建	推进旅居全挂车营地和露营地工程。推进围绕旅游景区建设一批自驾车旅游服务区、汽车旅馆、旅居全挂车营地，出台旅居全挂车上路通行的保障措施	100 个营地	36
青海	建设统一标识的标准营地，完善自驾游体系	100 家自驾车营地	32
安徽	完善旅游服务设施体系，更好促进自驾游发展	100 个自驾车营地	30
新疆	“房车 + 飞机”交互的营地体系	80 个房车营地	41
海南	完善房车营地建设，升级海南休闲度假旅游体系	77 个营地	31
贵州	以自驾车营地夯实“快旅慢游”的旅游服务体系	50 个营地	30
重庆	建设国际标准营地，提升重庆知名度	50 个营地	43
河北	积极培育房车自驾车旅游新业态	30 个营地	79
湖北	构建基本覆盖全省的房车露营体系	30 个营地	65
江西	加快推进房车露营新业态发展	80 个营地	30

2.3.3　内容构成

从已经建成的自驾车营地来看，多数营地建设内容单一，功能比较简单。已建成的营地多数集中在营位出租、木屋出租、房车出租，以及各类露营设施出租等服务。其中只有少数营地功能比较完善，具有与营地建设相配套的住宿、餐饮、购物、康体、娱乐、体验、会展等综合性旅游服务设施。大多数营地由于自身设施服务能力的不足，综合经营水平低下，基本停留在依靠游客自发上门的粗放经营阶段。绝大部分营地只是简单引入少量房车，布局常见的木屋住宿产品，主要盈利来源也依托于房车和木屋的住宿营收，对于其他旅居类产品的联动效应几乎为零。

2.3.4　营销渠道

综合来看，当下我国的营地产品已经建立“线上 + 线下”的全渠道营销体系，其中线上营销渠道主要有三类：一是依托既有的营地连锁品牌，通过品牌自有网站进行对外宣传和推广，如途居、318连锁等营地；二是自身规模较大，通过自建网站、官方微博、公众号的方式进行营销，如启行营地、游美国际营地；三是依托在线旅行社（Online Travel Agency，OTA）平台，如携程、驴妈妈等平台进行营销。线下营销渠道主要分为三类：一是产业博览会，如中国国际房车展览会、中国（北京）国际房车露营展览会等；二是行业高峰论坛，如中国房车露营产业发展论坛；三是专业杂志，如《房车RV》《房车时代》《户外探险》等。但无论是哪一种营销渠道，在当下的阶段都尚未形成高效率、高转化率的营销体系，市场转化率较大的各大OTA网站都未建立营地宣传专栏，营地类产品仍然以捆绑型销售为主。大部分营地因为自身规模小，在对外营销渠道构建上几乎为空白。

2.3.5 投建主体

中国营地的投资主体以企业为主，政府投建比例有限。总体来看，当下我国涉及营地建设及运营的相关主体单位有以下几类。第一类是国有大型旅游集团，这类公司在国家政策导向和自身产业体系构建新方向的双重驱动下，在全国布局自身的营地产品。例如，首旅集团在北京和三亚分别投资建设的龙湾国际露营公园和亚龙湾房车、自驾车营地，港中旅在北京密云投资建设的房车小镇，投资建设的苏州太湖一号房车露营公园等。第二类是大型汽车、房车制造企业，这类企业立足于自身业务基础，致力于以营地的建设，来构建国产房车的展销和体验体系，反哺自身的现有业务体系。如途居露营，立足于长三角一带，通过自主投建和品牌加盟的方式，在营地数量上实现了快速突破。第三类是房车俱乐部、相关协会、组织等主体，依托自身庞大的自驾游会员数量，通过募资、加盟等方式涉及自驾车营地建设，但整体投建速度较慢。第四类是专业的自驾车营地建设运营公司，如逸景营地、四川318集团等，这类企业在营地建设和扩张规模上较慢，但对营地品牌构建、露营文化内涵等相关软性体系的构建开始了一定的探索。

总体来看，中国营地建设正处在起步阶段。一方面，在整体宏观政策向好的态势下，出现了数量上的快速增长；另一方面也因为照搬西方国家经验，产品构建和游客需求之间缺乏有效衔接，从而导致游客满意度低、对营地产品认知不够和多数营地经营水平低下的现状。

2.4 中国营地开发矛盾

2.4.1 标准不统一，建设质量缺保证

我国2003年加入国际房车露营协会，但直到2015年才颁布了我国首部国家层面的自驾车营地建设标准。其间上马建设的自驾车营地，除了少部分由大型集团出资建设的营地参照了国际露营标准之外，其他大部分营地都处在无序建设的状态，存在用水、用电、卫生等基础设施建设不足、私密性较差等诸多问题，并不具备实际开营接待游客的能力。此外，当下我国现有营地的建设标准尚不统一，直接导致营地建设质量参差不齐，无法进行统一的评价和统一的监督管理，经营现状堪忧。

2.4.2 盈利水平低，投资回报周期长

虽然相较于传统旅游景区，自驾车营地的建设投资相对较少。但囿于我国大部分汽车营地都属于企业及个人投资行为，所以如何拓宽营收、快速实现盈利，仍然是我国自驾车营地经营中所要面临的重要问题。从投资方面来看，自驾车营地投资一般来说比较大。以 100 亩（1 亩≈ 666.7 m^2）土地为例，建设三星级营地基础投资额在 1000 万元左右，四星级营地基础投资额在 3000 万元左右，五星级基础投资则需要 5000 万元左右。一个好的营地应该在 3—5 年内投入产出实现平衡。从规模方面来看，如果是停靠式营地，20—30 亩的体量比较适宜；如果是目的地式的营地，通常占地面积需要 150 亩左右。从经营现状来看，我国的自驾车营地尚处在独立经营、各自为战的时代，相关要素之间协作性不高，尚未形成互为补充的高效产业链，盈利的自驾车营地数量十分有限。国外的房车汽车营地很多都是政府投资，作为公益或半公益的公共设施、场所设立，一般投资回报在 4 年左右。综合市场成熟度、产品偏好等各方面因素，可以预见我国的自驾车营地投资回报周期更长，而就自驾车营地的经营现状来看，盈利的自驾车营地仅占很小一部分比重。

2.4.3 区域发展不均衡，营地类型较单一

我国自驾车营地正处在数量和规模都快速上升的发展期，且在各项政策的鼓励和市场需求升级的双重驱动下，可以预见未来 5—10 年中我国自驾车营地将呈现爆发式增长，营地总体数量将以倍数增长。就发展现状来看，我国的自驾车营地以城市圈为核心，圈层化分布较为突出，长三角、珠三角经济圈的自驾车营地在数量和质量上均占据了全国自驾车营地的半壁江山。但自驾车营地作为一种旅游产品，其核心要义在于通过与特色资源结合发展，与传统景区的优势补充，促进旅游产品供给体系的改革，更好地适应未来旅游市场特色化、品质化的升级需求。此外，我国自驾车营地类型单一、形式雷同、产品相似，以山地型、森林型、草原型和滨水型为主，对于海滨型及沙漠型高端产品供给市场的涉猎还十分有限。

2.4.4 基础设施不完善，应急保障和管理滞后

国内营地的建设发展时间短，相关建设标准及管理条例的颁布落实时间也较短，营地的规划设计及管理运营工作均处于起步阶段。当前营地大多依托于所处景区或附近景区经营，趋向于还未开发或者开发不完全的地域，基础配套设施建设落后，存在的不稳定因素较多，如地质灾害、极端天气等情况。另外受限于各类经济因素，大多数营地仅能依托已有基础设施进行运营发展，缺乏针对营地发展的系统性基础设施体系。部分营地为节约投资规模而采用简易替代设施，生活污水和垃圾得不到及时有效的处理，造成营地环境卫生状况较差。营地安全保障方面存在安全服务保障设施建设滞后、急救救援设施欠缺、应急救援组织方案落后的问题。我国的安全救援组织能力十分薄弱，无法适应汽车露营旅游的需要，露营者遇到异常天气、突发疾病、交通事故等意外事件时往往难以得到及时救助。车辆和驾驶人员的安全检查空缺，另外部分自驾车游客自身缺乏安全意识，存在驾驶经验不足、路况不熟、疲劳驾驶、超速驾驶等问题，这些情况也是自驾游在发展过程中遇到的安全问题。国内保险市场上针对自驾车旅游风险的专

项承保产品较少，满足不了自驾车旅游发展的需要。

2.4.5 建设环境生态脆弱，营地用地保障支撑不足

营地作为区别于传统休闲度假产品的新兴产品体系，其发展逻辑和核心竞争力依赖于差异化的人文和自然景观基础。在实际发展中，营地主要呈现出两类发展导向：一类依托于既有的成熟景区、城郊公园等区域；另一类多见于非传统型资源景观区域，如沙漠、草原、海岛或其他特殊生物景观区域。自然人文及生态环境是构成营地产品的重要因素，它们不仅是营地产品构建营造环境氛围、塑造核心吸引力的关键，同时还是营地拓展开发各类配套户外休闲、户外运动、户外体验产品的承载空间。第一类营地属于增值赋能型开发形态，往往受限于所在大景区或公园的建设用地指标管控，难以提供足量的建设用地保障。对于第二类营地，其选址建设区景观特色突出但同时生态环境脆弱，基础配套设施配置不足，且基础配套建设成本高昂。脆弱的生态环境对营地从建设到运营的全生命周期有着更高的环保要求，同时若无法解决基础设施的配套建设，且可开发用地十分有限，用地少、用地难成为当前阻碍营地建设发展的主要问题。伴随着我国以景区、自然保护区体系为主导的自然资源管控体系向国家公园体系的迈进，以适度开发和生态保护相统筹协调的管控理念的转变，为未来营地的布局开发提供了更为广阔的发展空间。但营地在实际开发中仍然应该以科技创新设施为路径突破，从投建干扰、基础配套及运营减排等多源头贯彻生态环保开发理念，驱动可达不可留的景观资源区转变为可达亦可留的创意营地。

2.5 国内外营地发展对比

2.5.1 跳跃式发展与井喷式增长

纵观欧美自驾游产业的发展路径，不难看出露营行业在西方国家经历了一个较为漫长和完整的发展进程。在过去100年的时间里，从露营业态的萌发到政府的有序引导，从要素之间的协作到大型营地集团的形成，西方国家已经形成了较为完善的自驾游产业链体系，总体呈现游客需求与市场供给互为有效促进的发展格局。以美国为例，美国的营地经历了青少年教育、国家公园、汽车驱动和行业协同四个阶段，各类营地的建设和市场需求及旅游业发展的阶段相统一。发展到今天，美国的营地形成了完整的布局体系和经营管理体系，融入了美国国家层面和地方层面的国家公园、风景区管理体系。

反观我国自驾游产业，它是在西方露营文化输入和休闲度假旅游需求爆发的双重驱动下发展起来的，以市场倒逼产品供给发展为主要识别特征。2000年以后爆发式的自驾车营地建设风潮才开始出现，发展时间短，但同时受到旅游业的快速发展和庞大的游客基数驱动，市场需求在短时间内快速增长，又因房车及装备、住宿设施在初期还主要依赖进口的局面，我国营地建设在一段时期内只能参照部分国际标准。导致产生以下矛盾：一方面营地的数量、规模和品质与日益增长的自驾游群体不相适应；另一方面无标准的运营管理体制及没有充分考虑国内现实

情况的露营设施，无法提供舒适的露营体验，大量营地项目想要实现盈利是非常困难的。

2.5.2 以汽车为载体，房车保有量低

我国家庭以轿车为主要交通工具，以房车为载体的自驾游群体在我国的数量仍然十分有限。据中国汽车流通协会发布的《2021 年中国旅居车（房车）市场大盘点》显示，自行式旅居车年销量达 12 582 台，同比增长 43.2%；拖挂旅居车交易量达 3543 台；二手旅居车交易 1975 台。综合 2017—2021 年我国自行式房车销量，年平均增速达到了 31%。

2021 年欧美两大市场的房车保有量超过 1800 万辆，营地俱乐部总数近 10 万家。其中，2016 年美国的房车保有量约为 1130 万辆，房车产量达到 37 万辆。简单来说，美国 1/4 的家庭拥有房车，一半以上家庭使用过或经常使用房车。到 2016 年上半年，欧洲房车销量到达 107 707 辆，房车保有量达到约 744 万辆。日本人口数量仅有 1.27 亿，房车保有量也达 10 万辆。而发展到 2017 年，全中国登记在案的房车保有量仅为 6.9 万辆，如图 2-2 所示。

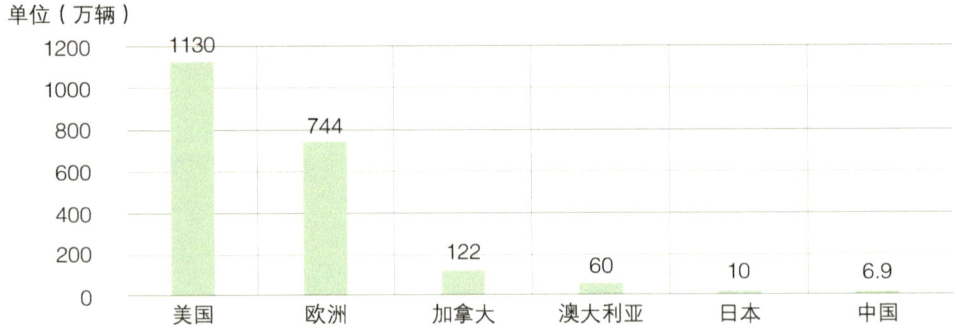

图 2-2 2016—2017 年世界各地区房车保有量

2.5.3 露营文化差异较大，产品体系侧重点不同

西方国家民族自由观念颇重，例如，美国的自驾游产业最为典型，美国早期露营活动只是谋求生存和发展的一种手段。19 世纪中后期的快速城镇化和 20 世纪 30 年代的青少年露营教育活动的流行对露营产业的发展进程产生了较为深刻的影响[6]99。当今，自由、冒险、亲子、教育、体验等关键词已经成为与美国露营产业密不可分的标签。

反观东方国家，我们的民族观念较稳重，守规则，激进冒险意识不强，所以在自驾车露营这一新鲜事物进入中国之后，在传统文化、社会背景、市场趋势的综合影响下，呈现出与西方国家截然不同的诸多不同的细分需求，产品追求上多以自我放松、追求品质、极致舒适的家庭式户外旅游生活为主。基于中西方文化背景的不同，中国营地产品的供应体系构建就更不能照搬西方模式。

2.5.4 经营主体不同，发展目标差异大

全美有四大商业营地运营商：千足迹公司（Thousand Trail Inc）管理着 58 家会员制的营地，拥有 17 900 个营位，主要为房车营地，2011 年的盈利为 7000 万美元，在全美露营市场所占的

份额为 1.4%；美国营地连锁集团是一家连锁营地管理公司，2011 年在全美以及加拿大、墨西哥和日本共有约 500 家连锁营地，2011 年总收益大约为 4500 万美元，在美国露营市场所占的份额为 0.9%；美国户外度假公司 2011 年总收益为 1500 万美元，在美国露营市场所占的份额为 0.3%；国际休闲管理公司是结合了汽车旅馆和房车公园的度假地，同时是一个由美国国家公园管理局授权的季节性的房车度假地，2011 年该公司在美国露营市场的占有率为 0.3%。

中国的营地主要是商业营地，以引导社会资本的投资建设介入为主，相关产业介入投建的相对成规模型营地的初衷也多以本产业产品营销和推广为主。我国对营地自身的可持续性发展研究是远远不够的，更谈不上在营地产品和运营体系上的细化深耕了。总之快速跑马圈地，他方盈利和坐等土地溢价才是这类营地投建经营的主要目标，而我国政府主导的、福利性的公立营地几乎没有，经营模式也就更谈不上多样化了。

2.5.5 参与露营人口结构不同，细分市场须培育与拓展

据美国露营相关调查数据显示，从 2010 年开始，美国有近 4000 万人参与露营活动，这个数字超过了美国人口占比 14% 的 6 岁以上人群。调查报告同时还显示 86% 的露营者选择帐篷露营，他们大部分为 18—34 岁的人群，而选择房车露营主要是 45 岁以上的人群。

中国汽车露营的参与人口主要集中在城市中、青年有车一族。由于中国汽车普及的时间比较晚，所以现在绝大多数的老年人都不会驾车。另外，中国儿童和美国儿童的课余休闲活动相比差距较大。中国大部分孩子的课余时间都被各种兴趣班及辅导班占据，即使在各种节假日及寒暑假，他们参与户外活动的时间也很少，而且家长和学校及整个社会在户外运动及休闲上对儿童和青少年的身心影响缺乏足够的重视。但随着近期我国“双减”政策的逐步落地，未来国民素质教育课程必然也会备受重视，以多样化形式培养青少年综合技能的产品诉求也会日趋明显，特别是大城市近郊区研学营地产品的需求市场会呈井喷式发展。

第 3 章

营地分类与功能

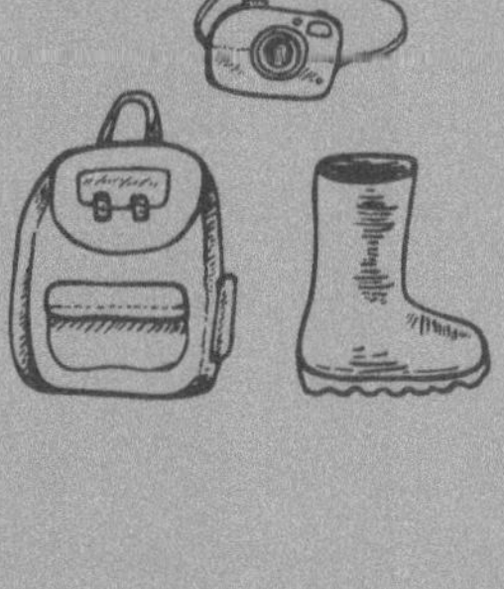

第 3 章

3.1 营地分类

营地的分类可以有多种依据，根据区位、地域、档次、规模、服务人群、车辆停靠类型等不同依据，可以进行不同的划分。梳理自驾车营地所应包含类型，可以从资源环境、停泊车型、规模与质量等级、经营依托 4 方面进行归类总结，从而为未来的营地建设提供方向指导。

3.1.1 资源环境

国际上根据所处环境类型，将营地分为 6 种类型：森林型露营地、湖畔型露营地、乡村型露营地、海滨型露营地、山地型露营地、海岛型露营地[18]。我国地域辽阔，环境类型多样，根据不同的区位，营地可以分为山丘、水域、草原、林地、沙地、海滨等类型。

1. 山丘型营地

山地和丘陵是常见的自然地域，其中山地是由许多山岭、山谷连绵交错组合而成的地区；丘陵指地势起伏不平的大片小山。中国的山地地势分为三级阶梯，第一、第二级阶梯皆为高原山地，第三级阶梯上也分布着大大小小的名山。山地的类型多种多样，从青藏高原海拔 8000m 以上的高山到华南地区的低山丘陵，从大兴安岭地区到云南山地等，可谓类型丰富，亮点多多，在这些地域内形成的景观类型多种多样，从不同角度吸引着游客。同时中国的山丘地分布面积广泛。它们以其外形景观可以成为观光游览的对象，如丹霞地貌、雅丹地貌、喀斯特地貌等各具特色的地貌景观。以其组成结构可以成为开展科学研究和环境教育的载体，如断层、褶皱、节理等不同地质构造。

在这些高山或者低山丘陵地带修建自驾车营地，除了可以观光游览外，还可以开展滑翔、野餐、登山、健行、攀岩等各种特殊旅游项目。在这里设置营地的空间很大，可以选择的地方很多，但是在建设时要注意地形平坦程度、隐蔽性、亲水性，避开地质灾害区段，同时山区虽自然资源较为丰富，区位却相对偏僻，交通不便，因此山丘型营地还是多分布在具有山地资源的旅游热点地区，如西藏等地。

2. 水域型营地

水域包括河流、湖泊、海洋、泉、冰川和某些湿地区域。其中，河流水域分布面积最广，在山丘地区和平原地区均可见到；河流、泉和海洋沿岸水域是动态水域，富于变化；湖泊多分布在山丘区域和平原河流滞留处，它们因成因、水质不同而形成丰富多彩的静态景观；冰川是固态水域，多分布在高山地区，形态壮观。

水域通常是开展观光、游览、水上活动、休养疗养、科学研究与科普教育等旅游活动的场所，其中如游泳、垂钓、船舶游、江游湖在风景河段和游憩湖区都可开展；水上赛艇、滑水、漂流、潜水、冲浪等剧烈活动多在沿海水域中进行；疗愈、康体、健身、度假等平静活动多在湖区、泉区进行。在这里建设营地要注意既要接近水域，又要避开水患，随时关注水域内的水文状况，如水质、水流流速、水温、水流状况（涡流、暗流）、波浪、潮汐、生物状况等。

3. 草原型营地

草原指的是生长有草本植物或具有一定灌木植被的土地，按照草地植物群落特征划分为草原、稀树草原、草甸、草本沼泽、灌草丛、荒漠等。它们主要分布在我国北方地区和青藏高原，南方有面积较零星的草山草坡。这些草原和草山草坡，由于各地的地形、水分、热量、土壤等自然环境因素的差异，形成了由一定植物种类组成的草原植物群落：草甸草原、干旱草原、荒漠草原、高寒草原等。其中草甸草原是森林向草原过渡的一种植被类型，主要分布在温带地区平坦的冲积平原、河谷低地和朝向北的山丘坡地上，此类草原草类植被生长茂密，许多草类在不同季节开花，景观十分壮美，其他各类草原也都各有自身特色。草原是开展观光、游猎、度假的良好地域。

中国草原地域辽阔，同时区位交通条件较好，从华北地区和东北地区有多条公路和高速直通内蒙古地区，未来可建设前景广阔。草原型营地可选择在地势平缓的开阔地带，附近要有清洁水源。这类营地一般要求建在草地覆盖度高、草层高度大的景观丰富的大草原上；或者不管草原面积大小，但其他自然景观和人文景观丰富，如草原上有长季节生长的草场花卉、花灌木、花乔木等露地花卉；有可利用的河湖泉等水体；附近有地方特色民俗的草原聚落或草原居民。位于新疆那拉提草原的那拉提自驾车营地是新疆的第一家自驾车营地，这里以场地内原有的红砖老房子为出发点，通过打造田园风、木制的房间，并配备私家小院，让人在这里享受到诗意的那拉提草原风光和新疆美食。

4. 林地型营地

林地是森林的一部分。森林是以乔木为主体、大片生长的林木，包括林下植物、土壤微生物及其他自然环境因素等资源。林地是国家重要的自然资源和战略资源，是树木赖以生存与发展的根基。国土“三调”标准规定的林地主要指土地现状为生长着乔木、竹类和灌木的土地，以及沿海生长红树林的土地，包括采伐迹地和火烧迹地，其最小面积为 400 m^2 [19][20]。我国森林生长环境差别很大。根据热量条件可以将我国森林划分为热带雨林、季雨林、常绿阔叶林、常绿与落叶阔叶林、针阔叶林、针阔叶混交林、针叶林等多种类型。这些森林组成的林区有不同的景观，是认识自然生态、进行科普教育、开展科学旅游和休闲度假旅游的良好场所。

林地型营地可选择在林地边缘，有林区步行路通往林区内部，沿途林相丰富，有可饮用水源，成片林地空气中的负氧离子浓度每立方厘米不低于1000至1500个。

北海子沙枣林国际露营公园是一个位于景区森林中的营地，地处甘肃省金昌市永昌县国家AAA级景区——北海子公园景区东侧，作为河西走廊和古丝绸之路的重要通道处，拥有山地、戈壁、大漠的地貌，同时也拥有片片绿洲、古韵江南的景致，功能上集住宿、娱乐、美食、度假为一体，是一个供人休闲养生、融入大自然的绿色氧吧。

5. 沙地型营地

沙地是由地表面的砂粒沉积受风沙流的吹扬而形成的有一定高度和一定边坡的丘状地形。此类沙丘一般成群分布，大小不一，类型多样。沙丘一般几米到几十米，有人将超过100m的沙丘称为沙山。沙丘按照可移动程度，可以分为流动沙丘、固定沙丘或半固定沙丘；按照流动速度，可以分为快速移动、中速移动、缓速移动、慢速移动的沙丘；按照形态，大致有新月形沙丘、沙垄、沙堆、沙丘链等基本类型。它们之间的组合关系十分复杂，可以形成多种景观类型。规模巨大的典型沙地主要分布在西北和内蒙古的一些干旱区域。除了沙地以外，干旱区域还常见有大片的戈壁和雅丹地貌等风成景观。

沙地、戈壁和雅丹地貌等形态的旅游价值主要是观光和科学探险旅游。虽然与西方善于冒险、追求自由的文化有所不同，但是中国近年来的经济发展已经带动了西部沙漠地区的旅游业发展，近年来去西部地区进行自驾游的游客数量也呈逐年上升趋势。沙地型自驾车营地若做好基础设施和前期宣传，一定能吸引大批游客。沙地型营地可选择在沙漠边缘地区，一般沙地汽车可以抵达，有一定尺度伸向沙地内部的纵深路线。

6. 海滨型营地

海滨类型十分丰富，主要表现为沙滩海岸、岩石海岸、生物海岸三大类型，它们构成了我国主要的观光游憩海滨型旅游地，其中沙滩海岸是最主要的游憩海岸。此类海岸分布地区广泛，但比较零星、断续，沙砾来源充足，形成和发育主要受海浪调控。一般完美的优质沙滩是有滩肩、滩角、滩槽等次级形态的弧形（弯月形、半月形）沙滩，坡度1°—2°，沙滩朝向南，砂子粒径为均匀中砂和细砂，磨圆度3—4级，颜色为白色或均匀浅色，海流流速小于0.4m/s，波浪高度小于0.5m，海水表层温度为23—27℃等。此类沙滩主要用于开展滨海游憩活动，如海水浴、潜水、海上运动、沙滩活动等。岩石海岸、生物海岸主要用于观光和进行科普旅游活动。海滨型营地可选择的空间较大，可以考虑与现有的旅游景区结合，以充分利用景区的基础设施开展活动，如大连金石滩国际汽车营地，便是依托海滨的资源条件打造的综合型汽车营地。

3.1.2 停泊车型

根据停靠交通工具的差异，营地可以分为以下5种类型。

1. 小汽车营地

汽车营地是专门针对小汽车用户的营地，中国城市居民小汽车的保有量较高，出行活动也比较便捷，且因房车用户的比例还较小，所以中国营地近期还将是以汽车营地为主导。但不管是小汽车营地还是旅居或房车营地，现有营地的功能都相对比较单一，难以满足游客的多样化需求。所以根据营地所在区位的自然资源或文化特征挖掘并添加复合功能是非常有必要的，例如，通过多样化的功能设施为游客提供住宿、露营、游憩、娱乐、汽车保养与维护等多项服务。中国汽车营地以沿高速公路服务区拓展为主流，结合公路服务区的停车设施和公共配套最大程度集约基建量。例如，2017 年 11 月被中国公路协会授牌誉为中国高速第一自驾营地的 G50 沪渝高速冷水服务区生态旅游自驾营地，该营地所在地为冷水服务区，地处渝鄂交界处石柱县冷水镇境内，是重庆市的东大门和沪渝高速公路进入重庆的第一门户窗口，距重庆主城 267 km，距石柱县城 42 km，依托其独特的地理环境和自然气候资源，内部设置了综合接待服务区、景观休闲区、森林度假区、房车露营区和户外运动区等不同功能板块，为到访者提供绝佳的避暑休闲环境，既是高速路上小憩的站点，也是度假休闲的目的地。

2. 旅居车营地

旅居车营地是专门针对房车用户设定的营地，按照是否有驱动力，可以将房车分为自行式、拖挂式和移动房屋三大类，房车营地包括房车停靠场、简屋式营地、拖车营地、移动房屋式营地等。[21] 旅居车营地作为房车旅行中的补给站点，针对短期停靠两三天的房车使用者，只提供必要补给，少有娱乐设施。功能和设施较为简单，仅提供停泊车辆、饮用水和照明设施，并具有一定的安全防卫设施，通常还有小型超市为房车使用者提供日常生活用品。这种营地通常是临时性的，规模也相对较小，仅在期限内使用，平时作为普通停车场。高速公路边设置停靠式营地，为了补给长途旅行的房车，除了加油外，还有一系列类似酒店式的服务，如更换床单被单、清理垃圾等。停靠站是为长途旅行的人服务，通常设置在两个景区节点之间，多配置为长途补给功能。国内因房车保有量不高，旅居车营地的现状多以拖挂式营地为主，例如，奇瑞途居黄山营地以奇瑞生产的房车拖挂为主，占地 1000 亩 ，分为 11 个区，包含 371 个房车营位，68 个自驾式房车营位，是全国规模较大、设施较全的房车营地，因地处黄山脚下，自然风光秀丽，除了提供营地活动设施之外游客还可以到营地周边体验骑行、溯溪、探险、徒步等户外的旅游线路。

3. 飞行营地

航空运动属通用航空的一个分支，指人们驾驶或操控航空器或航空运动器材，在空中开展关于航空知识普及与教育，航空运动技能培训、竞赛、表演、健身、休闲娱乐等飞行活动的总称，包括运动飞机、热气球、滑翔、飞机跳伞、轻小型无人驾驶航空器、航空模型等共 6 大类 26 个项目。航空飞行营地按照飞行器的不同，设置 13 个类别的低空飞行体验项目，包含滑翔机、特技飞行、动力悬挂滑翔机、轻型飞机、直升机、自转旋翼机、热气球与飞艇、悬挂滑翔翼、滑翔伞、动力伞航空模型、运动类航空器水上飞行、跳伞等项目。

航空飞行营地在我国的发展爆发期主要集中在“十三五期间”。一是伴随着全国旅游市场向休闲度假的升级，在中高端旅游市场，个性化旅游需求开始快速增长，以轻度探险和极限挑战为导向的深度体验产品需求开始暴增；二是在国家层面，低空飞行驱动政策密集出台，航空飞行营地进入政策主导的红利增长期。2010 年之前，我国低空飞行产业的发展受到严格的国家政策的管控，2010 年我国才正式开放低空飞行试点建设，为低空飞行营地的市场化和产业化发展奠定了基础。2016 年国务院办公厅下发了包括航空运动在内的《关于促进通用航空业发展的指导意见》，同年 10 月，国家体育总局、国家发展改革委、中国民用航空局等九部委下发《航空运动产业发展规划》，为全国航空飞行营地的布局发展奠定了基础性建设引导纲领。2020 年由国家体育总局及中国航空运动协会联合出台了《航空飞行营地设施及空域标准细则》，明确了航空飞行营地建设的基准规范。2020 年中国航空运动协会发布《航空飞行营地星级划分与评定》明确了航空飞行营地按照星级划分，并明确了星级划分要求、评定程序及要求等。按照星级划分，航空飞行营地星级划分为三级，从高到低依次为五星级、四星级、三星级。

根据《航空飞行营地管理规定（试行）》航空飞行营地是指在中国航空运动协会统一指导、规划下，面对大众提供因地制宜的航空体育产品和服务而设置的场所，包括向大众航空运动开放并被中国航空运动协会命名的通用机场。航空飞行营地的发展建设布局核心在于满足地方经济建设需求、体育产业发展需求、旅游产业发展需求、青少年航空知识普及需求。经过 10 余年的发展建设，截至 2022 年末经中国航空运动协会认定的飞行营地有 5 批，共 382 家，其中包含 86 家校园营地。航空营地相较于其他类型的营地，在进入方式和核心吸引物系统的构建方面都依赖于种类丰富的航空飞行设施。在规划建设中，应综合考虑政策管控、自然条件及场地建设适宜性等因素。首先，应考虑飞行设施的起飞降落场地要求；其次，应综合平衡自然风光、气候条件等，在全年适飞时长和飞行景观游赏之间寻找平衡点。如我国首批飞行营地示范工程之一的许家崖航空飞行营地，营地选址在山东临沂市费县许家崖水库西侧，占地 270.42 公顷（1 公顷≈ 10 000 m^2）。许家崖飞行营地获批 1000 km^2 空域，涵盖费县高铁站、临沂市区、丛柏庵、荷花湾、水库半岛、柱子山、沂蒙山银座云蒙景区、云瀑洞天景区（指动石）、云天崮景区、岱崮景区等著名景点。

4. 船泊营地

船泊营地是指以船舶作为中转接驳工具，以游船为主要进入方式的岛屿型营地。这类营地规划建设往往需要多重考虑建筑力学、安全因素和潮汐等环境影响。营地多位于海上岛屿，远离陆地，且以海岛度假与水上运动两大类市场群体为核心目标，以游船交通、水上体验及海岛宿营为三大体验要素体系。船舶一方面作为进入营地的主要交通工具，承载着转运游客的重要职能；另一方面结合水域自然观光、水上休闲度假、水上运动等热点需求，开辟特色水上观光航线的同时有针对性地导入海钓、海上美食及浮潜、冲浪等海上极限运动等特色业态。这种营地以船舶为媒介，满足游客亲水、戏水的核心需求，丰富完善海上休闲度假产品线，构建船舶型营地的体验要素体系。海岛作为承载整个营地露营度假的核心载体，可根据不同的自然地理条件及景观特色，因地制宜打造各类以滨海帐篷、房车及移动旅居设施为载体的特色景观宿营区。在业态构建层面，可以结合整个营地的核心目标定位，有针对性地导入各类水上运动训练营、海岛亲子自然科普学校、海岛休闲美疗基地、海岛日光沙滩等，进一步丰富整个船舶型营地的产品体系，延长游客停留时间，带动综合收益增长。例如，位于AAAA级连岛海滨旅游度假区拦海大堤东端的连云港七彩帆船营地，除了营地运营接待之外，也是江苏省对外开展海上运动和体育休闲的十大胜地，以及各类水上运动队训练和比赛首选之地。

5. 骑行营地

骑行营地是整个营地体系中较为专项和细分的一类营地，以各类人造骑行设施和骑行动物为特色体验项目，以轻度户外越野和体能挑战为主要开发方向。从规模体量来看，骑行营地并不常以综合型目的地的形式出现，而是大多数结合着越野徒步游线、自行车骑行主题游线及动物主题特色风景道游线体系，作为中转补给及特色配套体验驿站的形式出现。近年来，伴随着低碳环保观念的深入推广及自驾游时代的全面到来，国家大力提倡生态风景道、骑行道、登山步道的建设，同时也催生了骑行越野、登山徒步等细分领域的旅游热点消费产品。骑行营地作为服务和丰富风景道体验的必备功能区也开始应运而生，结合消费导向的不同呈现出不同的开发重点。一类以中转补给和临时停靠为主要功能，规模较小、功能简单，以为游客提供临时休憩、零售补给、厕卫等需求为产品配置导向。另一类选址在具有独一无二的自然或文化景观资源处，以满足游客的美拍打卡、深度探访为开发方向，在必备的功能需求基础之上，导入观景体验设施及休闲体验露营功能区，并结合区域景观资源条件，设计集合自然观光、轻度挑战及生态科普为一体的骑行路线。

当下因轻度极限挑战及亲子户外教育等细分市场的崛起，骑行营地也呈现出多种不同主题的发展类型，有依托专业自行车骑行越野俱乐部而建设的以越野骑行为主题的专业型骑行营地，也有以亲子家庭休闲、儿童户外体能拓展为主题的综合型营地。以莫干山久祺国际骑行营为例，其营地总规划面积1000亩，严格按照中国自行车骑行协会相关标准建设，营地配套建设有专业赛道5km，大众体验赛道4km，打造了集自行车越野骑行专业赛事、儿童自行车越野培训及营地休闲度假为一体的综合型骑行主题营地。营地配套建设有土坡重力体验场、泵道（pump track）特色骑行训练场等设施，还依托不同的自然景观开发了越野定向、露营观星及户外烧烤派对（party）等丰富的主题活动。

3.1.3　规模与质量等级

根据规模的不同，可以将营地分为三种不同的模式：小型公路休闲站、中型近郊营地、大型露营目的地营地。

1. 小型公路休闲站

小型公路休闲站规模较小，大多和高速公路直接连接，为驾车一族提供旅途中补给和短期休闲服务的设施。这样的休闲站，从出行目的上来讲属于停靠式营地，营地附近风景怡人，值得停车欣赏。站内设有简便的车辆维护、用餐休息、闲聊观景的地方，可以使旅途变得轻松、惬意。它既可以依托现有的高速公路服务站，也可以另行建设，能有效延伸和扩展现有高速公路服务站的服务内容，是高速公路时代不可或缺的服务设施。

2. 中型近郊营地

中型营地，位于大城市周边条件较好的合理的驾车半径之内（3—4 小时的驾车距离），非常适合开展连锁经营。它选址方便、规模适中、投入不大，便于迅速推广，这样的中型营地非常适合进行连锁推广，可以通过一两个中型的营地案例进行品牌的打造，再将品牌推广至全国各地，涵盖如山地、海岛、沙漠等多种类型。

3. 大型露营目的地

大型露营目的地面积较大，提供的服务较为全面和多样，同时依托有较高知名度的风景区，资源质量较高，有较高的市场门槛。这类项目要求条件较高，投资较大，因而数量也相对较少。例如，大连金石滩国际汽车营地就是利用黄金海岸等环境优势及区位交通优势所打造的一个大型的自驾车营地，营地分为海洋娱乐、沙滩休闲、汽车营地、帐篷营地、服务保障五大功能区，每年这里都会召开国际露营大会，同时还创办了系列精品活动。

实际运营中营地开发建设规模应同时考虑预算、能获得的土地面积、场地给排水能力、开放季节性和时间段、客源市场等因素，确保经营和管理能力，以及是否需要分期建设等情况。营位数量根据需求设置，考虑周边城市居民的自驾车保有量和房车数量，以及休闲度假出游人数。

不同房车营位数量与营地面积关系，见表 3–1 所示。

表 3–1 不同房车营位数量与营地最小面积关系

营位数量（个）	营地最小面积（公顷）
10	0.192
30	0.576
50	0.960
100	1.920
150	2.880
200	3.840

3.1.4 经营依托

1. 客源地依托型

此类营地选址多位于具有广阔消费市场的客源地及其周边，优势在于可以依托客源地形成稳定、长期的旅游市场，满足城市周边短线游、周末游市场；劣势在于需要在前期规划、基础设施建设、配套旅游服务设施、场地建设等方面投入大量资金，须充分了解客源市场需求，开发风险相对较大。此类营地选址区域主要集中在大中型城市近郊、环城市区域，既可定位于高端房车休闲、露营、专业自驾游市场，也可定位于大众周末游市场，能更好地满足休闲度假的市场需求。通过人为打造主题公园、水上乐园、射击场、跑马场、高尔夫球场、度假村、温泉酒店、水疗等休闲娱乐设施，并通过休闲娱乐设施的宣传来提升营地知名度，带动营地发展。例如，北京国际汽车露营公园即位于城市周边近郊林地，依托北京这一客源市场，集休闲运动、青少年科普教育、儿童娱乐、养生养老院、休闲会所、房车营地体验为一体，成为综合休闲度假地。

2. 景区依托型

此类营地多依托景区优势自然资源和客源，开拓补充服务式或差异化的游览空间，可将空闲场地开发成营地，丰富活动内容，提升景区利用率，组织野营及其他休闲娱乐活动，刺激游客夜晚的消费。这种模式在国内的案例比较多，也是在国内开发营地的一个良好起点和方向。比如，位于陕西省华县的华山房车自驾营地就依托著名的华山旅游景区，不仅有游客数量的保证，也丰富了景区的旅游项目，为游客提供了额外的住宿选择。

值得一提的是依托景区的营地开发模式是我国营地建设的主流。在长三角区域，80% 以上的营地都分布在景区及其周边。且这类营地的开发建设主要分为两种情况：一种是在景区内部划出一部分区域设立营地，作为景区的一部分，可承担景区部分停车、住宿、餐饮等功能；另一种是在景区外围建立营地，与景区形成互补。这两种方式的优势在于可利用已有的设施条件，减少基础设施的投入成本；可充分利用景区的品牌，提高营地的知名度。例如，苏州太湖一号房车露营公园即依托太湖景区建设，利用太湖优美的自然环境，成为国内发展较好的房车营地；北京蟹岛度假村在村内开辟空间，建设房车营地，也对现有住宿设施进行了补充完善。

这类营地建设多要求依附景区具有较充足的用地及完善的水电接驳等基础设施，同时景区已形成的客源市场也对营地的规模、活动项目的开展、环境保护等造成一定的影响。例如，新疆喀纳斯邦吉特营地，位于距乌鲁木齐 700km 的新疆唯一的国家级综合自然保护区——喀纳斯湖自然保护区。该营地所在地一面为喀纳斯湖，三面为广袤无边的大草原，风景优美。营地可同时停放拖挂式、自行式房车各 10 辆，提供房车出租业务，拥有简单的接待设施，主要提供汽车露营服务，以满足自驾车游客的基本需求。因地处保护区，无法建设大规模的固定接待建筑，同时生态环境保护高标准要求也让它在运营接待方面受到限制，但该营地以中高档消费的自驾车游客为主要客源市场，虽然地理位置相对偏僻，却得益于原生态的优美风景，在国内自驾车旅游市场享有较高声誉，每年吸引不少自驾车游客前往。

3. 目的地依托型

我国逐渐形成了一种露营小镇（也称房车小镇），它以“露营 + 地产”的模式将自身打造成旅游目的地，依托风景优美的乡村或小镇，以房车为载体，规划建设营地、娱乐休闲等功能区，配备餐馆、商业、卫生、管理等配套设施，形成融旅游、休闲、度假为一体的主题功能区。但应看到，营地依托目的地的开发模式须与目的地资源条件相匹配，所以露营小镇所需的建设成本、体量相对较大。露营小镇所依托的目的地可分成三类，不同类型对应不同营地的选址。第一类是资源主导型目的地，如国家历史文化名镇，由于文化保护、用地限制，可在外围进行选址开发。第二类是旅游接待型目的地，即目的地主要功能为旅游集散地，营地可布局于旅游目的地，作为综合旅游度假区满足游客的多样化需求。第三类是生态观光型目的地，具有良好的生态环境，能够吸引城市休闲度假游客，自然环境是该类目的地的最大旅游优势，也是营地选址最看重的因素。例如，港中旅集团在北京建设的密云南山房车小镇，以数十辆 20—30m^2 的房车作为固定的房车旅馆，同时设有多条长短途房车旅游线路，营地还有常规性儿童游乐设施、特色儿童游乐园、文化与科学儿童游乐园、雕塑园、篝火场地、球类运动、真人反恐精英游戏（CS）、音乐表演、电竞场所等多种配套娱乐设施，形成了以房车住宿娱乐为主、房车出行为辅的特色小镇。另外，北京平谷桃花深处汽车营地位于平谷区山东庄镇大北关村，周边以山地为主，以乡村为依托，与原有乡村旅游吸引物结合。

总的来说，不同经营依托的营地均有各自的利弊，可根据项目开发的不同特性按需选择。依托客源地的营地，虽市场优势明显，其需求具有很强的市场导向性，但是这类项目由于土地成本、竞争、档次等问题，其开发成本较高，因此适合进行短线市场开发；景区依托的模式是当前市场最普遍采用的一种模式，但这种模式需要对景区进行更详细的区分，并找到景区对营地发展的限制因素；目的地依托型最主要的走向是露营小镇，但建设成本和体量相对较大。

3.2 营地功能

营地功能主要包含交通功能、停车功能、住宿功能、餐饮功能、废物处理功能、娱乐功能六大板块。结合国内外营地建设及经营的实际现状，营地又可分为基础功能区和特色功能区两大部分。营地的基础功能区包括出入口、服务中心、停车场、自驾车露营区、房车露营区、服务保障区、废弃物收纳与处理区。特色功能区包括木屋住宿区、帐篷露营区、儿童游乐区、户外运动区、露天活动区、宠物活动区等区域。

在实际的营地设计中，我们常常会看到不同的区域相互重合穿插，相互之间没有明显的界线。我们在一些小型营地和主轴线型的营地中常常见到将管理区和入口区相结合、露营区和休闲娱乐相结合等现象。同时通过多年对消费者的研究发现，在其他条件不变的情况下，随着消费者对某种物品或服务消费量的增加，他从该物品或服务连续增加的每一消费单位中所得到的满足程度越来越小，因此对露营者来说，边际效应存在于景观视觉、距离成本、花费时间、人的活动承受力等多方面。要想让露营者感受到露营的快乐，需要让露营者在露营之余，在合适的时间遇到合适的休闲娱乐项目，以减少边际效用的降低。比如，看美景看累了，可以用其他体验性的项目来代替。这些措施可以有效降低边际效应带来的负面情绪。所以，在营地规划设计时，营地的节点和功能要充分考虑游客本身存在的这些边际效应，达到动与静的完美结合。

基础要素体系、资源支撑要素体系及增值要素体系是决定一个营地竞争力的关键。其中，基础要素体系包含必备露营设施、配套服务两大方面，是一个营地生存的基础条件；资源支持要素体系则包含了关联的人文及自然因素，是营地发展定位和获取客源的重要保障；增值要素体系则包含了露营主题文化的营造、露营模式的输出、露营体验的创新等方式，是促进营地形成品牌经营、促进经营增值的核心一环。三大要素体系相辅相成，共同决定了营地从选址到产品布局，从营销到露营活动设置的方方面面。本书根据这三大要素体系，将自驾车营地的功能区划分为基础功能保障服务区、特色功能服务区及增值功能服务区三大类别，见表 3-2 所示。

表 3-2 营地功能及业态配置

功能分区	主要板块	业态配置
基础功能保障服务区	综合服务区、露营区、配套保障区	信息、餐饮、租赁、住宿、停车等
特色功能服务区	特色住宿区、公共活动区	帐篷、木屋、科技旅居装备、运动设施等
增值功能服务区	儿童游乐、专项体育、商务服务区	会议、康养、亲子、研学、文教体育等

3.2.1 基础功能保障服务区

1. 出入口

出入口位置合理，有醒目的标志物，满足车辆进出和交通安全的要求。出入口要设立门卫和门禁系统，防止车辆丢失事件发生，要在适宜位置设立可清晰识别的营地导视图，方便游客轻松便捷地掌握营地各个营位概况。此外，出入口还可与营地停车场合并以满足特定车辆和高峰时期的停车需求。

2. 管理服务中心

管理服务中心是营地的控制中心，是一个营地承担日常管理和服务于游客等重要职能的核心功能区。管理中心是营地控制机能的核心，含接待处、办公室、医疗室、值班室、休息室、商店、餐厅、卫生间等必要的服务设施。对外有咨询、接待、登记、租赁功能，对内有储藏、办公、修缮等功能。小型营地可直接将管理服务中心设置在营地的出入口，如一座功能相对较为集中的综合办公建筑，大型营地可以单独开辟一个相对较为集中的管理中心以提高管理效率、方便露营者使用。

3. 服务保障区

服务保障区是支撑和保障游客自驾游服务各个环节顺利开展的基础，在小型的自驾车营地中一般与游客管理中心合并，在一个综合的建筑内为游客提供各类综合服务。大型自驾车营地则一般都会单独设立专门的服务保障组团，共同构成营地的服务保障区。保障组团可根据营地内产品的布局呈现点状、线状或面状的不同分布特征。按照服务保障区的功能，内置服务主要包括餐饮服务、医疗服务、安全保障服务、设施设备租赁服务、卫浴服务等。

餐饮服务

在营地中，餐厅、酒吧、咖啡厅等通常结合管理设施规划在场地的中心位置，辐射全园，为游人提供室内活动、交流的空间。根据营地的规模和建设标准，营地所设置的餐厅数量不同，但一般都会有一个较大的室内多功能餐厅和露天的快餐厅。多功能餐厅的面积一般相对比较大，里面安装的设备设施齐全，在平时能为游客提供餐饮服务，当遇到刮风下雨等天气时又可以为游人提供一个临时的室内避难所，同时可以在里面放映短片、开展一些小型游戏或文艺表演活动。一些较大型的营地通常也会设置酒吧、咖啡厅等休闲场所，装修一定要美观、典雅、别致，突出营地的风格，提供特色服务。

在营地中商店也是必不可少的。大部分营地商店以顾客自选方式经营食品、家庭日用品的超市形式出现，但在营地相对分散的服务点上多以小卖部的形式出现。超市为游客提供零食、水果、蔬菜等食品还有矿泉水、各种饮料、露营生活所需的日用品、露营工具等商品。

医疗服务

营地一般位于远离城市的郊区，周边设施匮乏，而野外露营生活存在一定的危险性，并且游客在露营过程中也很有可能产生身体不适或突发疾病等状况。因此医疗服务也是营地中必备的一项服务，卫生服务部可以为受意外伤害的游客做临时的伤口处理，提供常用的感冒、发烧药等。对于小型营地而言，医疗服务室须常备应急药品和医护人员，而大型营地则要求在此基础上配备具有医师资格的从业人员。

安全保障服务

安全保卫室是整个园区各个保卫工作点的管理和指挥中心，安全保障服务人员负责园区游客的安全，在游客不容易接触的地方为游人服务。

设施设备租赁服务

露营设施设备租赁部为露营者提供帐篷、睡袋、烤炉、灯具、餐具等一系列露营所需物品，同时也包括营地中开展特色项目所需的用具，像滑雪所用的滑雪板、滑雪橇等，如果娱乐项目离服务区较远，可在娱乐项目活动场地周围设置一个单独分散的娱乐设施租赁服务部，保证露营者度过一段满意舒畅的露营生活。

卫浴服务

卫浴设施是户外露营生活的基本保障设施，通常设置在游客服务中心内，规模较大、营位分散的营地还会配套单独的卫浴设施，尤其是基础配套建设落后的原生自然地，独立卫浴设施的配置能够进一步提升其露营体验品质。另外伴随现代制造技术的提升，一些具备高环保效益的基础服务设施已经上市服务，能够有效解决野外露营服务配套缺失的问题。例如，溪客（SEEK）箱式风景卫生间装备（如图 3–1、3–2 所示），排水采用真菌与固化处理两种方式，只需提供上水和 220V 外接电源，可就地分解或固化污水中的有机物质，剩余的污水经过处理后可达国家二级排放标准水类，满足直排要求，适用于有上水无下水的营地。装备内部搭载自动烘干、智能喷雾洗手、智能蹲位等功能设施，能够在野外提供舒适的卫生环境。

图 3–1　溪客（SEEK）自循环污水处理卫生间

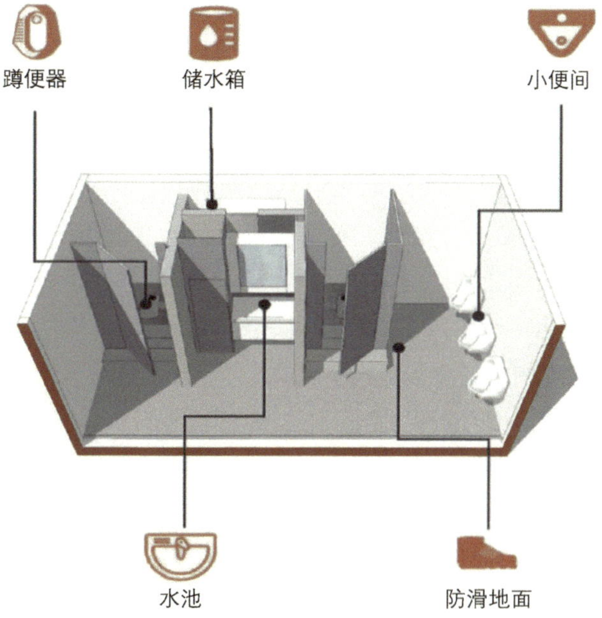

图 3-2　SEEK 自循环污水处理卫生间内部功能图

4. 停车场

作为区别于传统旅游活动的旅游目的地，自驾车营地包含了人、车在内的服务需求。因此，停车场作为承载汽车相关支持服务的重要功能区，车行服务的完善与否也是衡量汽车营地建设水平和优化游客体验的重要因子。自驾车营地停车场的规划建设要立足于外观风貌的生态环保、服务功能的多元完善、合理容量的科学预测为三大基准要点。

要以风貌景观和谐统一为特色要点，因地制宜建设生态停车场。充分利用地势地形和当地特有植被树木、铺设草皮（草坪砖）取代原来的硬质铺砖、在停车泊位四周种植乔灌木、利用树木作为天然的车位隔离带等方法都能增大停车场植物覆盖率，达到生态环保、风貌独特的目的。

要以科学合理的容量预测为基准要点，基于市场需求合理配置停车位数量。自驾车营地以服务于房车、自驾车游客群体为主，在测算过程中要综合分析交通、周边景区辐射带动效应、房车和汽车游客比例、营地规模等综合因素，来确定停车场的综合需求。在建设过程中也可通过结合固定停车场和入口区小型临时停车场的方法，灵活应对小长假及旅游旺季的高峰需求。

要以构建优质服务为核心要点，多元合作构建复合功能停车场。汽车营地是自驾车旅游的目的地或中转站，车行服务也是营地服务中很重要的方面。在实际经营中可通过合理规划，不断完善和强化停车场的服务功能和服务水平。既要不断完善营地自建停车场的多元服务功能；又要为自驾游旅游者提供及时、周到的相关服务。

5. 露营区

露营区是营地中最为重要也最为核心的功能区之一，尤其是对于当下我国自驾游市场仍然以小汽车游客为主的发展现状而言，建设功能完善、舒适宜人、设施完备的露营区仍然是衡量一个营地建设水平和星级评定的重要标准。相较于传统旅游活动，自驾游的游客对于吃、住、行三大基本旅游要素的需求呈现更加中心化和集中化的特征。一个露营区就是一个小型的旅游活动中心，要求既能够满足游客住宿、餐饮的基本需求又要兼具休闲、游玩的功能属性。立足于此，一个完善的露营区应该包含车辆停泊区、帐篷宿营区和游客生活区三大基本功能分区，基础服务功能和生活游乐功能相辅相成，共同构成一个小型的户外家庭游乐区域。对于一个3—5人成员的家庭亲子游客群而言，一个标准营位的面积大约需100m²。

根据欧美等国家的发展经验，规模化经营是自驾车营地实现盈利的关键。新的国家标准也充分借鉴了这一点，标准规定一个营地的自驾车露营位须在20个以上。露营区停车位和帐篷搭设区的地面要经过硬化处理，旁边要有树荫遮蔽。尤其要注意以下两点：一方面要重视地面排水性，营造安全性和便捷性兼具的停车位；另一方面也要重视周边树木的种植和搭配，选用常绿阔叶灌木作为营位之间的分隔，并点缀种植观赏性乔木，增强营位的定位和识别，提升停车位的舒适性。露营生活区则一般设置在草坪区，要注重野外露营生活氛围的打造，配置自助烧烤炉、烧烤工具等餐饮设备，还要配置遮阳伞、户外餐桌、餐椅等休闲设施。此外，在一个自驾车露营组团的内部还应配备公共淋浴房、公共开水房、洗漱池等基本设施。

从我国自驾游市场的发展特点来看，单辆自驾车营位布置类型是我国露营者使用最多的类型，只能停一辆车，可以露营3—5人，正好适合一家人或常见的小团体。营位为游客提供露营所需的简单设施和水电接口。

6. 宿营区

虽然我国的自驾游市场仍然以小汽车客户群为主，但随着经济的发展，房车租赁、生产和销售企业的驱动，我国房车一族的数量也呈现出快速增长的态势。可以预见，随着自驾游市场的日益成熟，房车自驾出游的群体将会是未来自驾车旅游中十分重要的细分市场。因此对于较大规模的综合性度假营地而言，在规划之初要有预见性地为后期房车旅居群体的大规模增长预留出足够的发展空间。

房车营位与自驾车营位的功能构成和配置基本相同，不同之处在于两者停靠所要求的相关设施及营位面积，此外房车营位所需的露营设施，如露营野外桌凳、篝火圈等少，但对水、气、电接口要求高。在营地规划建设中必须保证每个营位都配备有可供房车使用的水、电等接口设施，并且设置的位置要保证每辆房车都能接入。

按照是否有驱动力可以将房车分为自行式、拖挂式和移动房屋三大类，再按照规格和结构不同又可分为九小类，其中自行式分为A、B、C三种类型，拖挂式分为A、B、C、D四种类型，见表3-3所示[22]。自行式房车具有独立驱动能力，而拖挂式房车无动力装置，需要牵引，可以在停驻营地后与牵引车辆分离，牵引车可单独活动。这类房车一般装有单侧扩展装置，拓展厢体可向外滑动多达1m的距离以加大活动空间，用于休息、烹饪、就餐等活动，适合家庭周末度假或常年旅行[23]。移动房屋，需要特殊的平板拖车来拉运，外观与别墅类似。

表 3-3 房车分类及规格标准

类别	型号	车长（m）
自行式	A	8—12
	B	4—5.9
	C	5.9—9
拖挂式	A	6—13
	B	7—13
	C	4—6
	D	长度根据皮卡车型装载能力而不同
移动房屋		9—15

国内的房车主要有自行式和拖挂式两类。对房车市场上的主流车型的车身尺寸进行分类统计后可以发现各类型房车车长在4—15m，见表3-4所示。拖挂式房车因为还有前置牵引车辆，所以在计算车长时须另考虑前置车辆的长度，故所需营位空间更大。通过对房车车长的研究，可以得出营位长度为10—20m。

表 3-4 国内主要房车概况

类别	型号	名称	车身尺寸（长×宽×高）mm
自行式	A	中龙 SLK5180XLJ 型	12000×2550×3650
		宇通 ZK5140XLJAA 型	9980×2430×3000
	B	上汽大通 RV8	5995×2250×2980
		齐星依维柯 A42	5990×2000×2030
		寻星 NX585	5850×2120×3020
	C	中天房车 TC5050XLJ 驭风 T 型	7280×2300×3110
		2012 款中欧房车逸爵型	5595×2098×2800
		中通 LCK5031XLJP4A 型皮卡	5590×2000×2930
拖挂式	A	戴德隆翠 Q10	7680×2430×2870
		瑞莱克斯 Sylvan	8520×2320×2800
	B	Hobby Premium 460 UFe	6200×2500×2630
		杰克－猎鹰－339FLQS	11552×2438×4083
	C	旅居者大水滴	4100×1970×2200
		新尚雅威 ORYX	5490×1970×2650
	D	杰克猎鹰 EAGLE HT 27.5BHS	9482×2438×3727

房车营位的长度设计不需要考虑车型尺寸问题，宽度主要由停车位宽度及活动场地大小决定，而影响活动场地大小的重要因素是使用人数及活动内容。国际房车露营协会根据使用经验总结，房车露营营位的宽度最小应该是房车遮阳篷展幅的三倍，这样就可以满足房车露营最基本的要求。因为自行式房车和部分拖挂式房车右侧有拓展装置，在停车后可以延展开供人们休息，而设施接口在左侧，所以每个停车位开门侧需要留出空间，便于房车向外扩展搭建，在篷中可进行烹饪、交谈等活动。为保证一定的私密性，会用灌木将营位隔开，或加上栅栏等方式，在用地有限的营地，营位密度较高，就直接以草坪隔开。

7. 废弃物收纳与处理区

高品质的生态环境和优美的自然风光是营地最重要的依附资源。只有在营地活动开展的过程中，以多管齐下的方式将人类活动的介入对自然生态环境的影响降低到最低点，才能从根本上保障营地建设开发的可持续性。

所以，在营地规划建设之初就要以生态保护为第一原则，通过科学合理地预测营地的日环境最大承载量，根据营地容量配备垃圾箱、废物收纳处理站及污水处理站等设施，对于营地产生的垃圾要进行分类回收和处理，对于每天产生的生活废水要经过科学高效的处理达标之后再进行排放。一般而言，营地内部垃圾箱的外观要与营地风格统一，可采用具有地域特色的自然或文化元素作为设计素材，废物集中处理区要处在营地的下风处，并和其他功能区相隔一定距离。此外，注重营地游客生态环保健康生活理念的培养，鼓励和提倡游客野外生活垃圾自己带走的露营生活方式也是营地建设运营水准高的体现。

3.2.2 特色功能服务区

1. 特色住宿区

营地特色住宿区的规划建设应遵循以下三项原则。第一，合理配比容量，避免资源闲置浪费。在进行特色功能的配套建设之前，应在综合分析营地所在区域的市场发育现状、交通路网建设现状、周边旅游景区的开发现状的基础之上，对营地的高峰客流量和日均客流量进行合理的预测和评估。根据游客的需求，合理配置特色住宿设施的规模。第二，特色体验为先，重视住宿环境氛围打造。营地的住宿体验区别于传统的酒店或旅馆，从本质上来讲营地住宿体验也是营地运营核心产品体系中的重要因子。因此，对于特色住宿设施的建设和配置不应仅关注内部硬件设施的配套和完善，更应该重视外部软环境的优化与提升，力争建设环境舒适宜人、设施完善合理、体验与众不同的住宿环境。第三，配套设施齐全，营造舒适宿营生活空间。

总的来讲，因中国的自驾游产业发展现状与国外有着很大的差异，住宿设施的类型、品质、外观等多个层次和多个维度都表现出诸多本土化需求的特征。例如，营地消费的主要客群还是大城市的白领及以上阶层。城市生活空间的日益狭小、工作生活的日益忙碌，驱使这一群体产生了逃离都市、亲近自然、放松自我的内生出游需求，在营地中具备特色住宿体验和科技感的设施场景也必然成为他们的首选。

2. 特色餐饮区

营地餐饮区应结合营地游客的消费特征，打造区别于景区的特色露营餐饮消费功能分区配置。第一，结合营地以自驾车、房车为主要群体的消费特征，为房车及帐篷营位设置必要的私人、自助餐饮配套功能区，这种功能区以简餐、烧烤及户外就餐平台等简单功能配套为主。第二，结合营地以生态自然为显著特征的景观氛围，打造与之相匹配的特色餐饮功能组团，以高效能的餐厨保障装备为核心，配套建设各类以移动设施为载体的室内与户外就餐空间。结合营地自然及人文景观特色，打造生态慢餐、星空美餐、篝火 Party 等不同的特色餐饮配套，使其共同构成营地的核心吸引物体系。第三，将餐饮本身作为独立的参与体验课程进行开发，这种课程往往依托大型综合帐篷、科技旅居装备等设施，在功能体内部设置各类地域美食、非遗美食技艺体验设施，开发集美食课堂、亲手体验及就餐休闲为一体的综合型特色餐饮功能区。例如，SEEK 风景咖啡屋在传统的移动式咖啡、茶饮设施的基础上，创新导入了文创零售、休闲、观景功能模块。以咖啡屋为依托能够形成一个小型的综合休闲场地，成为营地的消费吸引点，如图 3–3、3–4 所示。

图 3–3　SEEK 风景咖啡屋

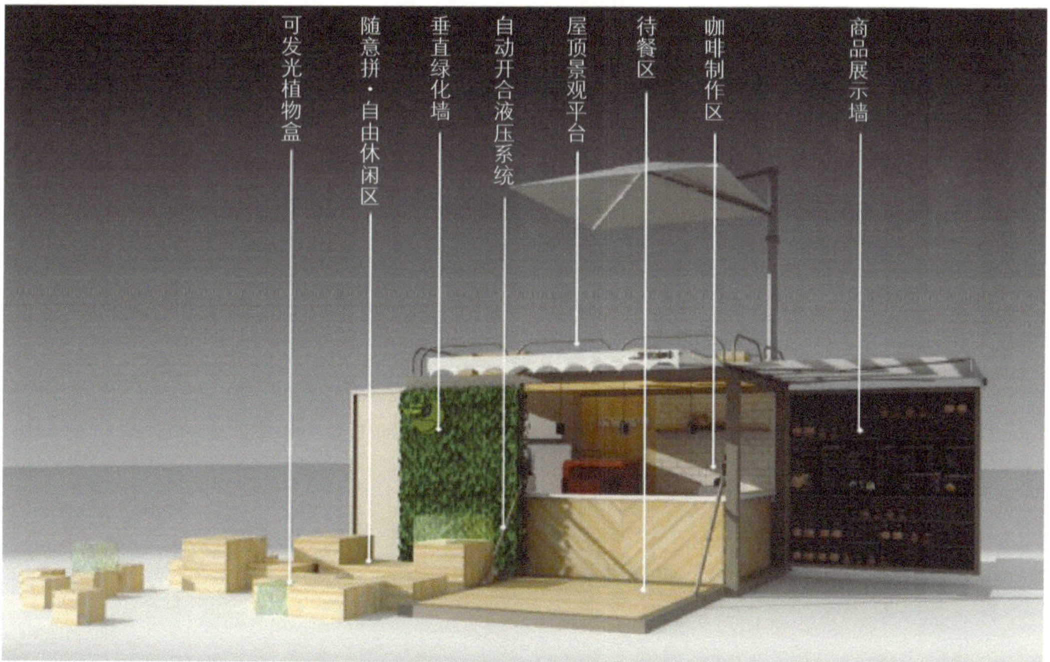

图 3–4　SEEK 风景咖啡屋功能构造图

3. 特色活动区

特色活动区主要分为户内与露天两种。二者的核心内涵均是指营地为了定期或不定期举办特色主题活动所预留的公共聚集和活动的空间。常规活动的开展能够极大地丰富营地的生活，平衡淡旺季客流量的差异，延长游客停留的时间。通过与相关企业、组织联合举办的大型主题活动，则能够迅速提升营地知名度，打开市场，增加盈收，其中较为常规的活动包括定期举办的篝火晚会、露天电影节、户内外主题派对等。此外，营地还可以针对不同年龄的人群和节庆时间组织安排活动，如中秋节、端午节、母亲节、万圣节等节日，还可以不定期组织以环保、探险、桌游等为主题的露营活动，将志趣相投的人聚集在一起。特色区的具体娱乐项目类型，可以根据不同的主体地域类型，发挥其地理优势来开展。不同环境类型的营地可以拓展的活动，见表 3–5 所示。

表 3–5　营地特色活动体系

营地分类	活动设置
山丘型	攀岩、探险之路（设置山洞、地道、独木桥、藤萝、荡绳、绳索桥等探秘活动，为游人提供探险的场所）、滑翔、越野车赛、登山、狩猎、健行、自行车越野赛、卡丁车赛
草原型	骑马、射箭、射击、投飞镖、游猎、牧羊、滑草、草原聚落体验等
沙地型	科学探险游、爬沙山、滑沙等
林地型	科普教育、森林迷宫、丛林野战、丛林探险、康体、健身等
特殊资源型	滑冰、高山滑雪、狗拉雪橇、泡温泉、洗泥浴等

3.2.3　增值功能服务区

1. 儿童游乐区

当下国内营地除了少数大型目的地和综合营地设有专门的儿童游乐区之外，其他大多数营地并未对营地配套儿童游乐产品的开发倾注足够的关注，儿童游乐产品的引入和开发都十分匮乏。但从欧美等营地发展起步较早的地区来看，儿童游乐区是营地中十分重要的特色功能区之一，主题明显、风格独特、产品多元的儿童游乐区能够显著地增加营地的综合竞争力和吸引力。

此外，营地产品本身就具有群体性特征，且亲子家庭客户群体在自驾游市场中已经占有较重的比例。为了迎合市场发展需求，在营地建设中着重关注儿童游乐产品的设计投入和开发投入也是有必要的。

不同于纯粹的儿童游乐产品，营地儿童游乐区面向的是以儿童为核心的整个家庭市场，因此营地儿童游乐产品的开发也应有所不同。首先，要求营地根据不同年龄阶段儿童的不同行为特征，差异化地设置儿童游玩产品。对于处在认知阶段的幼龄儿童，应偏重于求知体验型和自然学习型产品；对于处在学习阶段的学龄儿童，应偏重于健身运动型、设施游乐型产品；对于处在过渡阶段的青少年，则应偏重于设施参与型、社交休闲型游乐产品。其次，要求营地应注重每个家庭成员的需求，在游乐产品开发的同时也要注重家长休闲空间和交流设施的打造，以便家长在陪同儿童游乐的同时也能达到放松身心、自我休闲的目的。

2. 户外运动区

营地本身就是开展户外运动的天然平台。因此营地建设中户外娱乐休闲活动可依托所在区域的环境、资源特征塑造类型多样的特色活动。当前营地的户外运动主要包括两个层面：一类是在营地内部，利用场地特征设立户外运动场地，以满足特定爱好群体对体育运动的常规需求。较为常见的体育运动类项目包括全场或半场的足球、篮球、网球、乒乓球、迷你高尔夫、沙滩排球等；另一类是依托区域特色资源，开展具有怡情、探险、拓展、游乐等不同属性的特色旅游活动，以丰富营地产品供给体系，增强营地综合竞争力。如营地在河流、湖泊或海洋资源丰富的地区，可利用滨水优势，开展冲浪、帆船运动、游艇出海、潜水等海上活动，或者烧烤、篝火晚会等岸上活动。湖畔型营地可进行漂流、溯溪、扎筏竞渡、垂钓等活动。在山体和森林资源丰富的地区，可以开展远足、攀岩、山谷定向穿越等跟地形相关的挑战活动。另外，在乡村旅游资源较为丰富的地方，还可以结合所在地的历史人文和自然风貌，利用乡村道路乡野之趣的优势设置自行车、慢跑、爬山等特色户外运动。

3. 商务活动区

营地商务活动区是根据团体或私人的不同活动发布、商务峰会及个人会谈等设置的增值配套服务功能区。首先，商务活动区要更注重与周边娱乐及消费聚集区的天然隔离，要更加注重环境的私密性，在营地中更加适宜以天然的植物造景对其他功能区进行区分设置，从而保证其天然生态的露营商务活动氛围特征。其次，应根据需求不同，合理配置商务服务设施。综合大型营地往往会在商务活动区中配套建设开阔的户外空间，可根据需求灵活转变为活动发布、主题酒会等功能型场所。此外，休闲水吧、健身体育娱乐、音乐剧场等设施也是十分常见的配置。在全球顶级的营地中，营地商务活动区甚至会配套建设租车服务中心、旅行定制服务中心、私人银行、邮局等各类功能设施，以满足各类商务活动的需求。

4. 宠物活动区

宠物活动区在国内还属于较为冷门的区域，但在宠物消费更加成熟的国际营地中，宠物活动区却十分常见，特别是在以高端和奢华为标签的营地中，则更为常见。宠物活动区内的设施也十分简单，一般配备简单的动物跑道、动物游乐、动物厕所等设施。

第 4 章

营地规划设计建设

第 4 章

营地规划设计建设

自驾车营地的建设始于西方发达国家，随着汽车的增多及汽车露营活动的日益盛行，早在 1932 年，国际房车露营协会就已在荷兰成立，并且举办了首届世界露营大会。世界露营与房车露营协会的成立极大地推动了自驾车露营活动的发展，并使自驾车营地的设计和建造逐步走向规范。我国营地建设由于起步较晚，所以发展中尚存诸多问题。许多案例证明，旅游是一个复杂的社会和经济现象，旅游行为对旅游活动中的不同主体都会产生各种影响。如果忽略了利益主体之间的合作、协调，就可能造成利益主体之间的矛盾冲突或权利失衡。因此对一个营地而言，其应该满足多方面的目标。

经济目标指的是一个营地的建设首先应该盈利，才能满足政府、当地居民、投资者的需求，使营地可持续地存在下去，具体的实现需要包括营地的各项支出、成本的回收时间、每年的支出及应该达到的收入、利益的分配等，经济目标尤其会关系到投资方的积极性。营地的盈利要通过前期规划设计和后期运营来共同实现，仅就营地的设计而言，为使营地盈利，就要使营地覆盖足够大的市场，吸引足够多的消费者，同时满足消费者在营地的体验。

功能目标，是指营地应该实现哪些功能，以及在功能的基础上划分为哪些功能区。营地的主要功能包括交通功能、停车功能、住宿功能、餐饮功能、废物处理功能、娱乐功能等。根据 2015 年颁布的《休闲露营地建设与服务规范　第 2 部分：自驾车露营地》，自驾车营地被分为基础功能区和特色功能区两大部分，营地的基础功能区包括出入口、服务中心、停车场、自驾车露营区、房车宿营区、服务保障区、废弃物收纳与处理区。特色功能区包括木屋住宿区、帐篷露营区、儿童游乐区、户外运动区、露天活动区、宠物活动区等。这些分区可能会出现交叉重合，比如特色功能区的划分，便可以灵活处理。但不管营地怎么规划设计，这些最基本的功能都要达到。

生态目标也是自驾车营地应该考虑的目标之一。自驾车营地的建设是为了给游客提供环保、新颖、有趣的旅行活动方式，同时由于环境的恶化，自驾车营地作为一个与环境密切相关的场所，也要面临人与环境互动的问题，因此营地规划的一个重要目标是生态目标，这就要求我们提倡融于自然的设计概念，把游览自然景观、人文景观、享受自然乐趣、互动活动内容列为营地设计的重要部分，提倡以自然为本的生态设计，注重保护环境，融合地域性特征，将营地与自然相融合，从营地的环境容量、污水和垃圾处理、动植物保护、加强绿色管理和环保宣传等几个方面来加强汽车营地的环境保护。

4.1　营地建设规划阶段

营地规划流程分为以下三个阶段。

4.1.1　规划启动阶段：项目拟评估及项目编制筹备工作

（1）项目拟评估。通常由项目地相关主管部门、专家及项目规划企业人士三方共同参与完成项目拟评估，对规划区域营地项目的发展潜力进行综合评价。评估工作内容通常包括区域生态文化资源条件、自驾游及露营市场基础、社会经济发展环境及开发建设营地产生的综合效益。项目拟评估阶段工作的本质是一个项目可行性分析的前期过程，通过组织多方会谈、集思广益，提升项目可行性分析的专业客观性，以简单高效的方式明确项目的可行性，可以用简单的会议纪要形式呈现，也可以编写一份项目可行性报告，具体结合实际需求而定。

（2）项目编制筹备。包括筹备编制经费、组建规划小组。营地项目规划经费通常包括调研勘测费用、购置资料费用、专家咨询费、差旅交通食宿费用及文本图件制作费用等。规划小组一般由规划编制领导小组、专家咨询小组和规划编制小组构成，规划编制领导小组在规划编制过程中的主要职责是把控规划宏观方向；专家咨询小组的主要职责是为规划中存在的问题提供专业咨询，推动规划顺利进行；规划编制小组是规划的主要生产力，依据营地规划项目组建专业编制团队，一般由营地规划、旅游策划、建筑设计、市场经济、地理历史等方面的专业技术人员组成。

4.1.2　规划准备阶段：详细调研和规划纲要编写

（1）资料收集。营地规划项目的前期资料收集途径有实地考察、社会访谈调查、文献资料查阅、问卷调查，勘测收集地质地貌、历史文化、社会经济等营地发展关联信息资料，访谈了解地方各利益相关者对项目开展的意见建议，查阅地方文史资料、地方志、社会经济、交通等规划和地方国民经济发展长期规划，调查和综合评估当地消费市场的消费潜力、消费意愿、消费需求特征等。

（2）编写大纲。深入分析收集到的一手资料和二手资料，编制小组初步提出规划设想并与各方充分协商，在规划宏观方向上达成共识，明确发展目标定位、空间功能定位、市场定位及主导产品定位，经过领导小组及专家组审议通过，作为下一步规划编制的依据。

4.1.3　规划编制阶段：根据规划任务完成规划初步成果

（1）规划说明书：以说明文字、规划图件及意向图片等形式详细呈现规划项目。

（2）规划文本：简要概括描述规划成果，主要是呈现规划的结论性成果，一般不做说明性介绍描述。

（3）规划图件：包括现状分析类图件和规划类图件，有交通区位分析图、地质地貌分析图、生态环境风貌图、功能空间规划图、规划总平面图等，一般附在说明书文末。

规划评审阶段组建由编制领导小组、相关部门及专家构成的评审小组，召开评审会议，对规划初步成果进行评定、审查，形成修改意见，编制组根据修改意对规划初稿进行进一步修改补充，在评审组一致同意通过之后形成规划最终成果。

综合项目开发建设来看，常规营地的规划工作流程分为六步，具体如下。

第一步发展定位，通过前期各类市场调研与投建分析明确营地开发的定位，并通过合理的区位选择来明确营地的开发选址。

第二步场地分析，综合评估分析场地发展的自然和建设环境，确定营地的环境容量、容纳规模及各类发展资源基础，明确营地项目的环境影响因子，编写场地资源分类评价和实施利用细则。

第三步功能划分，在场地分析的基础上明确营地规划布局类型和在空间上划定营地功能分区。

第四步产品策划，结合基础资源条件和发展目标定位，在严格参照国家营地建设相关标准和各类经济建设指标的前提下，策划营地运营涉及的各类产品体系，如宿营产品、配套主题休闲产品和室内外运动产品等。并根据各产品体系的运营实际诉求来确定营位规模大小、场地设置方位和基础设施配套供给保障容量等。

第五步场地规划与概念设计，明确营地内道路交通、公共服务、安防后勤等空间规划方案的同时，对重点建设内容进行进一步概念性深化设计，如营地建筑风貌、景观、导引标牌等的细节设计。

第六步施工图设计，根据场地建设实测来指导营地建设工程的施工图设计，同时依据项目的各类投建行为进行建设造价预算编写。

4.2 营地投建前期策划

4.2.1 建设基础与选址区位

营地的建设发展受到各种现实因素的影响，因此对于营地规划区基础概况的分析是营地规划的起点和基础，主要包括对自然生态环境、历史人文环境、社会经济环境及营地发展基础现状的分析。以上关于规划区的基本概况信息的获取可以通过二手资料或实地勘测获得，通常参考的二手资料有地方志、政府工作报告、统计年鉴、区域相关规划、学术论文等。

1. 营地建设基础分析

自然生态环境。营地规划区的自然地理概况，主要包括地质、地貌、气候、水文、生物及土壤 6 个方面的信息，它们是构成营地整体感知环境的重要因素，是展现和区分地域特色事物的最根本特征。对自然环境基础条件的分析能够率先构筑起营地项目发展的生态格局，营地的规划布局、产品配套设计、营区风貌控制都需要与区域自然环境相适应，同时还需要重点关注评估营地项目建设过程中对生态环境的影响。总之，所有类型的营地都应当坚持生态可持续发展的理念，最大限度减少对环境的干扰。

历史人文环境。营地开发所在地理区域涉及的历史文化内涵及人文环境。规划者可以梳理分析规划区域的历史演变过程，深入挖掘历史底蕴，探寻历史长河中形成的特色文明，将历史人文融入营地项目规划设计线索中，实现历史文化与现代文化碰撞，加深营地产品的文化内涵；同时还可以通过研究民间活动、建筑文化、特色习俗等地域特色，树立鲜明的营地文化IP形象，助力营地特色化、个性化建设。

社会经济环境。营地开发所在区域的经济发展水平、社会环境、营地产品消费能力等。主要涉及人口、民族习俗、经济发展水平、区域发展规划、基础设施建设等方面的基本概况。深入分析研究规划区的社会经济概况能够形成区域对营地项目投建能力及运营发展潜力的初步判断，了解营地发展的整体经济环境态势、设施建设基础及客源市场构成等。

营地发展基础。营地投建区域及关联产业的发展情况，如休闲度假产业、自驾游产业、户外运动产业等，重点分析和总结关联产业的发展现状、规律、经验，找出发展问题，理清营地项目辐射区域内的发展形势，摸清家底、研判趋势，客观定位营地项目的发展目标及运营战略措施。

2. 营地区位选址原则

区位选址是营地建设规划的关键和首要任务，直接影响到营地的整体环境安全、营地的空间布局、营地的整体风格特色及产品活动配套设计，更是构建营地良好运营环境、打造绝佳露营体验的决定性因素。因此营地的选址应以安全性、交通便捷性、环境融合性和可持续性为原则。

安全性原则。营地多包含户外运营类休闲项目，以深度亲近自然环境为亮点特色，因此受自然环境因素的影响较大，营地的选址应当首先考虑整体地理环境的安全性，这种安全性涉及营地环境的整体稳定程度、营地运营环境的安全性、游客游玩环境的安全性及设施设备落位环境的安全性，选址要避开自然灾害频发、社会环境不稳定的区域。

交通便捷性原则。营地的本质是独立的旅游目的地，营地的选址应当充分考虑交通的便捷性及市场的可达性，包括营地对外交通及营区内部交通的畅联度。营地对外交通要考虑与区域要道的连接，尽可能靠近交通干道，增加营地的交通便捷性；营区内部交通设计要考虑车流、人流的不同需求，以及营区不同功能空间的通畅性，同时兼顾游客对私密空间的需求。

环境融合性原则。营地本质是融于自然、亲近自然的户外休闲旅游产品，景观风貌的原真性、特色性是塑造其核心吸引力的根本。营地的空间布局应依形就势，充分利用并放大本地景观优势，并尽可能地引入本土的建造材料、设施形态等，营造差异化的景观风貌。

可持续性原则。在生态文明战略引领社会发展的时代，营地作为与自然环境高度融合的新兴业态，应当充分展现自然生态特色并体现可持续发展的理念。营地的选址应当充分考虑生态环境，合理控制营地建设规模，以最小的自然环境影响、干扰程度进行建设开发。同时最大限度发挥自然生态环境资源价值，借势原有生态基底进行风貌营造、营地活动环境构造，减少对原有生态系统的破坏。

3. 选址模式

营地的选址模式通常有三种，景区依附型、资源依附型、城镇依附型。

景区依附型营地能够充分借势，依托景区发展已经形成的配套设施基础、客源市场基础等，一定程度上降低营地项目的风险性，是当前营地的主要选址模式。景区依附型营地分两种类型：一种是营地选址景区内部，作为景区的附属延伸产品进行打造，为景区发展注入新活力；另一种是营地选址景区周边区域，与景区共享基础设施、客源市场和景区市场影响力，景区是营地良性发展的基础优势，同时景区与营地可以形成良好的协调互补的发展关系，有效促进市场吸引力的提升，创造更大的经济效益。

资源依附型营地的选址完全取决于区域资源的特征，通常以区域资源的稀缺性、独特性、聚集度及可开发利用的价值衡量营地选址的可行性。资源依附型营地一般选址于风景环境及资源条件独特的空间区域，这类营地的建设成本较高，可依托的基础建设条件较少，风险性相对较高，但因其具备稀有资源条件，所以有打造成为营地爆款产品的潜力。

城镇依附型营地一般指在邻近城郊区域投建选址，原因有以下两方面：一方面这类营地能够充分依托城镇发展基础开展营地规划建设工作；另一方面依托城镇有着稳定的客源基数，相对而言项目风险性偏小，开发建设难度、投资建设成本及运营管理难度都相对较低。城镇依附型营地多数可选址于城镇重要休闲旅游集散区域，具体需要考虑环境、风景的美观度及交通的便捷度；也可以选址于城镇优势特色休闲旅游资源富集区域，这样的区域通常具有一定的休闲旅游产业基础，可作为休闲产品体系的补充延伸，进一步提升和优化城镇的休闲产业服务质量。

4.2.2 市场调研与客群画像

营地市场的调研与分析是营地规划的基础性工作，深入开展市场调查能够全面了解和掌握消费市场的情况。在市场调查的基础上进行市场细分和目标市场定位，从市场需求的角度出发，指导营地项目的产品设计、业态培育和活动策划，打造满足市场需求的营地产品体系，有助于营地建设核心市场竞争力。市场调研的主要内容包括客源地经济发展水平、客源市场的经济收入水平、客源市场的年龄结构、客源市场的消费特征，以及客源市场的传统和习惯。

1. 市场信息的价值评述

市场信息有关于市场发展变化趋势、市场现状活动特征等诸多信息，在激烈的市场竞争环境中，掌握市场信息对于营地项目来说至关重要，营地项目的规划必须坚持市场导向原则，以现实市场需求为导向科学有序推动营地规划项目开展。由此需要重视营地市场的调查和预测工作，运用先进的科学手段和方法对营地市场做出合理的分析和评估。建立对营地市场的深度了解，将其作为营地规划的有机组成部分。

首先，市场经济发展的大环境要求产品业态发展重视市场信息。在市场经济条件下，产品业态的迭代更新、创新发展都受市场的约束和调节，市场信息成为规划布局各类产品业态的重要依据。

其次，市场需求的多样性和激烈的市场竞争环境也要求营地项目规划要重视市场信息。伴随社会经济发展水平的不断提升，居民可支配收入大幅度上涨，国内消费市场活力十足，市场消费水平明显升级。营地产品主要源于文旅产业产品的迭代升级，是文旅产品的重要分支之一，属于富含文化内涵的消费产品。进入大众旅游时代，消费市场的个性化、高品质消费特征更加明显，营地市场也必定趋向个性化、品质化的消费特征。由此营地的规划需要深入分析目标市场的消费趋向，以保留和扩大市场，并争取市场竞争力的主动权。

2. 市场调研的目的和内容

市场调查分析能够明确营地规划项目所处的发展环境，科学研判营地项目的市场发展潜力、基础市场需求特征，为营地的运营管理工作指明了方向，从市场导向的角度出发构建形成高效、针对性强的营地运营管理机制，可有效降低和规避投资运营风险。

近年来，自驾游的火热催生了大批汽车营地的诞生，2019 年疫情突发之后自驾游客也必然是营地产品的最主要客群。随着居民生活水平的提高，私家车的保有量将不断提升，自驾游市场规模也会随之扩张，营地的消费客群将更加广泛，消费需求逐步迈向多样化阶段。在此背景下，营地项目的规划需要进行更客观、更即时的市场数据调查分析和预测，通过客观有效的市场信息收集来指导营地项目规划。另外，调查和分析营地消费市场还可以及时了解目标市场的消费需求特征和市场需求变化趋势，为营地产品定位明确方向的同时还可以成为指导营地产品体系构建及产品活动设计工作的科学依据。市场调查是编制营地规划的重要基础和依据条件，在提升营地规划的科学性方面发挥着至关重要的作用。

营地市场调研通常主要包括市场综合环境分析、市场需求特征分析、市场供给情况分析、市场竞争与合作状况分析，具体结合营地规划项目的不同需求针对市场的调查和分析也会有所侧重。

营地市场综合环境分析，包括对政策法规环境、经济环境、自然环境及社会文化环境的分析。政策法规环境，如地方政府颁布出台的有关营地项目发展的政策法规，反映了区域政府机构对于营地发展的支持力度，这也间接或直接影响到营地项目的可行性及未来发展；经济环境，即国民经济发展水平、居民消费结构特征、物价水平及经济发展趋势等综合经济发展指标的概况，主要包含营地规划区及目标客源市场的相关指标；自然环境，包括地质地貌、气候水文、自然资源、生态风貌等；社会文化环境，主要指区域的人口因素、文化因素和社会因素，包括人口结构特征、社会文化道德素养、特色文化资源、地方风俗习惯等方面。

营地市场需求特征分析，包括对市场结构特征、市场消费特征、市场消费动机及潜在消费需求的分析。市场构成特征，包括营地市场的结构，如年龄结构、性别结构、地区结构等，营地客群的基本信息，如年龄、性别、居住地、职业、收入水平和闲暇时间等，营地客群对营地产品的评价和需求；市场消费特征，即营地客群的出游方式、出游时间、消费水平、消费偏好、消费结构、区域选择等；市场消费动机，即促成市场产生露营消费的根本原因，包括休闲游憩、健康养生、文化体验、休闲社交等动机。潜在消费动机，即非主动型动机，而是通过其他关联活动渠道认知营地产品化而产生兴趣并转换为消费行为。如体育运动、户外训练和车友聚会等。

营地市场供给情况分析，包括对资源禀赋、基础建设及产品现状的分析。资源禀赋即构成市场吸引力的自然、文化、社会因素的品质数量及组合度；基础建设即能够服务于营区活动的设施的规模承载力及设施品质；产品现状即区域内已经形成的营地产品的功能类型、服务链及品质数量的基本概况。

营地市场竞争与合作状况分析。需要分析调查与规划营地项目产生竞争与合作关系的相关主体的基本情况，包括空间关系、交通关系、地理区位等基础信息，产品体系、目标客群、营销策略、竞争战略及发展趋势导向等情况。

3. 目标市场的客群画像

目标市场选择需要在充分考虑营地产品特性的基础上，结合市场消费特征和偏好等主客观因素来确定开发产品在消费市场中的受众群体。在目标市场的选择过程中需要多次推演、反复论证，做出最客观科学的选择，为营地项目的精准化开发运营找准目标方向，避免同质化恶性竞争现象的发生。需要遵循的原则主要包含目标协调一致、资源价值最大化和差异化定位原则。首先目标市场的选择必须与营地发展目标相一致，反之项目建设也应具备为该类市场提供服务并满足其需求的资源条件基础；其次应最大化资源价值，且避免资源同质开发造成产品供过于求而形成的同质产品恶性竞争，并导致的资源和社会劳动的严重浪费；通过差异化目标定位精准选择目标市场客群，并依据差异化的客群需求选择建设差异化的运营业态。在客群画像方面，伴随全民度假时代的到来，休闲出游已经成为人们必不可少的生活方式。一场突如其来的全球疫情导致了国内疫情防控的常态化，因此营地出游市场特征也更加倾向于那些短距离、亲近自然、私密且自由的出游方式。值得关注的是近郊型的营地也已跃居外出休闲市场消费选择的排名前列。综合艾媒咨询统计数据，国内营地出游意愿呈明显增长态势，2014 年至 2019 年中国露营营地市场规模从 77.1 亿元增至 168.0 亿元，复合增长率 13.86%。2021 年营地市场规模快速增长，增长率达 78.0%，市场规模达 299.0 亿元。预计 2022 年增速达 18.6%，市场规模达 354.6 亿元。除此之外，营地产品消费频次也较高，尤其是中短程距离的营地，因路途时间、花费的要求相对较低，所以整体趋向于高频次的发生行为。据艾媒咨询统计，当前 28.8% 的中国露营消费者选择 1—2 个月露营一次，35.4% 的露营消费者选择 3—6 个月露营一次，19.0% 的露营消费者选择一年露营一次。其中有 62.8% 的露营消费者偏好与家人露营，55.0% 的露营消费者偏好与朋友露营，42.4% 的露营消费者偏好与恋人露营，仅有 1.7% 的露营消费者选择自己露营。其中家庭亲子游市场、自驾游市场、教育研学市场是营地产业的三大主流市场，户外运动、健康养生是营地的两大特色市场。营地项目的目标市场客群主要包含自驾游、亲子游、研学教育、户外运动和健康养生这五类，且分别具备自有需求特性，例如，以 80 后、90 后、00 后为主力军的自驾游客群主要来源于北京、上海、广州等一线城市和部分二线城市，这类客群出游热情较高，以中高收入阶层为主，大多具有较高的受教育水平和文化素养。此类客群在目的地类型的选择上，与普通游客相似，大多数还是比较向往自然风光和风景名胜，而选择层次较高的文化游、探险游的游客群比例较低。其中，本地周边游是大多数自驾车游客比较喜爱的旅游产品。许多中心城市周边开办的休闲度假村、农家乐所举行的民俗活动采摘节等，也是自驾游客的首选。

亲子游客群主要来源于经济相对发达的城市。从市场特征来看，家庭亲子游的成人客群以中青年女性群体为主，80后的女性是亲子游市场的主要力量，总体经济收入水平为中上层。亲子游客群出游目的因孩子年龄的不同会有所差别，总体来说，游育结合、情感互动、休闲放松为主导需求。通过外出休闲的方式带孩子增长见识是亲子游客群的主要目的，这种方式更注重出游过程中的家庭情感交流和互动。目的地的选择更加偏向于周边游，大多为市内、近郊及周边城市。在产品选择偏好方面，亲子游客群选择产品时的关注点首先在于安全、卫生、品质，其次是孩子的喜好程度，对于价格的敏感度相对较低。

而教育研究客群以中小学生群体为主，一二线及沿海发达城市中小学群体参与研学旅行的意愿更加强烈。这类客群对于增加知识储备、提升自身文化素养的营地产品比较感兴趣。通常偏向于选择新颖的知识科普产品和富含文化内涵的各类文化创意产品。同时探寻新奇未知的知识也是他们的主要需求偏好，以课堂外的知识体系为主，追求专业且趣味化的深度体验性产品，如天文学、地质学、人工智能、计算机编程等体验性产品。

户外运动客群以中青年人群、企业白领为主，主要集中于北上广深等一线发达城市，整体学历和受教育水平较高，比较关注身体健康状态。在营地运动产品消费选择上趋向极致化，如滑雪、跳伞、潜水等极限运动。这类客群在消费决策上对营地的配套完善休闲服务功能比较看重。

健康养生客群已经不再局限于中老年市场，《中国健康养生大数据报告》指出18岁至35岁人群占据了健康养生客群的八成，已呈年轻化趋向。城市巨大的工作生活压力使得中青年人群逐步加入健康养生大军，越来越多年轻的90后、Z世代加入养生队伍。同时健康客群的消费特征也不仅只追求身体健康，对心理健康类型的产品也同样关注。这类群体以达成身心健康的状态为目标；在产品消费方面呈现多样化趋势，在多种生活消费场景中都希望能够满足健康养生需求，实现随时随地养生的目标，沉浸式的休闲养生产品在这类群体中大受欢迎，如中医药养生、农业养生、温泉养生、运动养生等产品。

4.2.3 项目定位与产品策划

营地规划项目的定位是整个规划的纲领，规划的编制首先需要明确的是项目定位。定位作为营地规划项目落实的核心凝聚点，能够引领规划发展方向，相应的形象、市场、产品、活动及配套设施的规划构建都需要围绕项目定位开展，从而直接影响营地产品体系的策划构建。

1. 项目定位

营地规划项目的定位主要包括目标定位、主题定位、业态定位三个方面。

目标定位是营地规划编制的核心，一切规划内容都需要围绕实现规划目标而进行统筹安排。目标定位通常分为总体目标定位及经济目标、社会目标和环境目标的定位。总体目标指规划期末希望实现的综合地位，同时需要展现营地项目的主题特色；经济目标的衡量指标有营地市场接待量、营地市场消费水平、营地项目经济收入水平；社会目标的衡量指标有社区参与营地项目人数、居民经济收入提升比重、基础设施配套优化情况、区域产业经济优化提升情况；环境目标的衡量指标有生态系统的稳定性、物种多样性的保护成果、环境保护的投入和保护结果。

主题定位即关于营地总体特色、主体功能和区域地位的确立。营地的总体特色取决于资源的品位和特色，是对地方标志性资源的诠释；营地的主体功能是从产品体系的角度出发以展现营地的发展目标；区域地位即营地项目在区域产业经济、社会文化格局中的地位，取决于营地的地理区位、项目规模、项目等级。

业态定位即对营地项目运营产品的构架设立，包含主导业态、辅助业态和其他配套。其主要目的是提升营地项目的整体经营效率和投资价值。

2. 产品体系

按照营地产品的性质，营地产品可分为基础配套产品、功能延伸产品及创新发展产品，见表 4-1 所示。基础配套产品提供基础性营地服务，能够满足人们的基本需求，是营地项目开发必需的产品系列；功能延伸产品是建立在基础配套产品之上的产品系列，是对基础配套产品功能的进一步完善，有助于提升营地项目的服务水平；创新发展产品是迎合市场需求和发展趋势而开发的产品，能够满足新时代营地市场的消费需求，是市场活跃度最大的产品，能够保障营地项目的可持续性发展。

表 4-1　营地产品体系类型及产品细分（按产品性质分类）

产品大类	产品细类
基础配套产品	住宿产品、餐饮产品、汽车服务产品
功能延伸产品	零售购物产品、观光游览产品、节庆活动产品
创新发展产品	文创商业、非遗体验、健康养生、文化研学

按照营地产品的功能，营地产品可分为住宿产品、餐饮产品、休闲体验产品、特色购物产品及节庆活动产品，见表 4-2 所示。

表 4-2　营地产品体系类型及产品细分（按产品功能分类）

产品大类	产品细类
住宿产品	帐篷、房车、科技住宿设备
餐饮产品	特色风味餐饮、文化创意餐饮
休闲体验产品	非遗体验、户外素质拓展、风景观光、户外运动、娱乐游戏
特色购物产品	文创零售、创意商业、地方特色商业
节庆活动产品	传统节庆活动、主题娱乐活动、行业性主题活动

4.2.4　活动设计与定价营销

对于营地项目而言，活动的策划对于其发展的影响程度较大，不论是营地项目产品体系的重要构成，还是影响营地市场聚合、市场吸引力打造的关键因素。因此活动策划可谓是营地规划项目中产品体系策划的重要部分，需要重点关注聚焦，策划设计系列在促进营地综合价值提升方面发挥着重要的积极带动、促进作用。

1. 活动设计原则与内容

市场导向原则。营地产品的受众具有多样化的特征，因年龄、职业、经济收入等诸多条件的不同，游客在营地产品的选择偏好方面也不尽相同。这就要求营地活动在策划过程中坚持市场需求导向原则，针对不同市场客群的需求特征策划设计营地活动，在活动主题、活动内容、活动时间等方面与目标市场客群需求高度吻合。

特色凸显原则。独特性是营地活动打造核心吸引力的关键因素，由此营地活动的策划设计应注重差异化主题的打造，区别于其他活动，形成鲜明的主题特色。为此，可充分利用地域的特色资源支撑活动独特性的打造。

因地制宜原则。不同区域孕育有不同的自然景观和社会人文资源，这些地域性差异是营地活动策划、营地活动特色化建设的天然依据。营地活动的策划设计需要与地域环境资源特色相吻合，形成充分展现地域特色的活动产品，打造地域文化特色的展示窗口。

持续创新原则。营地活动是营地项目创造核心吸引力的关键，是统筹促进各类营地产品发展的核心引领。因市场需求会随着社会的发展有所变化，所以作为营地服务产品的重要统筹载体，营地活动应当保持创新化的发展理念，时刻关注市场需求变化趋势，紧跟市场潮流优化活动方案，引领带动营地产品不断创新升级实现可持续发展。

营地活动设计的内容包括活动名称、活动主题、活动内容、活动场所、活动时间及参与客群。

按照活动组织的时间段，营地活动可以分为夏令营活动、冬令营活动、春令营活动等。季节性营地活动主要针对有寒暑假、春假的学生群体，活动内容的设计应当突出体验性、趣味性和科普性，以满足学生群体趣味学习、开阔眼界的需求。

按照活动的时间长短，营地活动可以分为一日营活动、多日营活动。一日营地活动主要针对周末、小长假近郊游市场；多日营活动适用于近程、近郊游市场及远程休闲露营消费市场。

按照活动的主题内容，营地活动可以分为传统节庆衍生拓展活动、目标市场需求导向活动、特色资源创新开发活动等。传统节庆衍生拓展活动即在传统节庆活动的基础上，通过创新丰富节庆活动内容和服务打造的蕴含传统文化韵味的营地活动，如蒙古族的篝火节活动。目标市场需求导向活动即针对特定专项市场需求设计的营地活动，如研学教育活动、户外探险活动、亲子趣味活动、健康养生活动等。特色资源创新开发活动即依托地域特色独有的资源基础策划设计的营地活动，如暗夜观星活动、民俗工艺体验活动、非遗文化活动、登山攀岩活动等。

2. 消费习惯与定价策略

营地产品的定价与营地产品特性及市场消费习惯有很大关联，因产品特性存在时间季节的差异性、市场需求也存在许多变化，由此可结合产品特性与营地市场的消费习惯采取差别化的定价策略，有助于最大限度释放营地产品价值，获取最大利润空间。

时间差别定价，即根据时间的不同制定不同的价格，如大多景区结合旅游淡旺季实行不同的定价。营地可执行淡季低定价、旺季高定价的差异化定价策略，以调节淡旺季市场不均衡的现象，减轻旺季营地的生态环境压力，弥补淡季运营成本。

产品组合定价，即将不同类型的营地产品进行捆绑定价，可分为功能弥补式产品组合、功能延伸式产品组合，以营地的爆款产品、市场消费偏好产品塑造核心吸引，带动促进捆绑产品销售量的提升，充分借势发挥营地热点产品的市场吸引力，带动营地整体发展。

产品转移定价，即在营地产品的整体定价上采取高低差异定价的方式，以低价消费带动高价消费，构建产品连带发展效应。对于产品类型多样的营地项目而言，可以以较低的车辆服务费用为诱导产品。

4.3 营地规划要素整合

4.3.1 自然资源

自然资源整合是营地规划的基础，包括地质地貌、气候水文、生物资源等条件，它们是构成营地整体感知环境的重要因素：一方面，营地的区位选址、产品策划、活动设计及营区风貌控制等不仅需要与规划区的自然资源基底相协调，还要充分考虑营地项目的生态可持续性，注重对规划区生态的保护，作为一种新的绿色休闲生活方式积极传递环保理念，打造自然资源创新保护发展典范；另一方面，自然资源基础条件直接影响营地的运营方案，决定了营地的适游时间、适游季节及舒适度，如气候水文条件决定了营地的适游时间季节，地质地貌形态是地震、泥石流、滑坡等自然灾害形成的决定性因素，对于营地的开发建设有重大影响。

自然资源要素的整合可以概括为以下四个方面，见表 4–3 所示，具体在营地项目规划过程中需要结合实际需求对相关信息进行提炼总结，形成适用于规划项目的基础条件分析观点，为规划奠定扎实基础。

表 4–3　营地规划项目自然资源整合要素

分类	核心整理要素
地质地貌	地质基础、地貌类型、地质灾害发生频率
气候条件	所处气候带、所属气候类型特征、气候灾害发生频率
水文条件	水文特征、水资源的可开发价值、水灾害发生频率
生物条件	动植物种群特征、资源富集度、资源休闲价值

1. 地质地貌

地质地貌包括多个方面要素，地质是指地球的性质和特征，包括地球的岩石性质、矿物成分、岩体产出状态等方面；地貌是指地表起伏的形态，包括平原、山地、河谷等方面。地质地貌是营地自然环境基底的重要构筑基础，决定了营地自然景观环境的总体特征。规划应当对地质地貌进行深入分析，挖掘可开发利用的价值，将其作为营地项目的重要资源基础。另外应当选择地质条件相对稳定、地貌环境优美的区域，打造安全优美的露营环境。

2. 气候条件

气候条件的分析是指对大气物理特征的长期平均状态的评估，即对区域多年的天气平均状态的分析，主要包括气候区和气候类型两个方面。

营地规划应做好对规划区气候特征的翔实分析，包括降水、日照、气温、风向、风速等气候因素，选择适游时间长、极端天气较少、露营旺季气候良好的区域，提供可满足户外休闲活动的气候条件，从而延长营地运营时长，有效提升营地项目综合效益。

3. 水文条件

水文条件的分析指对自然界中水的变化、运动等各种现象的分析。水是影响自然环境成景的重要因素，也是重要的自然景观因素，同时属于人类必需的生存资源。由此营地规划不仅需要关注水的景观价值，还要考虑水资源的饮用价值及水环境的安全问题。规划区的河、湖、泉等水资源都可以作为营地环境风貌的重要构成，还可以作为营地用水的来源，因此在保证水环境安全、生态可持续、露营环境安全的前提下，营地应尽量靠近水资源。

4. 生物条件

生物条件的分析是指对自然界一切生命物体的分析，包括生物种群的类型、数量、分布情况等。营地规划过程中重点考虑生物资源的可开发利用价值及营地建设对生物种群的影响程度。统筹梳理规划区的生物资源基础，通过综合评估生物资源条件摸清资源价值底牌，做好保护珍稀动植物资源的工作，充分挖掘延伸生物资源价值，为营地产品业态的导入做支撑。

4.3.2 社会环境

社会环境要素的分析主要包括对规划区的经济发展环境、人口市场环境、社会文化环境、区域发展政策、对外交往情况等的分析。整合分析规划区的社会环境要素可以深入了解地方发展的主导方向及投融资能力，同时可以了解客源地的基本构成情况。

1. 经济发展环境

经济发展环境的分析指对一切影响营地项目规划运营的外部经济条件的分析，主要包括投融资能力、产业经济结构、社会劳动力供给、社会经济水平等条件。

营地规划需要重点分析的经济环境要素有地区生产总值、居民收入水平、产业经济结构、经济政策导向及规划区所处的经济区位。良好的经济发展环境是营地开发建设的重要基础，规划区的政策导向、经济发展水平、区域经济发展方向对于营地的投建运营有重大影响。

2. 人口市场环境

人口市场环境的分析包括对人口年龄结构、经济收入水平、受教育水平、民俗习惯及休闲消费需求特征等因素的分析。

在居民收入水平、受教育水平相对较高的地区人们的休闲消费需求通常较高，休闲消费需求呈现多样化的特征。营地的建设应当靠近消费潜力较大的市场，充分考虑市场的可进入性，为营地后期的运营奠定良好的客源基础。

3. 社会文化环境

社会文化环境的分析主要包括对规划区的历史脉络、特色民俗、工艺文化成果、非遗文化资源、文物保护单位等情况的分析。

由各类文化元素共同形成的文化环境是区域的灵魂和精髓，营地的规划建设应当与地方的文化脉络深入交融，依托地方特色文化资源助力营地特色化建设，借助营地这一新型发展模式创新延伸传统文化资源价值，促进文化的活化保护利用，达到你中有我、我中有你的状态，构建良性可持续的发展关系。

4. 区域发展政策

区域发展政策因素包含了国家省市各层面相关的产业发展指导意见，产业发展重大行动计划，投融资政策机制及国土空间、生态文化，重大基础设施相关规则等内容。

顶层政策因素直接决定了土地、人力、资本等社会必要生产要素的聚集程度。区域发展总体布局，重大基础设施等决定了营地产业选址、空间聚集形态等，生态、社会、文化等又决定了营地产品开发方向、业态体系及运营服务等软性体系建设。

5. 对外交往情况

对外交往情况则包含了对外交通联络关系、产业合作关系、对外招商引资、区域宣传营销等。这些情况一方面决定了营地建设品质、销售定价、设施类型等；另一方面也决定了经营营销策略及销售渠道布局等。

4.3.3 产业基础

规划区在组织营地规划编制前可能已经具备一定的营地产业发展基础，对于营地产业现状的深入分析有利于快速了解区域的整体发展环境，摸清营地产业发展的问题、瓶颈，为研判未来营地发展的趋势导向奠定基础。

产业基础的分析通常从现状、问题及趋势三个方面展开。

营地产业现状分析主要包括产业经济指标、产业发展历史、产品业态、目标市场客群定位、市场满意度等，分析产业发展现状可以总结经验和教训，指导后期营地规划建设。

营地产业问题的分析主要从产品业态、服务品质、基础设施及市场营销、资源开发保护等方面开展，深入分析明确当前营地产业发展中存在的问题，可以为后期营地的规划建设提供优化改善方向，切实解决当前产业发展问题，有效推动营地产业升级。

营地产业趋势的分析是指导营地规划的核心关键内容，主要包括对营地产业发展格局、营地市场规模、营地市场需求、营地产品业态等方面的分析，具体重点分析目标市场客源地的分布和变化趋势、营地市场出游特征的变化、市场对产品业态的消费偏好趋势、新产品新业态的发展态势等。

4.3.4 基础设施

基础设施要素的整合主要是对规划区域基础设施建设现状的分析，重点针对营地发展所必需的基础设施进行分析，主要有交通设施、给排水设施、供电设施、网络通信设施、环卫设施、污水处理设施及安全防灾设施。交通建设条件是影响营地项目的关键因素，直接关系到市场的可进入性及营地项目的便捷性，交通建设基础对于营地的发展尤为重要。此外上述水电网信、环卫、安全等基础设施是营地项目必须具备的，因此需要摸清现状建设基础情况，充分依托现状，在未来营地规划中加以弥补完善和优化提升，以建立完善合理的基础设施配套体系。

4.3.5 环境评估

一切开发建设活动都应当受环境容量的限制，不应该超出环境承载力。营地项目的选址偏向于自然生态空间，需要加倍重视环境的保护，优先进行环境评估及环境承载量的测算，科学指导后期营地的规划建设，避免项目建设对环境造成破坏。

1. 环境评估

待建项目的环境评估通常采用 EIA 环境影响评价程序，通过评估确定建设行为可能产生的环境影响，随后采取适当调节措施进行针对性调整，以达到最终环境保护要求的标准。环境影响评价基本模式的基本要素包括以下几项。

- 污染与废弃物排放：空气污染；地表水污染，包括河、溪、湖、池塘、近海水域；地下水污染；内部供水污染；噪声污染，包括平均水平和高峰水平；固体垃圾堆放问题；排水和供水问题。
- 动植物破坏情况。
- 生态影响和破坏，包括土地和水域、湿地及总体动植物生长栖息地。
- 项目区土地使用和交通问题。
- 平时和高峰期的行人和车辆拥堵问题。
- 景观美化问题（建筑设计、绿化、标牌等）。
- 环境健康问题。
- 历史、考古及其他文化遗址的破坏。
- 重要的、有吸引力的自然环境景观（如水资源、特殊地貌环境等）的破坏。
- 土地松动和滑坡问题。
- 自然灾害环境（如地震、火山、泥石流等）对项目可能造成的破坏。

2. 容量测算

营地的承载规模主要取决于单位环境承载量、人均适游面积及营地建设规模三大要素。

环境容量是指在人类生存和自然生态系统不受破坏的前提下，某一环境所能容纳的污染物的最大负荷量。相应的营地环境容量指在营地区域生态环境和生态系统不被破坏的情况下，环境对游人的承载能力。营地的环境容量因环境基地的不同而有所差异，具体不同营地空间的单位面积环境容量和人均适游面积，见表 4–4 所示。只有在遵循环境容量极限和游客满意的双重前提下，才能实现营地项目的最大效益。

表 4–4　不同营地的单位环境容量和人均适游面积（来源：风景园林设计资料集）

用地类型	湖畔型营地（人 / 公顷）	森林型营地（m^2）
针叶林地	2—3	3300—5000
阔叶林地	4—8	1250—2500
森林公园	<15	>660
疏林草地	20—25	400—500
草地公园	<70	>140
城镇公园	30—200	50—330
浴场沙滩	1000—2000	5—10

按照文旅部最新颁布的《自驾车旅居车营地质量等级划分》对自驾车营地建设标准的要求，每个自驾车营位由停车位和帐篷位组成，占地面积适宜，一般不小于 50m^2，且车辆停泊后的两车间距一般不小于 2m，有绿化带或美观的栅栏隔离；每个旅居车营位由停泊位和附属休闲区组成，占地面积适宜，一般不小于 80m^2，旅居车停泊后的两车间距一般不小于 3m，同样需要有绿化带或美观的栅栏隔离；露营区自驾车房车营位的数量适宜，一般不少于 20 个。

通过以上数据可以科学评估营地的环境承载规模，为营地未来的管理运营提供科学指南，促进营地实现绿色可持续发展。

4.4 营地布局空间组织

营地的规划设计主要分为五种类型：均匀发展型、辐射型、主轴线型、分层型、围合式、混合式。均匀发展型布局适合比较平整、开阔的场地，这样的模式可以充分利用平整的土地，营地内交通比较通达，方向明确，标识系统也相对容易打造；辐射型布局多是利用山地、河流周边的不连续片状土地而形成的，这种布局不仅能充分利用每一块片状土地，还能使每个区域充满变化和具有特色；主轴线型布局适合在风景游览路线较长的大型风景旅游区或景点比较分散的山地环境中建设，沿大型旅游区的游览线路布局辐射型营地，可充分利用旅游区的交通设施及游客资源，而山地沟谷地常呈狭长状分布，这样的布局模式也可最大限度利用土地；围合式布局适合小型的自驾车营地，这样的布局可以打造出温馨、私密的小空间；在很多大型项目中，原有自然环境不规则，需要布置的功能又较为多样时，便适合采用混合式布局。

4.4.1 营地布局类型

1. 均匀发展型

这种布局模式的营地服务管理中心一般位于营区的正中或入口位置，露营区、休闲娱乐区围绕服务管理中心规整布局。服务中心集成游客服务、咨询登记服务、餐饮、淋浴、医务室等多种服务功能，是整个营区的基础配套服务中心。营区内没有明显的主次之分，各功能区之间互相连通。这种模式的空间利用率高、建设集中、成本较低，交通组织便捷，多为平行垂直道路，视野开阔且方便管理，营地整体运营投入相对较小。但这种模式的营地景观环境相对单调，在营地配套休闲产品体系的构建方面相对单一。美国宾夕法尼亚州老磨房溪岸（Old Mill Stream）营地就是典型的均匀发展型营地，营地入口两侧即露营区，入口正前方为管理区和服务区，入口与服务管理区两侧的场地均匀分布多个露营区域，再向内延伸为娱乐休闲活动区域，如图 4–1、4–2 所示。

图 4–1　均匀发展型营地布局

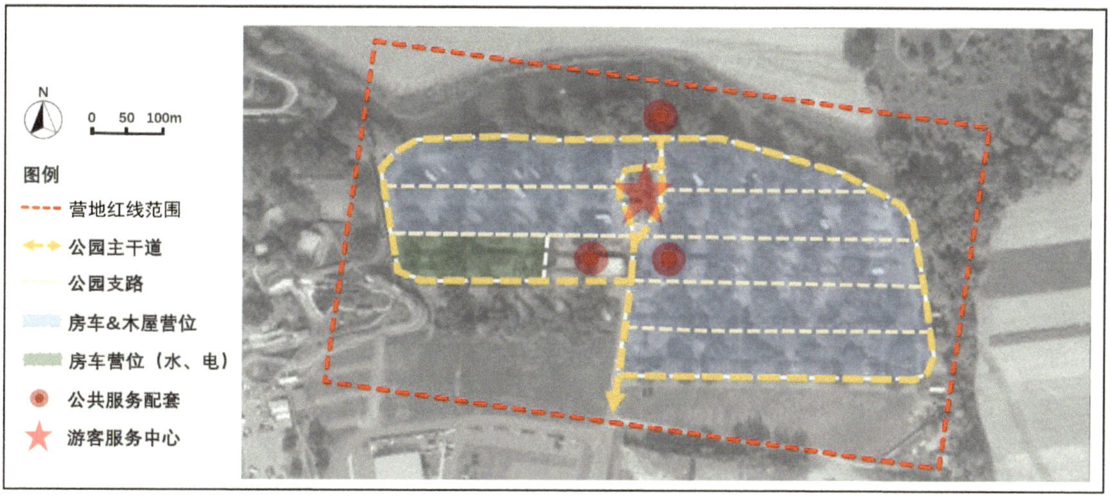

图 4–2　美国宾夕法尼亚州老磨房溪岸营地功能布局图

通过对该模式营地发展特征的综合分析，我们可以得知下列几类场景适合采用均匀发展型的营地布局模式。

（1）场地开阔平整，整体环境差异性不大，如草原、沙滩、低缓丘陵地带。

（2）在用地相对紧张的场地空间可以运用均匀布置模式，充分发挥其布局紧凑，节约土地的优势。

（3）整体场地空间复杂多变，仅在部分空间可以集中供应用于营地发展的开敞空间。

（4）整体场地空间的生态环保要求较高，仅在外围区域有部分可供营地开发的空间。

2. 辐射型

这种布局模式的营地以管理区或服务区为主要核心，露营区、娱乐区及拓展区围绕布置在其周围，呈环形状或扇形状扩散开来。营地的管理中心和服务设施中心都建在整块场地的中心或各块地的连接处，以方便对整个营地各个区进行管理和提供服务，中心管理服务区就像一个枢纽将各个露营区联系在一起，同时向各营区输送物资。各个营位相对独立、空间开敞，可以配套不同的休闲娱乐空间，在景观环境设计上加以区分，整体形成主体特色不同的露营空间。如澳大利亚昆士兰大沙地（Great Sandy）国家公园的淡水（Freshwater）营地，其露营区的中心有洗浴、卫生间、电话亭、信息中心等设施，西北角和东南角延伸出两个主要的露营区域，东北角方向布置有一个组团利用的青年夏令营，与两个主露营区由小路连接，从西北角露营区再向西北方向延伸也有一块为团体露营准备的组团营位，属于典型的辐射式布局模式，如图 4–3、4–4 所示。

图 4-3　辐射型营地布局

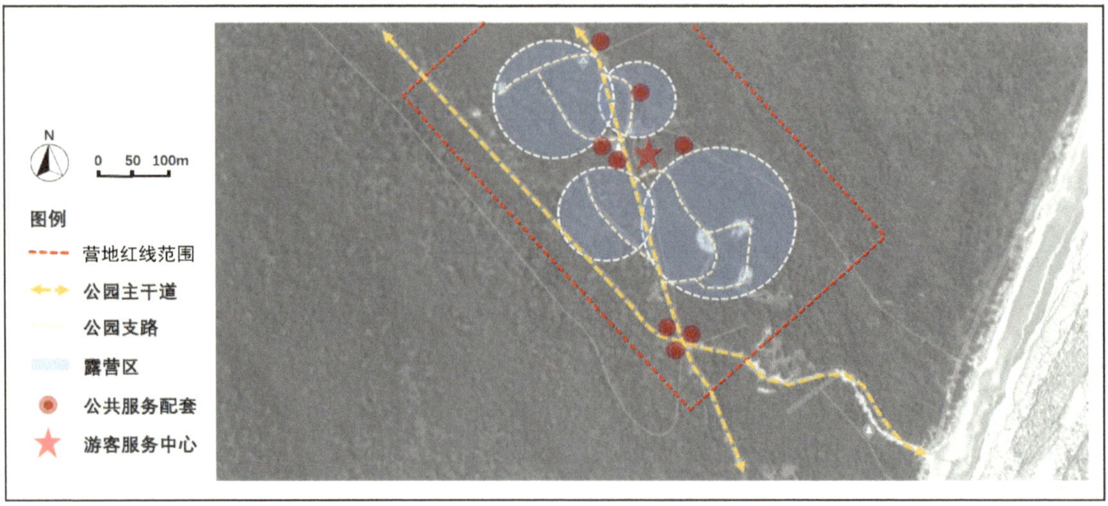

图 4-4　澳大利亚昆士兰淡水营地功能布局图

辐射型的布局模式灵活多变，对场地要求较低，易于与周围环境结合，以下几种场地空间适用于该模式。

（1）可利用空间呈辐射型分布，像一些森林、河流冲积沿岸等。

（2）台地为主要地形的地区，可利用场地以不连续的片状地形分布，各片地的距离高程相差不大。

（3）丘陵地区形成的可用于露营的辐射缓坡地带。

（4）地形相对复杂的场地。

（5）营地规划区内有较为分散的保护资源。

（6）对景观环境变化要求高的场所。

3. 主轴线型

这种布局模式适合在风景游览路线较长的开敞式空间，以山谷、河岸等狭长的自然空间为主。场地布局中各个露营区或活动娱乐区都分散布置在一条道路的两侧，道路将营地各个功能空间串联在一起。这类布局模式的营位分散、空间独立性强，各类配套设施的建设投入成本大，营区管理成本也较高。由于几乎每个营位都是独立的单元，所以可以创造不同风格的露营环境，打造多样化的露营空间。美国佛罗里达州的斯珀斯尼斯公园内的营地为显著的轴线布局模式，营地主干道入口处设置有卫生站和电话亭，沿路布置有奥尔特加公寓（Ortega Flats）营地，团体活动区，活动对面为管理中心，道路沿线深处还有橡树林（Live Oak Grove）露营区和斯塔尔梅萨马术（Starr Mesa Equestrian）露营区（该区内还有骑马活动区），道路尽头设有一块提供野餐活动的区域，同时还配套有旅店住宿设施，如图 4–5、4–6 所示。

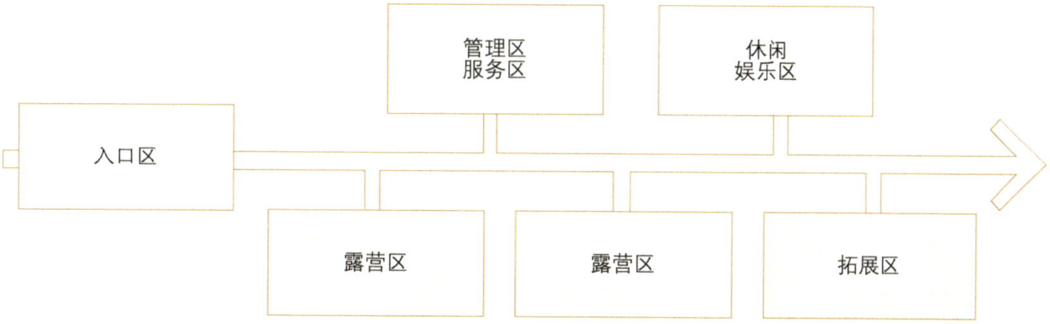

图 4–5　主轴线型营地布局

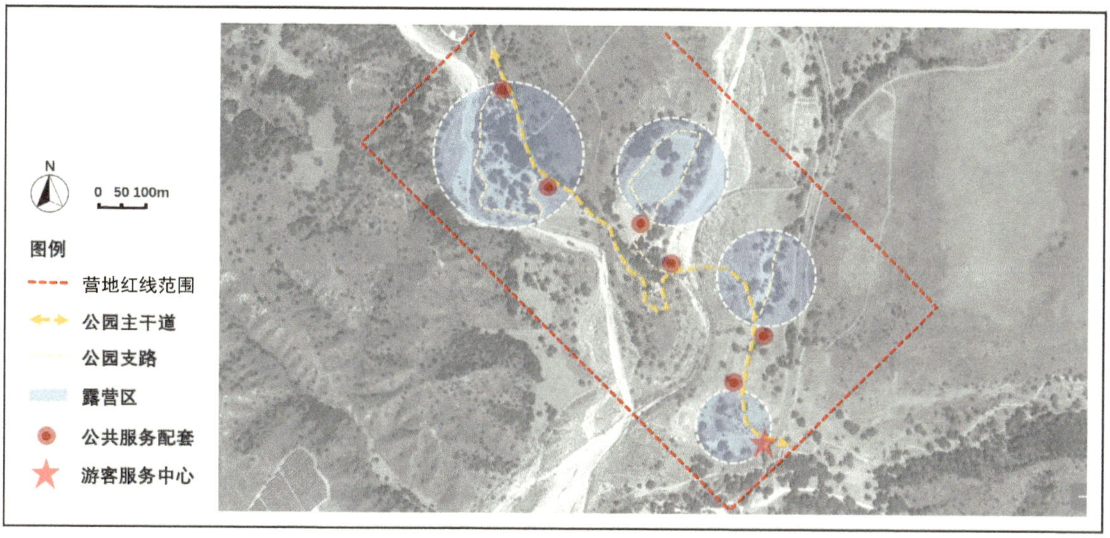

图 4–6　美国佛罗里达州斯珀斯尼斯公园营地功能布局图

4. 分层型

这类布局模式的入口和管理区为一个整体，提供咨询及办理入营服务，营地各类综合服务设施集中分布于其后方，娱乐休闲区域紧邻综合服务区域，露营区域则位于娱乐休闲区域之后。

分层式布局形成高度聚合的功能空间，对空间资源的利用程度较高，一定程度上降低了对空间环境的干扰范围。营位集中分布，各营位与娱乐空间、服务空间之间的距离相近，整体露营条件都较为便利，同时营地的管理也较为便捷。德国的施普雷林山欣登堡湖（Spreewald Camping am See Hindenburg）营地的管理区和营区之间是大面积的公园绿地，人们在此骑自行车、在游戏场玩耍、乘热气球游览、独木泛舟等，帐篷区、房车营地和自驾车营地则紧邻公园绿地沿河布置，露营空间既方便欣赏沿河风景又紧邻开阔的户外游乐场地，如图 4–7、4–8 所示。

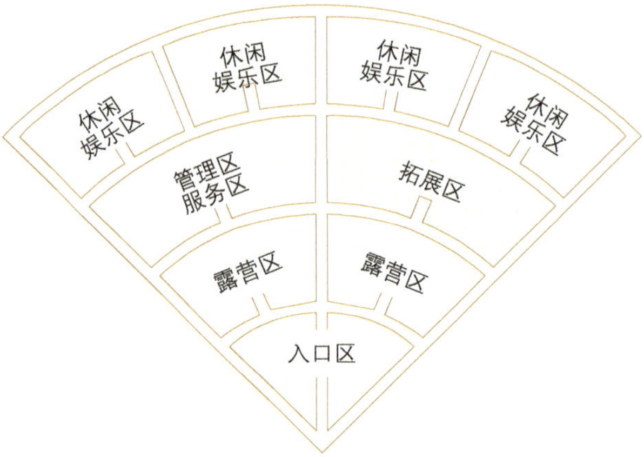

图 4–7　分层型营地布局

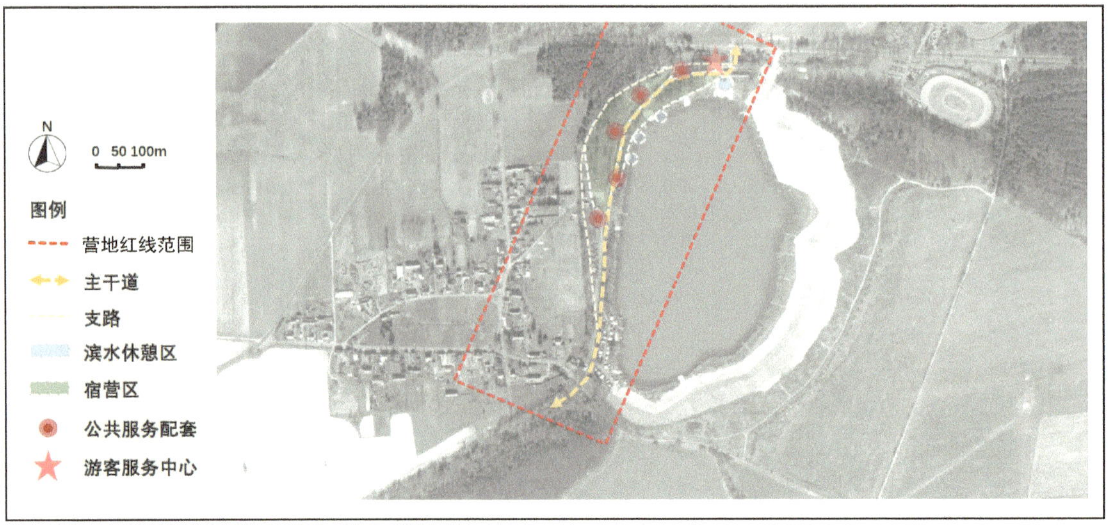

图 4–8　德国施普雷林山欣登堡湖营地功能布局图

5. 围合型

围合型布局模式的营地相对分层型的更加紧凑，这种营地通常以管理中心、休闲娱乐区等营区配套型服务功能区为聚核，通常以道路为连接轴线，各个露营区围绕服务功能聚核沿道路均匀分布。每个营地聚核都是一个配套服务完善的露营空间，且各个聚核形成相对独立的空间，可以通过打造不同主题的露营体验空间实现特色化发展，结合发展主题设立专属特色活动空间，构建特色鲜明、体验丰富的多样化露营休闲空间。“小聚集、大分散”是该类营地布局模式的主要特征，布局有疏有密，用地需求相对较小，对于场地空间的规模面积要求较小。美国诺曼底农庄营地便采用了围合式布局的方式，公共服务组团位于营地中心，面向周围辐射布局房车、木屋等宿营区及多种形式的活动区域，如图 4-9、4-10 所示。

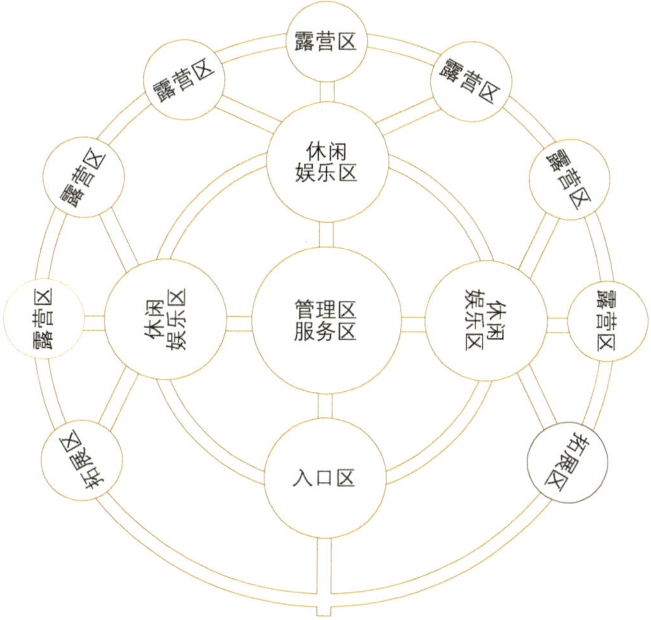

图 4-9　围合型营地布局

图 4-10　美国诺曼底农庄营地功能布局图

围合型布局的优点是能形成有效的营地边界界面，创造出一个良好的私密空间，在心理上给人归属感，下列几种情况适合采用该类营地布局模式。

（1）可开发利用地块比较狭小。

（2）营地建设规模较小，主打露营住宿功能，配套少量基础服务，对休闲娱乐活动的配套要求不高。

（3）主打私密性强、风格独特的营地产品，以家庭、伴侣等为主要客源。

6. 混合型

混合型布局即由多种不同营地布局模式共同组成的营地布局形态，需同时具备两种或两种以上的营地布局模式。在形态多变的场地空间，通常单一的营地布局模式无法满足场地的实际开发需求，需要结合场地的特征选择多种营地布局模式；通常大型营地也会选择多种布局模式，因营区场地空间面积较大，难以用同一种营地布局类型进行统筹规划，而且单一营地布局模式难以满足多样化的市场需求，影响营地建立多元目标市场客群，单一市场所带来的经济效益有限。此外在市场需求飞速变化的时代，仅针对单一目标市场开发的大型营地项目的运营风险相对较高，无法形成互为补充、支撑的协调可持续发展机制。混合型布局营地的优势在于能够提供丰富多样的营地产品，满足多种市场客群的需求。因运营管理范围大，需要结合营区特色进行差异化管理维护，由此对专业管理人员的需求量较大，运营管理成本费用较高，另外营地的使用率会出现严重不均衡的状态，一定程度上也增加了运营成本的比重。以美国北部中心森林汽车度假区（Hearthside Grove Motorcoach Resort）营地为例，营地本身依托当地知名的房车交易产业链建设，在营地布局上以围合式营位布局结构，天然划分出不同的宿营活动区域，对外又辐射带动了房车销售及配套绿地活动等功能组团，如图 4–11、4–12 所示。

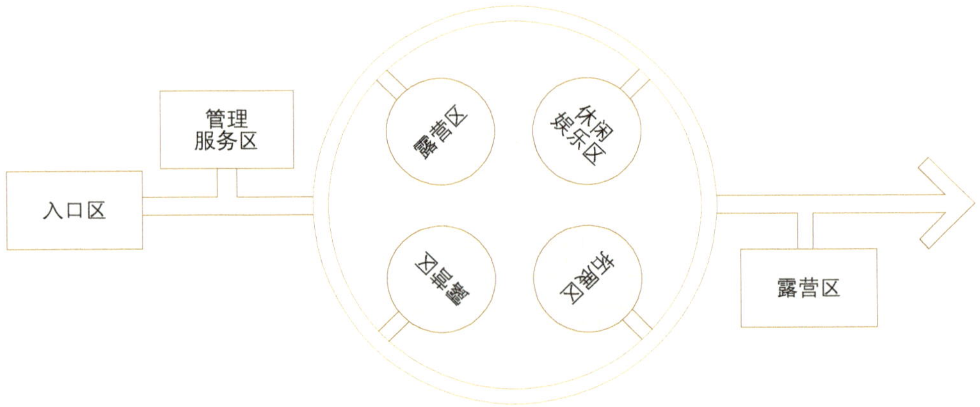

图 4–11　混合型营地布局

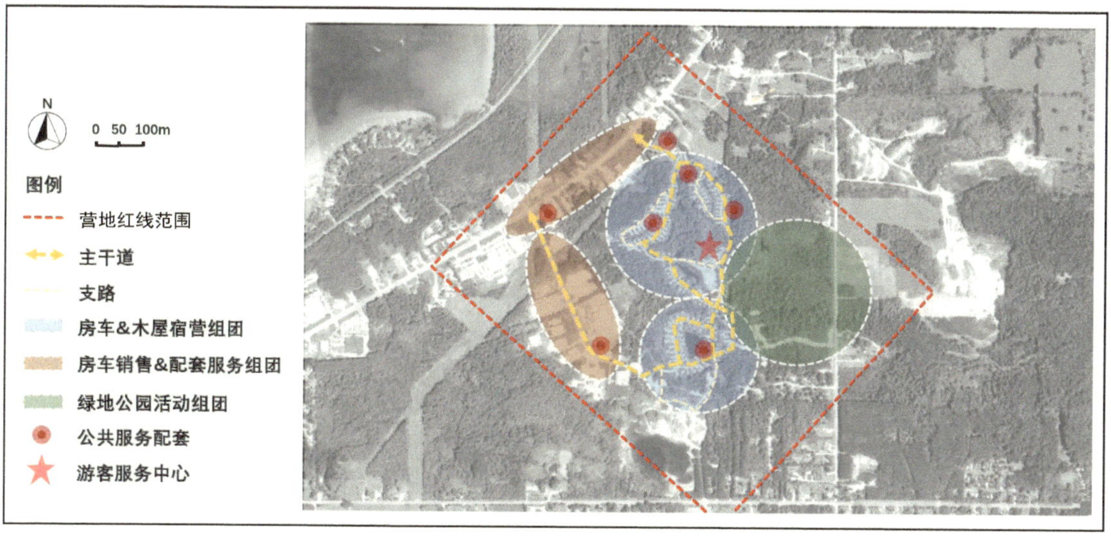

图 4-12 美国北部中心森林汽车度假区（Hearthside Grove Motorcoach Resort）营地功能布局图

4.4.2 场地空间设计

1. 分区设计

营地作为一种新的旅游休闲形式，正呈多样化休闲服务产品的综合型休闲体验载体转变。常规服务产品体系设置的营地空间主要划分为五个区域，即入口接待区、综合服务区、露营区、休闲娱乐增值区和拓展区。

（1）入口接待区

入口接待区是营地的重要门户形象区，同时承担形象展示和入营管理、人流车流引导的功能。首先，在整体环境风貌的营造方面，入口接待区应与营地整体风貌相协调，符合营地发展主题，并充分体现营地特色，严格把控入口区各类构筑物及植物植被的景观风貌特色；其次，在入口区功能配套方面，通常以接待登记和营地管理两大功能为主。一方面为游客办理入营登记及结账服务，同时提供营地信息咨询服务、入营安全教育宣传、周边景区景点介绍服务及乡土特产的零售服务。另一方面负责营地各类管理工作的集中办公区域通常也设置在入口区域，包括环卫绿化管理、安全防护、紧急医护、设施保养、车辆维修等服务。

入口接待区的设计要点

入口接待区建筑的外立面及装修装饰宜体现营地特色，外形外貌上也要易于辨识。

入口接待区的功能主要包含总服务台、行李和贵重物品寄存间、旅游咨询点、公用电话、商品销售处、公共卫生间和公共排污口等。

入口接待处应设置临时停车位，车位数量按照入口闸机数量划定。

入口总服务台每天应至少提供 18 小时服务，包括预订、接待、问询和结账等服务。

应当提供当地旅游信息，并提供旅游咨询服务。

应提供行李和贵重物品寄存服务。

（2）综合服务区

综合服务区是整个营地的服务中心，提供餐饮、零售、休憩、淋浴、租赁、汽车维修、加油等一切满足营地运营需求的服务。小型营地常常将综合服务区与入口接待区融合在一起设在营地入口处，大型营地一般将综合服务区设置在营地中央，服务中心可单独设置也可与营地管理中心组合设置。服务中心是营地的重要标志性建筑，在建筑风貌上应具备较高的辨识度，同时能够彰显营地的主题特色。另外一些营地的场地空间较小或自然环境保护要求较高，为了充分发挥场地空间价值，最大限度减轻营地建设对自然生态环境的干扰，可将入口接待、营地管理及营地综合服务三大功能集中汇聚于同一区域，明确划分管理空间和服务空间，防止服务区嘈杂的环境影响、干扰管理人员工作。

综合服务区设计要点

综合服务区应提供包括餐饮、购物、卫浴、休闲和娱乐等在内的基础配套服务。

餐饮服务设施建设符合国家建设标准，就餐环境干净整洁、无异味。

休闲娱乐设施安全可靠，符合《大型游乐设施安全规范》GB8408—2018、《室外健身器材的安全 通用要求》GB19272—2011和《固定式健身器材》（GB17498—2008）。

应配套服务于露营产品的汽车维修保养、加油或帐篷租赁服务。

其他各类服务设施都需要符合相关建设标准，为营地游客提供安全服务。

（3）露营区

露营区是整个营地的核心空间，是人们住宿、休闲、娱乐的主要场所，营位的设计需要充分考虑游客的休闲需求，在满足基本生活需求的基础上营造个性舒适的休闲体验空间。露营区通常分为自驾车营区、房车营区及帐篷露营区三大类型。

营位设计的综合要点

露营区的位置选址应注重交通的通达性，与营地服务中心、管理中心及休闲娱乐空间建立交通联系。

露营区的景观风貌应与整体营地景观协调

露营区的营位数量、营位面积及营位间距应当符合最新的营地建设标准要求LB/T077-2019、LB/T078-2019（自驾车/旅居车营位数量一般不少于20个；单个自驾车营位的面积不小于50m^2，两车间的距离不小于2m；单个旅居车营位的面积不小于80m^2，两车间的距离不小于3m；帐篷营位一般高于地面15cm及以上，在雨水或潮湿的地方高于地面30cm及以上）。

营位配备遮阳遮雨伞、自助烹饪炉或烧烤设施、户外餐桌椅、垃圾收纳箱、消防设备器材及存放场所。

帐篷露营区的设计要点

帐篷营位主要满足短期露营需求，尤其适用于户外徒步、考察、探险等人群。营位通常结合场地环境的适宜性散落分布，对道路组织结构要求不高，以木栈道、石子路等天然道路为主，当前主要有游客自带帐篷和营区提供帐篷租赁两种形式。帐篷营位通常采用木平台搭建的形式，需要结合地质构造、地质灾害、地形地貌等要素选择不同的营位高度，有简易型和抬高型两种帐篷营位。根据露营人数的不同，帐篷的尺寸也存在差异，相应地需要设计不同大小的营位。单人帐篷 1.8m×0.8m；双人帐篷 2.0m×1.5m；多人帐篷 2.0m×2.2m，可供 3—4 人使用。单人营位最小尺寸不小于 5.0m×3.0m，以保证露营体验的舒适程度，营位单元之间需要保持一定的距离，以保证露营空间的私密性。建议在帐篷营位相对零散的露营区域融入生活功能的配置，如独立卫浴设施，以提高露营体验的舒适度和便捷度。

自驾车／房车营位的设计要点

自驾车／房车营位通常包括车辆停放区与活动区两个部分，此外自驾车营位还需要配套住宿功能，自驾车／房车营位主要针对以家庭等为主的团体市场。根据驻车方式及空间关系分为廊道型、中央广场型、混合型三种停车单元设计方式，满足游客对不同露营空间的需求。

廊道型：利用道路作为营位设置的轴线，营位的面积按照车辆、车载人员的活动需求空间大小进行设计，营位通常包括帐篷搭建空间（自驾车营地）、停车空间及活动空间等，一般需要 100—120m^2 的面积。每个营位需要有单独的供水口、电源插孔和污水排放处等设施。廊道型营位布局模式的露营环境相对安静，营位之间的相互干扰性较小，另外各类物资及能源的供应也较为便捷，营地配套设施建设工程难度较小。廊道型营位属于典型的轴线集中式布局结构，在营地的运营管理方面也较为便捷，但在旺季时不能灵活变换停车数，不利于露营者之间的交流，不适合团体使用，如图 4–13 所示。

图 4–13　廊道型营位

中央广场型：这种布局模式通常以一个或多个广场平台为营地承载空间，各个营位集中分布于广场平台，通常沿广场边缘呈环绕型布局形态，营位与营位之间没有明显的划分界线，能够营造良好的交流互动空间，可满足大型团体游客的需求。中央广场型营位布局模式的建设费用低且运营灵活度较高，集中建设营地空间可以极大地降低建设成本，另外此类营位布局模式可以灵活调节车间间距，增加停留车辆数，搭建帐篷营地，方便大型活动及团队的使用。但因人流量大且较为集中，需要在营地的管理运营方面投入大量的人员进行引导，如图 4–14 所示。

图 4-14　中央广场型营位

混合型：混合型营位布局模式即廊道型和广场型两种营位布局的组合形式，以广场型营位空间为中心，环绕广场外围设置露营营位。这种类型的营位设置相对更为合理和人性化，在广场外围的营位能够满足游客对私密空间的需求，在广场中央又便于举行大型活动，满足团体使用的需求。非常适合于由小团体组成的大团队露营，但场地空间面积需求较大，建设成本较高，如图 4-15 所示。

图 4-15　混合型营位

自驾车 / 房车营位活动空间的设计

露营区内活动空间的布置随机性强、形式多样，取决于露营区的布局模式、场地特征及营区发展主题。可置于露营区边缘紧邻露营空间，也可融入露营区当中，作为露营区的休闲配套功能。

移动房屋和木屋区的设计要点

营地移动房屋或木屋区是适应大众度假时代市场休闲度假需求的产物，能够满足户外长时间度假的需求，可分为小别墅、架空楼阁、异型木屋、地方特色小屋等多种具有原始自然地貌风格的小型建筑类型。在整体露营体验环境的营造及服务设施的配套方面应较其他类型营地更为舒适完善，每个木屋营位都需要配套完善的供水供电设施、网络通信设施，同时配套厨卫、家电等生活服务设施；木屋区各类构筑物的选材应以场地环境中的木、石、竹、泥等天然原材料为主，结构造型的设计应当充分考虑场地的地形地貌、地质结构及气候条件等自然因素，同时充分挖掘地方特色文化、自然资源作为设计元素以增加营地构筑物的设计感，打造形成特色鲜明的露营载体的同时彰显地方文化底蕴，构建与场地整体风貌环境协调一致、适地性高且配套服务完善的露营空间。

服务设施的布局设计要点

露营区是营地范围内人们最主要的活动空间，是整个营地的人流汇聚中心。为了进一步提升游客的露营体验，除集中建设的综合服务区以外，还可在露营空间配套卫浴设施、环卫设施、自助购物设施等零散的小型服务设施，形成集中综合服务中心联合零散特色化服务设施的多空间全面化服务体系，多点联动、全面覆盖、近程服务，为人们提供快捷方便的营地服务。

（4）休闲娱乐增值区

休闲娱乐增值区是结合营地规划场地的特色生态、文化元素及营地的发展主题等元素设计的特色化休闲空间，属于营地的公共服务空间之一，是营地塑造特色吸引力的核心因素。休闲娱乐区开发的主要目的包括强化营地主题特色、丰富露营体验活动、增加露营体验的趣味性和互动体验参与性等。首先休闲娱乐区的设计应彰显营地的发展主题，在整体空间风格的设计及配套休闲娱乐产品活动的设计上都应与营地主题保持协调一致，并在支撑强化营地主题方面发挥积极作用；其次休闲娱乐区的设计需要注重配套产品的多样性，以满足营地不同客群的需求，在充分研究目标客群市场消费特征的基础上进行休闲娱乐产品配套设计工作，构建差异化的休闲娱乐产品体系；最后要强化休闲娱乐产品的可参与性，相较于普通休闲旅游客群而言，露营可表达出更加强烈的参与性需求，营地的核心魅力也在于丰富多样的户外参与体验活动，包括户外休闲、户外探险、户外娱乐、户外运动等活动。由此营地应加强户外线路及户外产品的建设，在常规户外活动的基础上，通过增加趣味性参与类活动来增强特色性和参与体验感，如野外科普教育、户外拓展训练、户外写生等活动。

休闲娱乐区的结构设计

点状模式：娱乐活动布置分散，没有什么规律可循，通过不同路线将各娱乐活动联系起来，适用于具有多种营位布局模式的大型营地。

线状模式：娱乐活动主要布置在几条道路上，通过几条道路相交叉复合形成，适用于以户外类休闲娱乐活动空间为主的营地，也可用于轴线型营位布局模式的营地空间。

块状模式：块状或组团式开发的休闲娱乐区域，由多种不同主题的休闲娱乐空间有机组合形成的大型娱乐空间，具体结合休闲娱乐活动的场地空间特征及活动的动静状态进行合理布局，适用于场地较为开阔的大型营地空间，通常在面积较大的风景名胜区、森林公园和国家公园等相对较大的地方运用。

休闲娱乐区的内容设计要点

可提供餐饮服务的野餐区、烧烤区或餐厅。

可供休闲社交、休闲休憩的酒吧、咖啡吧或书屋。

可提供购物服务的自助贩售设施、零售摊位或零售商店。

可供举办户外娱乐活动的剧场或广场等。

可提供户外休闲运动的足球场、高尔夫球场或运动公园等。

可提供手工制作、宠物游戏、种植、采摘等互动体验的场所。

可满足不同露营客休闲娱乐体验的儿童娱乐区、户外探险区等不同主题的休闲娱乐区域。

可提供商务会议服务的会议室或商务接待中心等。

提供垃圾桶、厕所、休息设施等满足人们基本需求的配套服务设施。

2. 地形设计

营地规划场地的地形直接关系到营地规划项目的可行性及露营体验的舒适度。当户外坡度小于20%时，人可以站立行走，基本无不舒适感；当坡度小于10%时，人行走在其上如履平地；当坡度小于5%时，是残疾人轮椅的最小坡度。所以坡度在10%以内都较为适合人行，也可以进行帐篷扎营活动。另外据《车库建筑设计规范》的要求，汽车在坡度小于15%的地面停车影响不大。

据国家体育总局颁布的《汽车露营营地开放条件和要求》，汽车营地宜建于天然草坪或种植有高大植物的地域，汽车营位区地面横向坡度应不大于5%，纵向坡度应不大于5%；帐篷露营区域的地面要求平整，在3m范围内任意两点相对高差应不大于60mm，且排水性良好。另外营地在建设时尽量要做到土方平衡。除此之外，营地的地形设计还有下列要点。

一是要维护原有地貌特征和地景环境，保护营地规划场地的地质地貌、岩石与基岩、土层与地被、水体与水系，严禁炸山采石取土、乱挖滥填、盲目整平、剥离及覆盖表土，防止造成水土流失、土壤退化等生态问题。竖向地形的设计应为其他景观规划、基础工程、水体水系流域整治及其他专项规划创造有利条件，并协调统一。

二是合理利用地形要素和地景素材，因形就势、因地制宜地组织地景特色，不做大范围地形改变或土地平整，并将未利用废弃地、洪泛区域纳入治山理水范围加以规划利用。对营区的重点建设地段必须实行保护性开发原则，统筹诸如地形利用、工程补救、水系修复、表土修复、地被更新、景观创意等各项技术措施以最大限度保护营地建设区域的原生地形地质条件。

三是有效保护营地规划区域的大地标志物，统筹梳理规划区域的自然生态资源要素，对山林、湖泊、河流、植被等全生态要素进行等级评估划分，实施明确的分区、分级、分类保护措施，严格保护区域的特色景观主体，支撑营地特色化景观风貌的营造。

3. 风貌控制

营地的整体风貌特色能最为直观地呈现出营地的特色，代表了营地的文化精神内涵，一切营地产品活动都与之相关联，由自然地理、历史文化、地域民俗等多元要素共同决定。营地的整体风貌首先要协调统一，只有在整体风貌和谐统一的前提下营地才能形成特色形象。营地整体风貌的把控主要应遵循以下两条原则。

首先是因地制宜原则。营地虽然是西方国家的舶来品，但由于中西社会经济、消费观念存在一定差异，西方营地的发展模式并不完全适用于我国。国内营地的规划发展可以导入西方崇尚自然、热爱户外运动的优秀文化氛围，但关键还是在于地域特色文化资源的挖掘利用，如何将中国本土特色文化融入新时尚休闲产品营地中，形成中国特色营地产品，从而打造属于中国的营地文化，成为新时代的特色文化。

其次是特色凸显原则。营地的规划建设必须坚持因地制宜且特色化发展原则，注重地域特色资源的挖掘利用，打造特色鲜明的营地项目，区别于其他营地接待服务项目，塑造市场核心竞争力。随着市场消费需求的日趋多样化，营地的特色化建设赋予重要意义是形成市场吸引力的关键因素，以增强对市场的吸引，打造具有高效益的营地项目。

（1）建筑风格

建筑风格由区域独特的地理气候、历史背景、传统文化、风俗习惯等多方面因素共同决定，同样也是展现区域特色文化的重要窗口。

建筑风格由物质和精神两个层面的要素共同构成：建筑风格的物质层面组成包括建筑的形式、布局、高度、材料、组织原则等要素；建筑风格的精神层面组成包括城市的传统文化、时代精神、地域的审美等要素。

如前文所述，营地规划中对建筑风格的控制需要从建筑的物质及精神两个层面去考虑，包括营地构筑物的具象形态表达及各类构筑物所蕴含的文化内涵都需要考虑与规划所在区域特色文化及自然环境的吻合性。

• 建筑风格控制的意义

延续地域生态文化脉络，彰显区域独特的发展内涵，为营地的发展注入深刻内涵，将营地打造成为新兴文化发展产业，助力地方社会经济和文化共同繁盛。

增强区域特色的社会广识度，将地域传统特色资源融入营地的建设，充分发挥新产品业态的市场吸引力，借助营地这一新窗口有效提升规划区域的社会知名度，同时带动当地重视地域特色的保护。

提升居民的归属感和认同感，打造新型区域文化载体，创新居民对本土特色文化的认知，有助于社会整体文化自信程度和区域居民的归属感的提升，从而建立和谐稳定的社会环境。

• 建筑风格控制方式

建筑风格的控制可以通过具象继承和抽象继承两种方式实现，具体的控制元素包括建筑的形式、装饰、色彩、材质等。宏观层面上，营地的建筑风格控制需要因地制宜，与区域文化自然环境和谐，如将特色图画等文化元素融入营地构筑物的设计；中观层面上，需要对营地构筑物的色彩、大小、形状等外立面设计进行控制；微观层面上，则立足于人的感官，提升营地的环境品质，打造舒适的体验环境。

具象继承，即深入研究总结出一套规划区域传统建筑的特色构建因素及特色做法，作为营地构筑物设计建造的参考，尤其在外观形态上注重对传统风格的延续和继承。

抽象继承，同样需要建立在对规划区特色自然文化资源基础的研究总结基础之上，不同于具象继承注重外立面形态的传承，抽象继承是将各类地域特色自然文化因素进行抽象提取和高度概括，并将其用于营地构筑物的设计创作当中，以抽象的形式延续地域特色。

（2）整体色调

• 营地整体色调选择依据

自然因素。营地色调的确定着重关注地形地貌、气候水文、生物条件等自然环境的综合构成色彩，不同区域的山水植被等自然因素会表现出自身的特色色彩，营地主色调的选择可以参考规划区的山水植被主色调。自然环境的色彩是空间主色调的重要构成，选择类自然的主色调利于打造协调统一的空间风貌，人们也更加易于接受自然原生色。

人文因素。历史文化、民族风俗、宗教信仰、民俗风情、大众审美等多种人文要素都会对区域的主题色调产生直接影响，如回族偏好黑白蓝色彩、汉族偏好红黄绿、京城建筑以红黄为主色调、江南建筑以白灰为主色调。营地色调的选择应当充分考虑当地的人文色彩，构建与地方人文环境相协调的色彩空间，彰显地方特色，符合区域空间审美需求。

• 营地整体色调定位方式

自然环境主导。即营地的整体色调以规划区自然环境中的山水环境色来提炼。在众多色彩中，人对色彩的认识源于自然的色彩是人们最喜爱也最易于接受的。依托规划区特有的山脉水体等自然资源，提炼出与区域背景色相和谐的色彩作为营地的主色调。

民俗文化主导。营地在选择主色调的时候除了自然山水这一关键要素外，还可以融入区域民间生活的习惯用色，从建筑、服装、食物等日常生活要素中提炼系列色彩元素作为营地的主色调，以充分表达规划区的地域性特色。

（3）景观环境

游客露营的主要目的是休闲放松、亲近自然或追求惊险和刺激，基于主要服务人员的特点，营地要求空气清新、安静、卫生、污染少，从而营建出恬然、静谧的自然环境，以期达到让游人回归自然、心旷神怡的目的。

特色景观设计分为两种：一种是利用场地本身特色，经挖掘、提炼、放大后确定设计风格，例如，北京白河峡谷汽车营地利用毗邻长城的地理优势，打造出了独一无二的长城营地。但这样的营地首先要选址在自然或文化资源比较丰富的地方，对场地的要求较高；另一种是根据市场热度和露营者的喜爱程度，在设计中人为赋予景观特点，或者赋予自驾车营地一个相应的主题，再逐渐推广其知名度，使这个主题成为一个特色和亮点，汽车影院便是这样的一种模式。

• 景观环境设计原则

生态性原则。营地建设过程中对环境的破坏和人为干扰是不可避免的，任何建设活动都应以充分保护原生资源为前提，规划设计中需要重点考虑如何减少营地建设对原始生态系统的破坏与干扰，遵循生态性原则，充分对场地原始生态分析研究，确定合理的营地规模及布局形式，选择本地原生生态资源作为景观环境营造的主要元素，打造生态环境良好、风景优美的营地景观环境。

协调性原则。营地景观环境的营造应充分考虑区域上位城市规划、旅游规划及生态景观规划等相关区域发展引导规划，明确营地规划区域的整体发展定位，进而统筹引导营地规模、形象、景观风貌等的规划设计，打造和谐统一、主题一致的营地景观环境，同时与区域整体发展环境相适宜，促进构建区域协调、相互促进、共同发展的和谐有机整体。

安全性原则。营地作为户外活动的场所，其整体环境的安全性至关重要，包括景观环境营造的安全性，应充分考虑营地内部活动人员的人身安全，选择安全性高的植物植被元素、景观建造结构、景观构筑物及基础配套服务设施，以乡土原生植物为主，避免有毒、有刺植物的选择，在景观构筑物、景观建造结构的规划设计中充分考虑运营过程中的安全性，注重交通、水、电等基础设施的品质化建设和合理布局，符合国家相关安全标准，满足营区人员使用需求，并定期进行安全性维护，降低营地环境的不安全因素。

功能性原则。营地景观环境的营造应考虑与不同功能区的发展需求相协调，注重景观功能性价值的挖掘利用，助力营地体验环境质量的优化提升。露营区景观环境的营造需要同时考虑私密性和采光性，满足宿营需求；户外活动空间的景观环境则应考虑人群的可参与性和整体环境的舒适性，满足人们户外探索、亲近自然，同时享受舒适体验的需求。

（4）重点分区植物景观营造

营地的各分区功能不同，对周围的环境要求也有明显差异，景观环境的营造应满足场地功能的各种需求。

入口区景观环境营造。入口区是营地的门户形象区，能为露营客留下第一印象，决定了营地的市场可识别性，因此入口区的景观环境需要有鲜明的特色和代表性，体现营地主题特色，吸引游人注意。同时入口区是营地的人流、车流的交汇聚集区域，需要开敞舒适的景观环境空间，为进入营区等候入营的游客提供拍照打卡、临时休息的空间。因人流集聚还需要考虑景观植物的降噪、抑菌和吸纳噪音和有害气体的作用。

露营区景观环境营造。露营区是游客的主要活动空间，当前主要分为帐篷露营区、房车露营区及自驾车露营区三种类型，首先需要结合不同露营区的构筑物特点进行景观环境的构造，打造协调一致、风景优美的露营区环境，同时为游客提供足够私密、安全、舒适的露营空间，配置具备防风、防火、调节温度、改善光照、遮阳功能的景观植物及景观构筑物。植被配置上以简单、实用、易于管理、环境改善功能强为原则，常以乡土景观植物为主。此外营地景观还是重要的标识性元素，不同景观环境能进一步丰富营地的整体环境、提升营区空间的辨识度，从而优化营地的休闲体验服务品质。

综合服务管理区景观环境营造。综合服务管理区是整个营地最主要的人流汇聚、流动空间，不仅是营区的主要服务中心，还是整个营地的形象代表之一，因此综合服务管理区景观环境的营造至关重要。重点需要凸显景观环境的美观性和地域特色代表性，注重景观构筑元素在色彩、形态等方面的协调一致性和景观性。还需要创造舒适的休憩空间，进而方便游客休息、交流等，可采用低矮灌木围合空间的形式打造小型休息交流空间。

娱乐活动区景观营造。营地娱乐活动区是服务于整个营区的户外休闲空间，需要满足营区所有人群的休闲娱乐需求，可划分多种不同功能的娱乐空间，在景观环境设计环节以围绕空间发展主题为原则，具体结合娱乐活动项目及游玩人群的需求进行设计，同时注重景观环境美学价值、环境优化价值、生态环保价值及空间分割价值的挖掘。在一些休闲、安静的区域，如户外写生、户外科普空间，景观环境的营造应该突出缓和、轻松的特色，通过改造地形、种植树木花草、营造建筑和布置园路等途径打造亲近自然主题的区域；一些以户外运动为主的区域对于景观环境的空间层次感要求较高，通常以打造形态多变的空间结构为主，以满足场地功能需求。如户外高尔夫球场需要不同的地形设计以增加击球的难度和趣味性；儿童娱乐空间景观环境的营造则应该增强色彩的搭配，以多彩明亮的色调为主题，配置多样化的景观元素，在吸引儿童注意力的同时成为开展户外科普的载体。应特别注意防风、抑菌、抑制粉尘等安全性问题。儿童娱乐区域也是家长的社交休闲区域，由此需要为家长配套舒适的休憩空间，休憩空间与娱乐空间之间的视线空间需要开敞无遮挡物，便于家长随时观察孩子的状态。

4. 专项设计

专项设计即对支撑营地服务管理运营的各类设施进行系统化的规划和设计指导，主要包括基础设施、标识系统、安全保障系统及能源循环利用系统的规划设计。

（1）基础设施规划

· 给排水设施

营地的供水设施规划不仅需要保障游客、管理人员的用水需求，同时还需要满足消防、绿化或者景观设施的需求。营地的给水工程具有用水区相对分散、淡旺季用水量波动较大、管网铺设难度较大的特点，由此需要率先对营地区域的用水量进行科学测算，以科学指导供水设施的规划设置。

供水设施规划要点

科学选择水源地。强化水源保护工作，因地制宜地选择河流、湖泊或者地下水源，为保障水质，取水点应设置在水流流速快、河道平直处，避开死水区和回水区，取水周边区域禁止开展任何水上活动，如捕捞、游泳、泊船等。

根据营地区域用水相对分散的特点，采取分区、分层、就近取水的原则布置给水设施，保障水质优良、水源充足，满足整个营地的用水需求。

沿路布设给水管网，管网、水塔、拦水坝等设施要与营地整体景观风貌相协调，尽可能隐蔽设置，不对营地风貌造成干扰。

根据营地的不同用水需求采取分类规划供水设施的办法，可将营地供水系统分为饮用水和非饮用水两个供水系统，饮用水系统可接城市自来水管网，满足营地的餐饮服务需求，非饮用水系统可根据营地的立地条件，就近在湖泊溪流取水或收集雨水，进行简单的过滤处理后用于营地的厕所冲洗、洗车、绿地灌溉及消防等用途。

· 排水设施

营地排水设施包括雨水和污水两大排水系统。排水设施规划设计的主要内容包括科学测算营地的雨污排放量、制定雨污排放方案、规划布局污水处理设施等。营地的雨水径流量主要受当地气候条件、地形地貌及植被土壤条件的影响；污水排放量则需要分析营地的污水排放类型及来源进而推算总量。

排水设施规划设计要点

坚持雨污分离排放。雨水排放可利用明渠直接排入江河湖泊等自然水系。污水排放则应使用暗渠排放，需要就近收集并通过污水处理净化达到排放标准后再排放。排水设施的规划设计应充分利用场地的地形地貌特征，构建自然的排水系统，以减轻能源消耗。

导入污水处理设施。营地的用水点较为分散，可采取独立收集、集中处理的方式规划设计污水处理设施，对营地的污水进行集中统一净化处理。污水处理设施宜选址在地势较低的地方，以便于进行污水的收集和净化水的排放。

- 电力通信设施

近年来营地的配套服务逐渐丰富多样，对于电力的要求也日渐提升，接待中心、服务中心、房车营位及各类休闲娱乐设施都需要电力的支持。营地的用电特征和用水特征相似，淡旺季有明显的用电差异。为保障营地运营的顺利安全开展，需要规划一套平稳、安全、可持续、充足的供电系统。

供电设施的规划要点

科学测算营区的电力负荷。统筹梳理营区的用电主体，一般由营地设施和营地人员两大主体构成，参考单位建筑面积及单个人的用电指标，科学测算整个营区的电力负荷。测算过程中不仅要全面测算，还要留足未来发展空间，以免未来电力扩容导致难度大及成本高。

因地制宜提出电网敷设要求。营地区域结合不同功能区的分布，在人流集中活动的区域选择地埋路线，在户外及偏远区域，在不影响整体景观风貌的前提下可采用架空路线，以节约建设成本。

倡导绿色能源发电方式。充分利用太阳能、沼气等清洁能源，规划设计绿色发电设施装置，利用绿色能源解决营地的一部分用电需求。

- 电信设施

营地通常选址于偏远的自然空间，网络电信通信基础较差，而露营客源主要来自一二线发达城市，对于网络通信的要求较高。由此营地的规划建设需要重点关注网络通信设施的建设，达到通信畅通、服务及时、功能齐全的目标。

电信设施规划的要点

电话通信设施。当前以移动电话通信为主要形式，营地要完善移动通信设施的配套建设，保障整个营区的移动通信顺畅。另外需要配套一定数量的固定通信设施设备，主要用于营区内部的管理和沟通，固话通信也同样要做到通信顺畅。

电信网络设施。互联网服务的导入需要中继器、网桥、路由器、网关等网络设备，以及网卡、集线器、交换机、网线等网络连接设备和传输介质，为了保障网络的高效传输运转，需要这些配套设备性能完善稳定，在空间格局规划上满足营区的用网需求。同时需要考虑服务器的扩展性，以便及时调整配置以适应营地的发展需要。

• 环卫设施

营地的环卫设施主要是为游客提供生活卫生服务的各类设置，主要分为垃圾处理设施和卫浴设施两大类。

垃圾处理设施主要包括垃圾箱、垃圾处理站。营地每天都会产生许多垃圾，对营区的景观环境和卫生环境有严重影响。由此需要加强垃圾处理设施的科学合理规划，以保障营区景观环境和卫生环境的维护和保护。

环卫设施规划要点

垃圾箱的空间布局。营地规划范围内的垃圾箱主要沿道路及营地服务节点布设，根据人流量的大小，通常在道路每隔100—200m的距离设置一个垃圾箱，另外在接待中心、服务中心、休闲娱乐区域以及各个营位都应布设垃圾箱，垃圾箱的布设不能影响人们正常的户外活动，尽量利用靠边角地带。

垃圾箱的风格材质。营地垃圾箱的风格以及材质的选择是营地所在地域特色文化的体现，需要与营地整体主题风格相一致，选取地方特色文化或自然元素作为设计主题。室外垃圾箱通常采用封盖式设计，以防雨水进入垃圾箱，造成垃圾腐烂发臭导致污水渗入地下；室内场所可采用敞口式垃圾箱，便于维护以及使用。

垃圾分类处理。配置分类垃圾桶，实行垃圾分类处理措施，以降低资源消耗、减少处理成本，实现资源的最大化利用，达成生态、经济及社会三大效益。

垃圾处理设施的设置。在营区边缘位置规划设置垃圾处理设施，承担垃圾收集、打包、转运、处理等功能，实现能就地处理的垃圾就地处理，不能就地处理的垃圾可集中转运至场外处理。

卫浴设施主要包括厕所及淋浴设施。它们的配套对于露营体验品质的影响极大，是营地服务质量和品质的重要保障因素之一。2015年在原国家旅游局的引领下一场厕所革命得以开展，它进一步明确了旅游休闲区域厕所的建设标准，具有深刻的指导意义和价值。

卫浴设施规划要点

卫浴设施的选址。营地卫浴设施的布局应根据营位的布局空间及营位数量进行规划，为提高卫浴设施的使用效率，同时为游客提供便捷的使用条件，卫浴设施的服务半径应覆盖150m内的区域。此外在综合服务区、休闲娱乐区等人流集中的地方需要结合实际需求布设一定数量的卫生设施。

卫浴设施的风貌选材。卫浴设施是营区整体景观风貌的组成要素之一，在与营区整体环境风貌协调一致的同时，其外观设计需要有一定的辨识度。在全域化旅游发展理念的引导下，厕所的造型设计已经成为旅游休闲区域一道重要的风景线，众多造型奇特、选材新奇的厕所被设计出来。营地的卫浴设施也可结合场地特征设计森林生态卫浴、山地生态卫浴等外观类型，打造成为营区的景观之一。

（2）标识系统设计

• 设计标准

严格按照文化和旅游部最新发布的有关营地建设标准的《自驾游目的地等级划分》和《自驾车旅居车营地质量等级划分》开展营地标识系统设计工作，道路交通标志和标线设计符合

（GB5768.2—2022）和（GB5768.3—2009）要求；公共信息图形符号符合 GB/T10001—2021 要求；营地及周边环境的安全标志设计符合 GB2894 要求；消防安全标志设计符合 GB15630 和 GB13495.1 要求；邻近自然或人工水域的地段设计安全标志符合 GB/T25895.3 要求。

• 设计原则

主题特色化原则。营地标识系统的整体设计风格要统一，并与营地的整体设计风格及自然环境相协调，突出营地主题特色。

自然生态化原则。营地标识系统的设计应以自然生态为原则，效法自然规律，尊重自然风貌，标识设施的取材依附环境，设计元素可以以山势、草木为主，力求使标识系统融于自然、成为营地景观环境的一部分。

高效化布局原则。标识牌的布置与选址应符合游客游览规律，便于使用，国际化营地的标识适宜采用中英双语。此外标识牌的尺寸应设计合理，与周围环境有一定的对比，保证在要求的视距范围内突出易找、清晰可读。

• 营地标识系统

营地承担的主要角色是游客休闲游览的户外场所，其导览标志系统可根据国家 A 级旅游景区建设标准设计，具体结合营地所处的环境特征、经营内容、功能区域及服务设施的分布来设计，为游客提供营地导引服务，主要包括导游全景图、导游图、标识牌、景物介绍牌等。

• 营地标识系统规划布局

营地全景导游图

在营地入口、道路交叉口、主要活动空间布置营地全景导游图，明确标示营地总平面、面积、方位、比例尺、游客现处位置、各功能区位置及主要景点、活动空间、游览路线，以及咨询投诉、紧急救援电话等信息。

区域功能导游图

在营地各功能区域入口或显眼位置布置区域功能导游图，详细说明功能区名称、服务内容、设施分布、活动项目等信息。

服务设施标识

在营地出入口、停车场、服务中心、厕所、浴室、餐厅、茶室等公共服务设施场所使用公共信息图形符号明显标示，并在营地各功能区、活动空间、景观景点、道路交叉口等处设置服务设施引导牌，并视功能需要标明方向、位置、距离等信息。

警示忠告标识

在营地山体处、密林处、篝火活动区域等容易发生危险的区域设置安全警示标识；原生植被生长旺盛、需重点保护培育的地带、游人集中活动区域设置公益提示牌，提醒游客休闲活动中注意保护生态环境，不要随意践踏草地、乱扔垃圾，呼吁引导游客文明、生态休闲露营。

管理说明标识

在营地边界区域布置营地界线牌，明确标示所处位置、界线走向及返回服务设施的路线和距离；在营地工作管理区域设置非游览区标志牌，避免游人盲目进入发生危险或影响工作；在保护区边界设置游客提示牌，明确标注环境保护规范，防止游人私自进入保护区对保护区内的珍稀生物或生态系统造成影响。

（3）安全保障设施

保障露营客的人身财产安全、营区安全运营是营地最基本的职责，主要包括火灾防范、社会安全保障及人身财产安全保障等方面的工作。

• 消防设施规划

营地的建设应符合相关消防建设标准及当地消防管理部门的规范要求。营区内的固定建筑所需要的装饰材料的燃烧性能等级要求应符合 GB50222 及当地消防管理部门规范的要求，并通过验收；合理设置消防器材，应根据营位的布局放置消防器材，消防器材应在有效期内，其配置应按有关规定执行；篝火区和公共烧烤区应该设置在地域空旷的场所，配备足够的消防设备，保证用火安全；制定防火安全制度，加强游客消防安全教育。

• 医疗卫生规划

露营活动属于户外项目，在开展户外活动的过程中存在发生意外受伤的情况，因此营地内需要设置医疗服务点、配置医疗服务队伍。营区的医疗服务应保障应急医疗需求及户外医疗需求，能够应对简单外伤及常见病，另外需要建立畅通的医疗通道，能够保障迅速将受伤人员运送到附近医院的需求。

• 社会治安规划

营地的活动空间大、人流量大，安全是健康露营活动的基础，所以需要加强安保力量从而保障营地的安全。营地的边界应该有围栏等防护设施与外界隔离，营地的入口管理区、生活区和休闲娱乐公共区设置相应数量的电子监控设备。在营地的入口处要设立门岗，对来访的车辆和人员进行登记。同时安排安保人员进行全天的值班和巡逻，尤其要满足照明需求，减少夜间发生的事故，保证露营游客的人身安全和财产安全。

（4）能源循环利用设施

在国家建设生态文明社会，倡导绿色可持续发展的背景下，营地作为生态空间的创新发展模式，必须坚持绿色可持续发展理念，在充分挖掘生态资源多元价值的同时保护好生态资源及环境。从资源利用的角度出发，可通过最大限度发挥资源价值、资源循环利用的方式减轻营地开发对生态环境产生的压力。主导的生态化资源利用技术即分为绿色资源能源利用技术和资源循环利用技术。

• 绿色资源能源技术

在营地的规划建设中可导入光伏建筑一体化构筑物，即将太阳能发电产品融入建筑构造而形成的一种新型绿色构筑物。结合营地建设需要的配套功能设施，可将太阳能发电产品导入营区的各类户外照明设施、卫浴设施等公共服务设施，利用户外空间最常见的太阳能能源满足营地部分设施的能耗需求，有效降低营地对不可再生能源的消耗。清洁能源的使用将进一步赋予营地绿色环保的发展理念，使营地建设项目的生态效益更加凸显。

• 资源循环利用技术

营地规划建设中对于中水系统的规划设置非常重要，中水系统是典型的资源循环利用设施系统，营地内冲洗厕所、冲洗汽车、喷洒道路、绿化等的用水需求完全可以依靠中水系统通过处理营地大量生活污水产生的杂水量来满足。这样在降低营地用水成本的同时也能减轻对生态环境的影响。

4.5 营地基面交通流线

营地基面交通流线不仅承担了通行和引导客流的功能，同时也是承载游客活动、提供自驾车、房车服务的重要载体，与其他的景观设施共同构成各类营地面向游客群体的基础服务体系。因此，营地的基面交通流线规划不仅要从联动性、容量、规格、标准等方面发力，同时也应该注重其景观风貌的协调和服务功能的配套。在实际建设中，应注重以下 5 方面的内容。

（1）结合营地不同车辆对交通设施的需求，科学合理地设计营地交通系统

营地中所停泊的主要是以自驾的小汽车或房车为主的交通工具，因此在设置营区内的交通系统时，应当重点分析汽车交通的特点，从而更好地设计出便利适宜的交通系统。道路规划建设的标准要根据露营区建设的规模和营地建设级别来确定，还要结合露营区的活动内容、游客人数、服务质量等方面的需求。

（2）以构建优质服务为核心要点，多元合作构建复合功能的营地交通体系

营地是自驾车旅游的重要目的地或中转站，车行服务也是营地服务中很重要的方面。因此，在营地交通体系的建设过程中，要注重停车场多元复合功能的拓展，完善停车场、交通节点的服务功能，不断提升服务水平，表现在以下两方面：一方面要加强营地与汽车救援维修站、4S 服务站、汽车租赁、保险公司等第三方汽车服务平台的合作，不断完善营地自建停车场的多元服务功能；另一方面要加强自身专业服务团队的建设，如汽车应急处理小组、专业服务团队的培训等，为到访者提供及时、周到的相关服务。

（3）以科学的容量预测为基准要点，基于市场需求合理配置停车位

营地的合理规模须建立在实际使用的土地面积、开发规定、开放时间、需求预测、所依托的景区景点的知名度、交通能力等各方面的综合因素基础之上。具体内部营位设置及配套停车位的规划设计可通过固定式营位、临时帐篷营位、固定停车场和入口区小型临时停车场的结合建设，以灵活应对小长假及旅游旺季的高峰需求。

（4）以更新优化提升为主，降低交通系统建设对环境的影响

营地道路设计时要尽量运用场地中现存的道路，根据地势来布置道路，减少大的填挖土方量和对环境的破坏。道路的布置对游人活动有很强的引导作用，对周边自然环境也会有很大的影响，因此要选择生态环境结构稳定、恢复能力强的地方，尽量躲开泥石流、滑坡、塌方等有潜在危险的地方，营地中的道路尽量设计成环形道，方便组织车流。

（5）以生态安全建设为导向，科学合理指导营地交通系统规划建设

营地道路建设用材尽量选择石条、石板、砖头、沙等贴近自然的材料，使风格与自然环境能够很好地统一。同时道路系统要能满足防火、生产和生活等其他方面的要求。尽量做到人车分流，保证路线畅通的同时还能保证安全。调查显示，道路系统占全营地比例为2%—4%更为适合，在人流密集区可以达到4%—5%。比例过大的话将会对自然生态环境造成影响。

总体来讲营地的道路系统建设主要应考虑以下几点：营地的道路分级、路网模式、停车场的设计、出入口交通。

4.5.1 营地道路分级

营地道路系统通常分为主路、支路、游步小路三个级别。

主路贯穿或环绕（树枝式路网需在主路尽头设回车场地）整个营地，联通营地内部各功能区域并与外部交通形成衔接。考虑房车等大型车辆通行顺畅，主路设置双向两车道，道路宽度应大于6m，转弯半径8m以上，材料使用上应以道路稳定性为基础。

支路承担营地各功能区与主路及各功能区之间的纽带作用，同时为各功能区内部主要道路。支路除房车露营区及自驾车露营区可酌情考虑双车道外，其他支路均为单车道，道路宽度3m左右，尽量使用生态透水材料铺筑。

游步小路是对营地主支路的补充，功能区内与活动场地形成联系，方便游客步行游览，形式不拘一格，或为木栈、或为步石，设计强调与生态环境的结合，除满足通行外，还能形成别有趣味的营地景观，道路宽度控制在1.5—2m。

4.5.2 营地路网模式

营区的路网布局模式主要分为网格状、回环式、树枝状和综合式，因道路布局主要服务于露营区的需求，所以营地的道路布局模式一般依据营位的布局形式而定，如均衡分布型的营位路网布局模式以网格状为主，轴线型的营位路网布局模式以树枝状为主。

（1）网格状

道路布局呈现网格状，有利于营地各功能区的布局，易于组织交通，运营管理方便经济。适合场地平整、地形平坦、面积较大，采用整体集约式营地布局模式的景区营地。

（2）回环式

回环式路网模式的路网布局呈规则或不规则的环状组合，除具有网格状模式的优点外，其布局形式更为自然灵活，营位布局可疏可密，对风景区环境适应性也更强。

（3）树枝状

树枝状布局模式的路网最明显的特征是由一条或少量几条主路贯穿营地，支路或营位如树枝状分布于主路两侧，这种布局模式场地适应性较强，尤其适宜露营用地狭长的景区。

（4）综合式

综合式路网布局模式是根据营地地形地貌、环境条件等具体现状由以上两种或三种路网模式的组合，能够充分结合自然环境，并最大化发挥以上三种路网模式的优势。

4.5.3 营地交通设施建设

出入口设置。出入口的设计要根据营地的大小和布局来安排，要方便车辆出入和安全通行。一般来讲，出口和入口需要分开进行设置，并且尽量准备备用的出入口。备用出入口主要为旅游旺季提供方便，那时往往客流非常大，需要备用入口加快导流；同时，如果露营区发生了危险等紧急情况，备用入口也可以及时、迅速疏散游人，便于日常管理和成本的节约。在主入口与主道路之间应设计入口双车道或大的集散场地，旺季时为等待入营的车辆提供排队等候区，以防止拥堵城市道路。为了避免营地的出入口出现拥堵状况，可在入口处十字交叉口设置交通管制灯。

停车场。营地的各个营位通常都设置有停车空间，所以营地建设中对配套建设集中停车场的要求不高，通常在入口接待处或综合服务区适当配套建设小规模的停车场即可，主要用于满足游客排队停留、临时休息及工作人员的停车需求。

4.6 营地活动行为组织

营地休闲体验活动是一个线性空间移动的过程，为了使到访者获得最佳的露营体验，有效组织营地活动行为，满足游客差异化的露营需求，通常通过各类产品的组合打包连线提供给露营客，主要有主题特色游线、主题特色体验区、主题特色产品组团等形式。

4.6.1 组织要素

产品选择。营地产品的选择对于有效开展组织营地活动至关重要，选择时要注重产品功能的互补性、产品主题的协调一致性及产品与市场需求的契合度，产品的选择需要满足露营过程中的餐饮、住宿、娱乐、休闲等多种需求。

线路选择。以选定的产品空间为主要节点，恰当编排组合，打造形成营地主题游线，可以对营地活动行为进行高效组织引领，促进营地整体运营环境的有序化。线路的编排选择主要包括时间顺序、空间顺序的编排，需要编排好客源市场停留的时间安排，在有限的时间内提供舒适优质的露营服务；还需要合理安排不同营地产品在线路中的节点，符合社会大众的消费习惯。

交通选择。合理的交通方式选择是营地行为组织的基础，需要考虑交通方式的便捷度、效率及舒适程度。利用好现状交通基础条件，结合营地建设发展需求完善优化交通建设基础，创新导入新型交通设施（如“交通＋娱乐”设施、“交通＋休闲”设施），为营地市场的高效组织奠定基础。

4.6.2 组织方式

主题特色游线。通过串联多种产品形成的营地产品组团，具备功能完善、主题特色、产品丰富等特征，对市场吸引力较高，可以从空间、产品、时间等多角度优化营地活动行为的组织。营地可以从时间主题维度、资源主题维度和产品主题维度推出特色主题游线，如一日营地体验游线、小长假营地体验游线、野生动植物科普游线、营地户外探险游线等。

特色功能区划。通过划分不同的功能空间形成的营地空间化主题产品，具备空间集聚、主题鲜明的特色，有助于吸引同类市场聚集，从而促进营地主题化游览体验区的构建，有序引导营区内的市场活动。营地空间可划分为儿童体验区、休闲运动区、娱乐游戏区等多种功能空间。

4.7 营地投建效益分析

营地投建效益分析是评估营地规划项目可行性的基础，是争取获得投资和政策支持的重要技术指标。其中，投资估算是根据项目开发建设的规模预先进行估算；效益分析主要包含营地建设项目的经济效益、社会效益及环境效益三个方面。

4.7.1 营地投建效益分析依据

核心建设工程、辅助工程及其他配套工程的建设内容和工程量；规划建设时间段的建设工程造价、费用构成、估算指标、计算方法及工程建设的其他费用及其相关费用标准和计算办法等；已建同类工程项目的投资建设成本；影响建设工程投资的市场变化因素，如汇率、税率、利率等。

4.7.2 营地投建效益分析要素

区域整理投资主要包括空间优化和空间征用两方面的投资，空间优化涉及用地整理、环境美化、建筑搬迁修复投资；空间征用涉及土地征用、土地租借费用。

营地建设的核心通常包括露营、休闲及娱乐设施的导入及相应空间场所的打造，还有营地服务中心的打造，由此营地核心项目的投资涉及露营、休闲、娱乐及服务多个功能空间的打造所需要的费用。

基础工程投资主要包括交通系统、给排水系统、供电系统、通信网络系统以及安全防护系统的投资。

市场营销投资主要包括营销方案设计费用、营销渠道开发费用、广告投放费用、活动举办费用以及公众宣传费用。

运营管理投资主要是针对人力资源的投资，包括用人成本、人员培训费用。

其他投资包括用于规划设计、场地勘测等前期准备工作的投资。

4.7.3 营地投建效益分析内容

营地项目的投建效益即因营地项目的开发建设和经营活动而引发的社会、经济及环境因素的变化而产生的系列效应，一般分为经济效益、社会效益和环境效益。

营地的经济效益主要表现为营地项目运营产生的直接经济收入，以及在区域产业结构优化调整、关联产业促进带动、基础设施建设及区域产业经济合作等方面产生的影响。

营地项目的社会效益首先体现在改善和优化区域公共服务设施及社区环境；其次可以产生更多的就业岗位，增加地方劳动力的就业机会，一定程度上促进居民经济收入水平的提升；再次营地项目的运营能够增加区域之间的人口流动，增进不同区域之间的文化交流，营地项目运营产生的人口流量以发达地区向不发达地区流动为主，能够促进营地建设区域的文化保护和宣传，利于当地社会居民接受先进文化，带动区域社会进步。

营地项目的环境效益表现为营地项目在促进环境美化绿化、区域风貌改善、社会整体历史文物保护意识构建方面的作用。以生态可持续发展理念引领的营地规划项目首先在区域自然资源环境保护、生态景观环境美化、生态环境质量控制方面发挥积极作用；其次在维持生态系统稳定及保护生物多样性方面有重要意义；最后，能够带动环卫设施、环境保护设施的完善，利于区域环境保护工作的开展。

第 5 章

营地管理运营要点分析

第 5 章

营地管理运营要点分析

根据营地建设主体和发展核心理念的不同，营地的运营管理目标可划分为两大类：一类是以国家建设为主导，在对生态干扰最小的基础之上，为保障国民对生态自然和遗产文化资源享有平等的观赏游憩权而设立的公益性营地，这一类别的营地不以高回报的盈利为核心目标，在实际运营过程中更加重视对国民的生态教育、素质教育等公益性目标的实现，日常运营以财政拨款和商业经营互为补充；另一类是以包含旅游企业、房车制造企业等关联企业为主要投建主体，以面向特定旅游细分消费市场，以孵化旅游消费增量业态为导向，以打造区域知名旅游品牌、实现高投入产出比为核心目标，这一类别营地类型综合多元，其盈利点并不单纯依赖于面向游客市场的经营性收益，业务反哺、资产增值、品牌加盟、渠道服务等领域都是决定其市场份额规模的关键环节。

公益性营地在欧洲、美国、俄罗斯及日本等地区都较为多见，但又各有特征。在欧美等地，公益性营地多见于各种类别的国家公园，以基本的露营保障设施和许可为主要形态，虽然配置简单，但在传输露营文化理念、培养市场消费习惯等方面发挥着非常重要的作用，也在一定程度上引领了其他类型营地的投建模式、产品体系和运营理念。在俄罗斯，公益性营地多以青少年爱国主义教育与素质训练为目的，国有教育营地在俄罗斯拥有近百年的发展历史，并不以完全的商业化经营行为为主导，而是作为全体青少年儿童校外拓展的重要补充，俄罗斯政府会根据参与人员的多少给予营地财政补贴，以维持其品质化的经营运营。

在我国，当下营地以国有和私有企业的投建开发为主，这也决定了我国当下的自驾车营地项目作为一种营利性旅游项目开发的营地占有绝大部分比例。从投建主体来看，当下我国的营地建设主体涵盖了：大型国有文旅集团，以新业务、新旅游产品、新旅游线路布局为核心目标；房车制造企业、售卖企业等，以建设营地示范样板、反哺主营业务，建设展示、售卖和租赁平台为核心目标；房地产、酒店运营机构、旅游投资机构等，核心目标在于以小投资、快回报的新旅游产品建设和模式探索为主。其他关联主体还包含了教育机构、装备设备制造、户外用品、房车营地俱乐部等多元主体，其核心发展目标都难以绕开新产品布局和盈利渠道拓展等目标。由于投建主体的不同，也决定了营地盈利模式的不同，具体分为如下两类：一类是营地的单体化运营，平衡营地投资收益构建和营地盈利点拓展是营地运营的主要诉求；另一类是营地的连锁化和品牌化运营，核心不在于营地单体盈利水平的高低，而是在于通过营地建设模式的复制、营地加盟实现快速扩张，以规模化的营地产品全国布局来实现自身品牌价值，实现不同业务板块之间的联动发展，构建网络化、系统化的生态经济链条。

综上来看，由于客观存在的建设发展时间短、市场培育不足、吸引力有限等综合现状，营地在实际的运营过程中也还面临着诸多问题，如品牌联营体系建设、营销与管理模式创新等。

5.1 营地运营管理要点

5.1.1 运营模式借鉴

1. 资源驱动型——荷兰卡兰茨奥赫滕珀尔霍夫（Camping Callantsoog Tempelhof）营地

卡兰茨奥赫滕珀尔霍夫房车营地位于荷兰北部卡兰茨奥赫，占地面积13公顷，距荷兰最古老的度假海滩卡兰茨奥赫海滩仅有1km，被荷兰皇家旅游者协会（De Koninklijke Nederlandse Toeristenbond）评为欧洲顶级营地之一。借助荷兰本地知名海滩度假资源的有效联动，营地通过配置完善的海滩露营设施，打造营地私享的海滩度假产品，让其在悠久的运营历史中长盛不衰。

（1）完善配套服务设施，提供一流优质服务

营地有522个营位，营位拥有上下水接口、电源接口、有线电视接口，另外还有5座假日别墅。营地采用集中布局的方式，整体布局较为紧凑。营地的入口处是管理和服务中心，有接待服务、餐厅、商店、娱乐室、运动场等功能，另外营地分设四个公共服务点，包括卫生间、浴室、洗衣房、垃圾桶等设施，每个服务点为不同的营区提供服务，如图5-1所示。

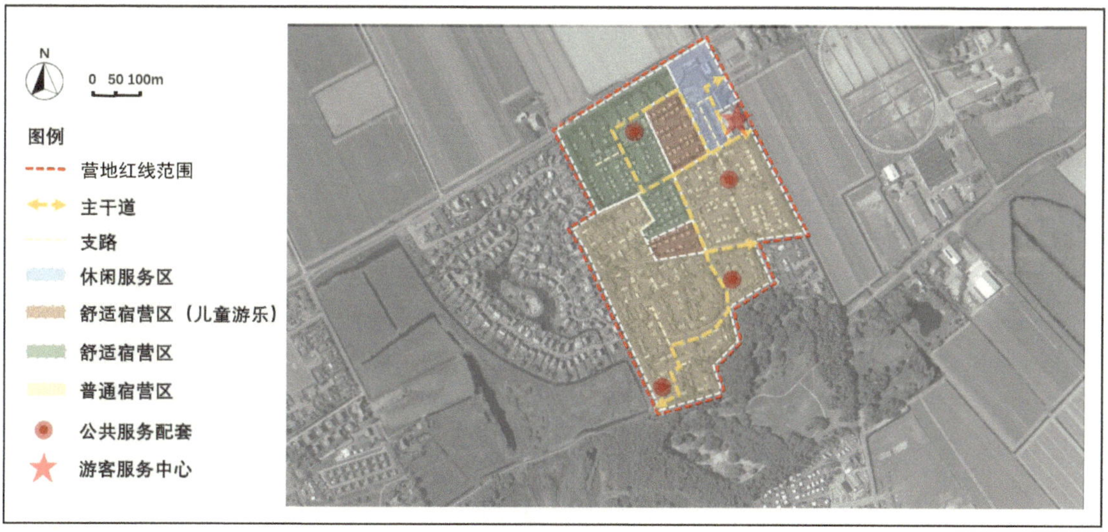

图5-1　荷兰卡兰茨奥赫滕珀尔霍夫营地功能布局图

（2）灵活营位出租方式，优化营位使用效率

营地的营位按租赁方式的不同分为 5 类。营地 522 个营位中含 105 个季节性营位（按季出租）、160 个按年出租的营位、242 个日租型房车营位，还有 8 个小汽车营位和 7 辆可租赁的房车。日租型营位面积一般为 90—100 m^2，比例最高，具有较大的灵活性，游客可以随时租用，收费也相对低廉，见表 5-1 所示。

表 5-1　营地价格体系

营地类型	数量（个）	比例（%）
年租型营位	160	30.6
季租型营位	105	20.1
日租型营位	242	46.4
小汽车营位	8	1.5
租赁式房车营位	7	1.4

（3）细节之处尽显人性关怀，强化对市场吸引力

从营位的布局上来看，游客进出较为频繁的日租型营位区位于主入口附近。而游客群体相对稳定的年租型营位和季租型营位则位于营地相对深入的位置，可以避免受到日租型营位区游客经常变动所带来的干扰。

2. 市场驱动型——德国普鲁门塔尔（Prümtal）营地

普鲁门塔尔汽车营地是经德国汽车营地组织评定的五星级营地，占地 5 公顷，位于德国和卢森堡交界的莱茵兰 - 普法尔茨州上魏斯镇（Oberweis），距周边最大城市比特堡仅 8 km，紧邻德国卢森堡国家公园中心区域右翼。

（1）以市场需求为导向，科学配置营地功能分区

普鲁门塔尔营地整体形态较为狭长，主入口位于营地北侧，入口服务区包含管理、餐厅、商店、急救等服务功能，整个营地共有 240 个房车营位，核心区域是由休闲中心、游泳池和足球场组成的休闲娱乐区，如图 5-2 所示。

图 5-2　德国普鲁门塔尔营地功能布局图

（2）对接游客消费需求，释放游客消费活力

生活区域内有标准化的卫浴设施，以及洗衣房、房车排污站等服务设施；休闲娱乐区内配套有购物、餐饮等功能，可以满足游客日常生活的需要；娱乐和运动区域内开辟有足球、网球、篮球、游泳池、儿童游戏等多种运动场地，供游人使用。

3. 景区结合型——美国虎跑度假区（Tiger Run Resort）房车营地

虎跑度假区房车营地是美国科罗拉多州排名第一的房车目的地，依靠非凡的地理位置和优良的住宿环境吸引着大量的游客。营地位于历史悠久的矿业城镇之间，是美国十分知名的奢华营地代表之一。

（1）多元复合功能设置，塑造营地吸引力系统

营地设置有房车营位（包括标准营位、会所营位、滨水营位及豪华营位）、小木屋、电话、网球场、排球场、篮球场、儿童游乐场、健身中心、会所，室内游泳池、热水浴缸、游戏室、电视室、洗衣设施、卫生间淋浴和更衣室，会所位于营地中心，如图 5–3 所示。

图 5–3　美国虎跑度假区房车营地功能布局图

（2）依托周边旅游资源，开展丰富休闲娱乐活动

营地处于科罗拉多州最好的户外活动区的中心地，被美丽的落基山环抱，全年营业，提供四季服务。内部铺设有特色慢行步道，为徒步和自行车爱好者服务。营地内的活动也很丰富，所在萨米特县提供了各种各样的夏季和冬季活动，包括高尔夫、骑马、徒步旅行、骑自行车、划船、冲浪、狩猎等，邻近的四个世界级的滑雪场冬季能提供滑雪、滑冰、越野滑雪等各项旅游活动。

（3）淡旺季灵活经营制度

弹性收费提升营位出租率，见表 5–2 所示。

表 5-2　营地淡旺季价格体系　　单位：美元

营位类别	旺季收费		淡季收费	
	每天	每周	每天	每周
标准营位	65	383	40	236
会所营位	70	415	45	266
滨河营位	75	445	50	295
豪华营位	80	470	55	326

5.1.2　运营管理要点

1. 合理规划选址，联动地域特色资源销售

合理的选址布局是决定一个营地成功运营与否的关键，也是一个营地开发方向的核心决定要素。营地不同于景区体系，作为与自驾游深度结合的新兴旅游方式，其选址应综合资源、市场、产业环境等三大要素，其中资源决定特色、市场决定流量、产业环境决定开发定位。资源驱动型营地应充分重视与周边资源有效联动，通过特许授权、利益共享等商业合作方式，开发出营地专享的地域特色化露营活动体验，拉动整个营地综合过夜率和二次消费的提升。市场驱动型营地，在资源特色上相比不占优势，往往处于环大都市游憩消费带上，这类营地更应注重以都市居民日常消费深度融合的体验业态开发，如亲子教育、拓展社交、商务休闲等，形态多样、品质突出的露营设施就显得更为重要。景区联动型营地设计以面向休闲度假的升级为主要开发方向，核心在于营建与景区既有产品体系差异化的休闲娱乐消费和过夜住宿生活方式。

2. 跟踪游客需求，科学优化营位布局类型

欧美的汽车营地在设计和经营中都十分注重游客的需求。营地在设计之初就会对游客的使用需求和体验进行调研，营地中的生活和服务设施配置都会考虑不同群体游客的具体需求，具体经营中会针对游客安排不同类型的营位，在运营管理过程中还会保持与各类访客的到访前和到访后的联络沟通，这样既有利于收集游客的消费反馈信息，也利于提升和调整自身营地运营的产品服务品质。

3. 完善配套设施，多样探索营地建设方式

营地一般除了提供汽车停泊、游客住宿以外，大多数都设置了商业、餐饮、休闲娱乐等功能。近年来，除了房车之外，移动木屋、景观帐篷、生态木屋、集装箱等设施也成为营地丰富露营体验的新宠。伴随着特种装备制造业的发展，以各类新材料、新工艺、新设计所引领的景观性特种旅居装备正在颠覆营地住宿体验。很多设计别致，建造材料与技术创新性强的住宿设施也一跃成为营地的核心吸引物（卖点）。例如，山东孙子文化园内的溪客度假屋，其独特建筑风貌使得原本平淡无奇和运营条件窘迫的人造林区旧貌换新颜，成为当地最具特色的户外休闲体验网红项目。

此外，值得注意的还有多数拥有顶级景观资源的营地，因受制于传统土木建设方式对生态环保的影响，仍然存在着公共服务设施和餐饮硬件配套保障能力不足的问题，在很大程度上也制约着整体营地产品的运营销售。伴随现代科技的发展，以生态循环利用、超高效能保障的科技保障装备，也在为营地的公共服务配套设施提供新的解决方案，例如，利用军工科学技术转化设计的溪客（SEEK）中央厨岛，如图 5-4、5-5 所示，在不足 15m^2 的设备空间融合了各类黑科技节能环保装置，瞬时餐饮保障能达到 150 人 / 小时，在不需要大量基础建设配套的基础之上，保障了大流量游客的就餐和休闲消费需求。

图 5-4　SEEK 中央厨岛

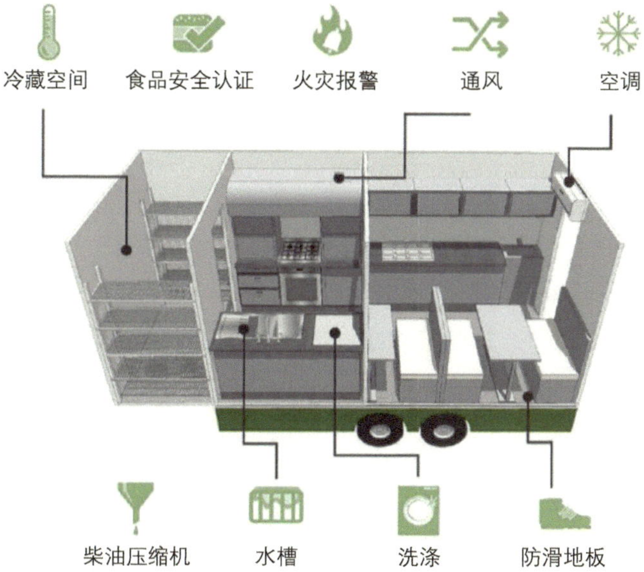

图 5-5　SEEK 中央厨岛内部功能

4. 丰富娱乐活动，营造文化核心聚拢流量

营地是举办户外活动的天然平台。丰富的营地活动，可以营造文化核心聚拢能量，表现在如下两个方面：一方面可以充分利用闲置场地，让营地生活更丰富。营地活动的开展可以与静态的房车、木屋等住宿类产品形成有效补充，形成动静相宜、层次丰富的综合产品体系，综合提升营地吸引力，平衡淡旺季差距。另一方面，一流的营地往往会成为大型节事活动的首选地，如户外赛事、音乐节等，可以在短时间内聚集大量客流，极大地提升营地知名度。除了出租房车及木屋营位之外，经营性收益也是营地盈收的重要来源。营地活动的开展可以与收费性项目及服务型项目相捆绑，拓宽营地盈利渠道，提升营地综合盈收，如船舶出租、场馆出租、训练指导、儿童看护、宠物美容等。

综合来看，营地可以通过资源嫁接、引入新建、文化挖掘等方式，开展多个层次、类型丰富的活动，大致包括以下几类。游乐类：以面向家庭亲子需求为导向，设立大型儿童游乐场，如攀岩墙、蹦床、水滑梯等项目。休闲类：水疗、棋牌、休闲餐吧、养生美容馆等项目。体育类：依托场地现状，通过改造新建等方式，开展丰富的营地活动项目，如水上运动、球类运动、室内运动、健身等项目。生态类：依托周围自然资源特色，开展登山、骑行、垂钓等活动。文化类：通过本土文化要素提炼或外来文化元素的植入，建设小型博物馆、图书馆、文化体验馆，定期举办舞台剧、情景剧等活动。教育类：国外的营地发展与青少年自然教育活动密不可分，这种传统一直延续至今，营地可开展儿童自然课堂、儿童室外拓展等活动。人文类：一流的营地需要有一流的服务来支撑，以客户需求为导向提供丰富的人文类旅游活动是其中十分重要的一项，如举办生日派对、户外草坪婚礼等活动。节事类：如音乐节、文化节、戏剧节等活动。

5. 灵活收费制度，提升产品服务运营效率

营地的收费制度设置尽量灵活，可针对消费者的使用需求推出日租式、月租式或年租式等不同租赁方式的营位；还可采用出售的方式，让消费者永久持有营地，这类游客不需要再支付费用;而对于临时租赁的游客收费则更加灵活,大致可采用分时段收费、会员制收费等多种方式。

另外，单一的观光功能不能满足现代游客的需要，一个集观光、娱乐、生活、服务为一体的综合性露营场所才是符合当前旅游发展要求和市场需求的综合旅游服务体系。营地综合功能的建设，不仅能够实现旅游基础设施的完善，促进品牌形象的提升，还能够实现餐饮、住宿、购物、设备补给相关产业业态的发展，才能最终实现旅游价值的最大化。

营地的单体盈利可简单概括为“1+X”的模式。其中“1”是指营地的营位，露营生活体验是营地的核心吸引，与露营相关的住宿设施是营地的重要利润来源，如房车、木屋、帐篷租赁。其中，可充分利用房车租赁盘活资产。例如，国外运用房车的管理费进行资金运作，将房车租赁的押金通过预授权进行投资，还有房车保险的收益，这些举措可在我国露营旅游市场更为成熟的阶段探索。“X”是指围绕露营而增加的休闲娱乐活动和设施，使营地由单一功能向复合功能转变，复合型营地将迎来黄金发展期，表现在以下两个方面：一方面，“露营 + ”模式提供主题化、多样化的休闲娱乐活动，融合观光游览、休闲度假、养生保健、会议聚餐、户外拓展等于一体。例如，中国台北三星级山地型碧山营地利用山地特色，融合登山、攀岩、远足等户外健康活动，打造“露营＋户外运动”模式；南京汤山房车营地引入温泉资源，以“露营＋温泉”模式倡导休闲养生游。另一方面，“露营+”模式可丰富营地利用方式。营地的运营具有季节性，“半年闲”的问题较明显。为此可通过房车展销会、户外用品展销会、承接会议、集体婚礼等节事策划，开展户外知识讲堂、房车驾驶培训、营地广告位出租、社会派对等活动，收取租金、聚集人气、提升知名度。营地还具有旅游房地产的性质，建造木屋别墅、生态酒店等配套设施，能够提高营地的经济效益。综合来看，“1+X”盈利模式实质上是“露营＋”模式，是硬开发与软开发相结合的方式，通过主体元素加上附加元素，能丰富营地产品与服务体系，打造复合型营地。但应注意，“露营＋”需要结合当地资源、文化等条件找准融合点，对应市场需求，且不能盲目追求越多越好，而是与营地类型、规模、资源条件等情况保持一致。

5.2 营地企业操盘运营管理模式

5.2.1 联合运营

营地的参与主体包含了以地方政府、投建企业、关联企业及非政府行业组织等多元参与者，为促进营地的规模化与标准化发展，必须打造标准示范、渠道共享、品牌推广等要素协同关系，才能形成合力，实现各个环节、各个发展要素的协调统筹。联合运营就是实现该模式的核心路径。联合运营具体表现有两种方式：一种是以非营利性行业协会为引领，由在区域内具有一定规模、知名度或影响力的营地作为协会成员单位，共同形成联合体。协会主导型联合经营模式不以营利为核心目标，尤其在我国，行业协会发挥着介于政府和市场之间的行业引导性作用，旨在聚集行业内顶级的智力、资本、渠道等资源，以推动营地的提质增效发展。以行业协会为主导单位，通过示范营地评级授牌、线上线下渠道共建共享、行业发展与招商峰会等方式，多渠道、多路径的发展驱动举措，来引领行业规范化和品质化发展，在品牌共建、渠道共享、招商引资等方面充分发挥协同效应；另一种是以行业内的龙头品牌企业为发起单位，参与者基于更加明确的市场化运营目标，由发起单位设立一定的遴选标准，由参与单位自主选择加入的一种商业化联盟组织。这类联盟经营组织与行业协会主导的形式相比较，拥有更高的灵活性和市场性，更加侧重于打通资本、市场、供应及采购等各个环节，通过资本助力来驱动营地产业规模化发展；通过采购和供应的要素整合降低投建成本，构建高效产业价值链；通过行业共享峰会等形式，为营地投建注入新业态、新模式和新范本。

5.2.2 品牌连锁

品牌连锁是基于营地供应、投建或运营等产业链上下游中已经完成了品牌孵化和资本累积的中大型企业，为加快对特定市场的占有率并驱动自身业务体系的进一步扩张，通过自持自建、连锁加盟、品牌授权、合资并购等方式来实现规模化发展的一种较为成熟的运营模式。在实际运营中，基于品牌方的业务侧重和聚焦的不同，品牌连锁经营的方式也可分为重资产、轻资产及混合型等不同的发展模式。其中，重资产品牌连锁模式，更常见于品牌扩张初期，在这一阶段品牌方以自建营地、打造旗舰为主要合作方式，以旗舰营地的建设标准、品牌系统、经营理念及服务体系为后期的业务扩张树立规范样本，并在扩张过程中不断完善自身的客源销售和品牌营销体系。在该阶段品牌连锁的主要收益来自面向游客消费市场的经营性收益及面向联营企业的品牌加盟、渠道服务及运营筹备指导等方面的费用。

伴随着品牌企业的旗舰示范的布局完成及品牌渠道的不断完善，品牌连锁的输出方式更多地向特许加盟、联营投资转变。在这一阶段，品牌方根据自身品牌品质的发展要求，形成完整的加盟营地遴选标准体系，在全国范围内对有意向合作的营地合作方进行筛选。对达到标准以上的合作营地，展开品牌授权加盟及少量的股权投资合作，对于加盟营地开展建设规划、硬件建设、品牌理念及运营服务等系统化的培训辅导，要求加盟方在同一品牌渠道和经营理念下开展营地运营。这种运营模式，品牌发起方的营收来源主要集中在品牌加盟费、渠道销售费及运营收益分成等方面。

当一个品牌发展到成熟阶段，在完成了区域目标市场的旗舰占位布局及完整的品牌业务线孵化之后，营地的连锁合作模式会开始逐渐向轻资产输出的模式转变。在该阶段，品牌发起方以特许品牌授权为主要合作模式，更加倾向于从营地的选址建设、业态策划、品牌搭建到运营服务的全流程参与阶段。在该模式下，品牌发起方更加注重整个运营管理流程的标准化、高效化与协同化的构建，以保证品牌运营理念和产品品质的一致性。在该阶段，除了品牌加盟费、运营管理费、营销渠道费及增量运营收益分成等，品牌发起方的营收还可包含管理应用软件、品牌搭建更新、定向活动导入等多个方面。综合来看，品牌连锁方式是企业化运营过程中最为成熟的运作方式，在一个品牌发起方中可能同时存在多种合作方式。

5.2.3 平台模式

随着互联网技术的广泛使用，OTA平台逐渐成为游客自助订购旅游产品的重要途径，这种消费习惯在以自驾为主导的营地消费市场中占有的比重更高。平台模式实现的核心在于构建面向游客需求端和营地供应端的规模化信息交流交易网络体系，以大流量的客群会员体系培育来驱动营地活动组织、营地产品供应、营地媒体宣传及其他关联要素的聚集。平台盈利的核心点在于面向营地供应商及活动组织方收取渠道服务费、宣传营销费等。平台模式发展到一定的成熟阶段，还可通过年度评选等方式，建立自身的标杆示范性营地布局体系，通过线上线下的结合，构建更加完整的业务产品线，如推出自有品牌的露营深度体验产品、线下露营宣传推介峰会等。此外，还可依托庞大的会员流量体系，构建专项的露营营销、旅居车交易推介等细分业务线。

5.2.4 其他模式

除了以上模式之外，随着近年来互联网金融的发展，众筹也成为营地发展的细分模式之一，该模式由营地投建方发起，面向特定市场群体开放众筹，以约定的营地体验产品权益及投资回报率来完成营地投建及运营的资本累积，众筹参与者在达到约定运营年限后可按约定收益退出。此外，随着近年来国家公园体系的建设，特许经营也成为促进高品质营地建设的重要商业方向之一，该模式要求营地经营方不将商业经营作为唯一目标，而应将自然环境的生态保护、国民教育、当地社区的利益共享等纳入到经营体系中去。

综上所述，随着市场的不断发展，露营产业体系越成熟，网络化、平台化的运营趋向就越强烈。在我国，营地的企业化运营已经开始出现了品牌联塑的市场化探索行为，但尚未有知名的营地品牌出现。

5.3 国内外企业营地开发运营管理经典案例

5.3.1 轻资产输出模式——美国营地连锁集团（Kampsite of American，KOA）

美国营地连锁集团是世界上最大的私人持有营地连锁经营集团，总部位于美国蒙大拿州比林斯市。自 1962 年黄石河边第一家 KOA 营地建成以来，在营地连锁经营领域内超过 60 年专业运营经验见证了 KOA 集团成长为最具加盟价值营地品牌之一，也让其极具个性色彩的黄色标识成为美国露营最具特色的文化符号象征。KOA 的经营范围已经涵盖了北美地区的美国、墨西哥、加拿大及亚洲地区的日本，在新一轮的全球自驾游产业大发展的浪潮中，成为当之无愧的跨国营地连锁经营第一品牌。

1.KOA 集团的发展历程

阶段一：1962—1985 年为起步阶段

KOA 集团是世界上最大的私营化营地连锁经营集团，在美国和加拿大共拥有约 500 处营地。公司成立于 1962 年，总部位于美国蒙大拿州比林斯市。在 19 世纪 60 年代，美国蒙大拿州的一位商人（Dave Drum）注意到美国营地混乱的经营状况。一是责权混乱，当时的美国营地分属于共有和私有的多个部门管理；二是管理水平低下，无论是营地设施或是服务水平都无法让游客满意。于是他在美国黄石河边建设了第一个 KOA 营地，并于 1963 年将酒店连锁经营的模式引入到营地体系的扩张中去，为后来 KOA 集团的快速扩张奠定了坚实的基础。从 1962 年到 1985 年的 20 多年里，KOA 集团三易其主，最后由一位美籍华裔金融家唐骝千（Oscar L. Tang）收购管理。

阶段二：20 世纪 90 年代初期为国际扩张阶段

发展到了 20 世纪 90 年代，美国的露营生态理念开始在全球范围内广泛传播。KOA 集团瞄准了国际市场，除了迅速抢占邻近加拿大的自驾游市场，其业务范围也迅速扩展至日本。早在 1992 年，KOA 集团就和日本的一位投资人签署了特许经营代理协议。美式风格的露营活动迅速在亚洲打开了市场，在 KOA 进驻日本市场不到 4 年的时间中，日本的露营人数翻了一倍。到 1996 年，随着北美国家质检贸易往来的政策促进，KOA 集团又将业务范围拓展至墨西哥，在墨西哥首都及各大城市都建立了连锁营地体系。

阶段三：20 世纪 90 年代末期至今为深化发展阶段

20 世纪 90 年代中期，KOA 集团就敏锐感知到来自露营市场内部游客需求所发生的巨大变化。在这一时期，帐篷宿营的受欢迎程度快速下降，房车宿营游客群体却呈现快速上升的态势。奢华宿营正在成为日益常态化的旅游，除了对自然宿营环境的重视之外，游客开始对宿营服务设施有了品质化和多样化的需求。在多重变化的驱动下，KOA 集团统一调大了旗下营地内单个营位的占地面积，还配置了有线电视、互联网、水、电接口等设施。1984 年，KOA 集团率先发明了能够普遍适用于多数营地的豪华宿营小屋（Kamping Cabins），内部配置床、空调、热水、餐台等设施。随后又推出了含全套厨房、会客厅、卫生间的豪华升级版（Kamping Kottages）。这种小屋一经推出，立刻大受欢迎，到了 1998 年在 KOA 营地内的配置率就达到了 90%。

2.KOA 集团的服务体系

（1）管理体系

策略一：制定灵活加盟制度，差异化策略确保营地特色经营

KOA 集团扩张的核心是特许加盟经营制度，加盟对象涵盖了既有营地和新建营地两大类型。针对既有营地，KOA 集团主要提供员工教育培训、营地规划设计提升、统一营销方面的服务，以确保盈利水平和客源数量的快速增长；针对新建营地，KOA 集团则提供从营地管理、规划提升、营销培训到硬件产品供给的全系列服务。此外，在进行营地规划提升的同时，KOA 也十分注重营地经营者个人意见的表达，确保每一个营地既能适应当下和未来的露营需求，也能充满鲜明的地方和个人色彩。

策略二：量化营地评选标准，确保营地管理服务水平

KOA 集团根据多年运营管理经验，对营地加盟对象的一些指标进行了量化。如营地主的财务实力最小要求为净资产值达到 100 万美元，流动资产达到 50 万美元，个人拥有至少 10 亩的营地建设用地，在开建之初房车营位数量至少要达到 75 个，总营位数量要达到 90 个。按照这样的标准新建设一个 KOA 营地，平均的花费在 180 万美元到 225 万美元。这一做法的主要目的就在于实现自身快速扩张的同时，又不降低营地管理服务水平。

策略三：开发智能管理软件，全面提升营地管理效率

KAMPSIGHT 是 KOA 集团自主研发的一套智能化营地管理软件系统，包含了营地预订、用户支付管理、财务管理和营销管理四大板块的内容，见表 5-3 所示。这一系统的全面推广，有以下两方面优势：一方面能够极大地简化营地经营者的日常管理工作，让营地管理变得高效和专业；另一方面能够实现对旗下营地经营数据的实时动态分析，便于统一管理和服务管理费的结算。

表 5-3　KOA 营地管理支付系统结构

管理类别	主要内容
营地预订	智能化营地预订体系，自动分析顾客预订信息
用户支付管理	智能化数据分析系统，自动识别信用卡支付信息，为老顾客提供信用卡闪付功能，零售组件模块则能消除分离式现金收纳机所带来的各种不便
财务管理	能够确保营地经营者在支付最低成本的同时获得高效的财务管理方法
营销管理	智能邮件发送及预订系统，会定期向现有游客发送问候邮件及预订邮件，并自动整理反馈信息

（2）营销

除了电视营销、网络营销、公共关系营销、媒体营销等主流营销方式的运用，KOA 集团

还通过 App 开发、邮件投递、搜索引擎优化等多重方式的构建，形成了多渠道、范围广的全面营销体系，每年为旗下营地输送超过一百万的露营游客。

营销策略：自建营销网站 KOA.com。该网络是集营地宣传、风采展示和实时预订为一体的综合网站，每年有约 2000 万游客通过这一网站预订入住营地，每年为集团提供 40% 的客源，创造超过 1 亿美元的收入。

宣传网页：KOA 集团为旗下每个特许经营的营地都制作了专属的网站宣传单页，并统一公布在自有网站上，以便于游客快速了解每个营地的特色及设施种类。

社交媒体：KOA 集团在各类社交媒体如脸书（Facebook），推特（Twitter），油管（YouTube），缤趣和照片墙（Pinterest and Instagram）中的营销和宣传力度也十分大。

广告宣传：KOA 营地导览目录——KOA 营地导览目录及快速浏览地图每年都会分发给超过 130 万的露营者；礼品卡项目——KOA 电子礼品卡项目能让游客将营地度假产品作为一种礼物在亲朋好友之间互相赠送；广告宣传——KOA 每年在网络、纸媒及电视媒体上投入大量的资本进行宣传，这在很大程度上确保了 KOA 集团作为营地领军品牌的战略地位。

轰炸式邮件营销：KOA 集团已经建立了自身的网络营销公司 KOA Kompass，致力于提升邮件营销的效率，每个月都有超过 100 万封营销邮件送达用户端口。

多层面公共关系营销：KOA 集团的公共关系拓展共分为三个层面。国家层面——作为新闻组织及专题作家的专业顾问，通过新闻资讯及专题文章向广大受众游客传递露营、休闲、度假及经济休闲活动信息；区域层面——州立报纸、杂志、网站、博客及广播等多渠道宣传营地区域信息；本地层面——在 KOA 集团官网及本地媒体上为游客提供关于营地活动和特殊节事的宣传营销信息。

引擎优化营销：KOA 集团每年都在持续不断加大搜索引擎优化战略方面的投资，以便提升游客浏览网站的便捷度和舒适度，培养网站预订客群的增长。

VKR 会员卡优惠营销：通过每年向 VKR 会员卡中存储 30 美元的方式，游客就能享受到全年的露营消费打折。这种极具消费效应的方式为 KOA 旗下营地每年提供超过 1/3 的短期露营游客。VKR 露营会员卡的拥有者已经超过了 47 万人，为旗下营地提供了 220 万次露营，每年为 KOA 集团创造超过 1000 万美元的收入。

（3）教育培训

KOA 集团的营地管理培训体系不仅内容丰富而且注重实效，能够通过理论培训和实地指导提升员工素养和服务水准,更重要的是在KOA集团内部搭建起了信息共享和经营交流的平台，形成利益共同体，促进整体盈利水平的提升和市场的拓展。

KOA 大学：培训课程包括服务技能、营销创意、融资机遇及其他十分丰富的内容。每年会定期召开一次 5 天 6 夜的营地公开培训课程，为营地经营者提供服务技能、营销创意、融资机会等培训内容。此外，KOA 还组织了营地经营网络直播课堂，为旗下员工提供营地经营、盈收管理、邮件营销等多元化的课程内容。KOA 在线大学针对的是 KOA 特许经营商及全体雇员，课程主要包含营地运营技巧、财务管理和邮件营销等。

KOA 大会：KOA 大会主要包含两大板块内容，一是 20 个成员组织，由 KOA 旗下的王牌营地主组成，组织内部成员为一个利益共同体，他们共享市场信息和经营经验，以确保彼此经营收益的提升。二是 KOA 交流大会，包含了 KOA 集团领导、普通员工、供应商、游客代表及行业专家在内的多方利益相关者，专题讨论及培训大会的举办能够极大地增进和加强每个 KOA 营地参与者的专业素养。

回望 KOA 集团的发展之路，它在经历了快速扩张、上市退市并最终走向平稳健康的发展过程中，形成了自己独有的发展哲学。在实际的运营过程中摒弃了直接购买土地来投资营地建设的重资产传统模式，而是专注于营地管理、营销、培训及配套产品研发等不同板块之间的协同发展，以市场为导向的配套产品等多个营地经营管理周边产品线的深入开发，为每一个加盟的营地主提供最有效的营地提升方案和最直接的盈利水平提升。

当下我国尚处在自驾车营地建设的起步阶段，表现在：一方面大量市场主体参与到激烈的市场竞争中；另一方面知名、专业的营地连锁经营品牌尚未形成，缺乏有效引领，导致市场无序。因此，KOA 集团的发展经验对于我国的营地经营主体具有很强的借鉴意义。一个优质营地连锁经营品牌的形成，不仅要重视数量更要重视服务质量的提升，不仅要敏锐感知市场走向更要重视配套产品研发和落地，不仅要统筹全局制定发展目标更要从微观层面积极探索践行道路。

5.3.2 主题化连锁模式——杰里斯通汽车营地连锁集团（Jellystone Park）

1. 杰里斯通汽车营地连锁集团发展历史

杰里斯通汽车营地连锁品牌成立于 1969 年，发展至今已经在美国和加拿大两国设立了 75 个露营旅游目的地，是美国第二大露营连锁经营品牌。杰里斯通集团是一家以 Yogi Bear（瑜伽熊）为主题的特色化连锁营地，从营地命名到营地标识系统设计，从细节装饰到大型景观装饰，从商品售卖种类到整体氛围打造，无一不延续童话故事中温馨、自在、生态、自然的主题特色。

杰里斯通集团为了确保旗下的每一家营地都能够延续这种对家庭市场具有强烈吸引力的风格，也从多个方面、多条渠道对营地的特色化建设进行了保障。今天的杰里斯通在营地连锁发展领域内拥有极高的声誉和强大的市场影响力，Yogi Bear 文化露营品牌的唯一性让其在露营领域内独树一帜，源源不断地为数百万美国家庭创造独一无二的露营体验。

2. 杰里斯通集团模式要点分析

（1）取得 Yogi Bear 独家使用授权，卡通主题无缝对接家庭亲子市场

在斯通营地设立之初，Yogi Bear 是一个家喻户晓的可爱卡通形象。其呆萌的外表和亲近自然的故事与杰里斯通集团以家庭亲子市场为主的发展目标表现出高度一致的核心内涵。于是在营地创立之初，其创始人哈格的第一项工作就是取得这一卡通形象的授权。他同当时 Yogi Bear 发行公司的副总裁进行了多次会面，向他展示了授权营地的手稿草图，并最终用热情和潜在的增值效应成功取得了这一家喻户晓的可爱卡通形象的使用授权。这一举动为斯通营地的后续发展奠定了里程碑式意义的基础。

（2）特色文化培育到硬件设施建设，全方位主题元素植入打造卡通营地第一品牌

取得 Yogi Bear 这一 IP 的独家使用授权之后，斯通集团对其所折射出的主题文化进行了深

度挖掘和提炼，并从标识系统、营地大门、创意餐厅和超市、营地景观建造等多个方面，将旗下首个营地打造成以 Yogi Bear 为主题的家庭式露营度假胜地。经过一番装修和建设之后，园区内充斥着大小不一、形态各异的 Yogi Bear 塑像，厨房和零售商店也呈现出浓郁的童话色彩，成为日后斯通集团扩张的营地示范样板，也让标识系统、大门装饰、熊熊雕像等产品成为斯通集团营地的标准化配置。

（3）从主题化旅游商品开发到特许供货渠道构建，吸引力和盈利渠道双重提升

丰富精美的特许经销商品是杰里斯通营地的一大特色，随着其漫长的发展历史，已经成为与营地发展密不可分的核心吸引物之一。通过几十年的特许商品经营发展理念，杰里斯通集团的商品类型已经十分丰富，从常见的 T 恤衫、马克杯、贴纸等日用品，延伸到旗帜、地毯和办公室用品，惟妙惟肖的 Yogi Bear 毛绒玩具、陶瓷塑像等更是一大特色。通过全系列主题化、特色化旅游商品的打造，对于游客而言，童年时的记忆和亲密接触的露营经验，加深了与 Yogi Bear 这一可爱卡通形象的亲密感，露营活动结束之后会产生强烈的实体化商品购买意愿；而对于营地经营者而言，可爱的卡通形象不仅极大地提升了营地整体的童话氛围，更能切实地拓宽盈收渠道，提升营地整体盈收水平。

在 Yogi Bear 这一 IP 形象的基础之上，斯通集团每年都会新研发大约 200 种的新旅游纪念品，来不断地丰富和更新营地旅游产品体系，并且通过特许加工、特许经营的方式，只供货给斯通集团旗下的营地进行售卖，更加强化了营地的主题效应。此外，根据所在区域和游客意愿，还能对创意旅游商品进行个性化定制，让每一次的营地之旅都与众不同。

得益于在影视和传媒领域内深厚的合作伙伴基础，杰里斯通集团形成了自己丰富的旅游商品供应商渠道，与十分知名的华纳兄弟保持着长期的合作关系。斯通集团拥有超过 500 个类目的定制旅游商品和纪念品，并且其中的多数产品都是独一无二的。斯通集团每年都会倾注大量的人力和物力，综合分析零售业和营地商品购买趋势，不断研发新的旅游商品和纪念品，得益于此，集团旗下的旅游商品体系每年都在不断丰富和扩大。

（4）主题营销与情境参与活动相结合，进一步强化游客共鸣

完善周边产品线，主题营销放大宣传效应。围绕主题化的开发和经营理念，杰里斯通集团也形成了完善的主题式营销策略，助力每一个营地的市场宣传和其可爱卡通形象代表 Yogi Bear 深入人心。通过专业的平面设计团队的构建，斯通集团每年都会制作大量的卡通宣传素材、卡通伴手礼、包装袋等宣传素材，供营地在进行媒体宣传和举办活动时的免费使用。周边产品线的开发，保证了营地宣传风格的统一和品牌效应的传播。

情境式主题活动开发，强化游客参与体验感。营造令人难忘的家庭度假记忆是斯通集团长久以来的立命之本，所以在每年与家庭有关的节日中，如父亲节、母亲节、圣诞节、新年等节日，斯通集团都会举办丰富多彩的主题活动。童话故事中可爱的小熊，如辛迪熊 Cindy Bear 或是突击队员史密斯熊，都会来到现实生活中和游客共度一次难忘的营地之旅。值得一提的是，活动中工作人员所穿的卡通服装都由斯通营地集团统一制作，这种做法从根本上保证了主题活动的高度真实还原。

5.3.3 “互联网 +”模式——荷兰 ACSI 集团

“互联网 +”营地服务体系构建欧洲露营集团领导品牌——国际汽车露营服务（Auto Camper Service International，ACSI），即营地连锁中的大众点评。

荷兰露营连锁专家品牌ACSI自1965年开始就致力于欧洲范围内露营服务信息产业的发展。经过在露营领域内超过50年的深耕细作，ACSI集团的业务版块从单纯的提供露营信息咨询服务逐渐拓展到组织露营行程、出租露营设施、提供营地发展建议、发行露营连锁会员卡、创办Freelife露营杂志及ACSI露营连锁俱乐部等服务。

ACSI的发展目标在于确保旗下每一家营地无论在淡季或旺季都有很多来自欧洲各地的游客。为了达到这一目标，ACSI集团对欧洲范围内的露营者和营地展开了深入的调查研究，并通过构建网上信息流的方式将二者的意见紧密结合在一起。通过精准定位欧洲露营市场的游客消费特征，深入打通露营产业环节的各个要素，ACSI集团形成了一系列广泛而丰富的露营相关产品。

1. 动态营地评估体系

早在1965年，ACSI集团的创始人就敏锐地感知到露营咨询信息服务的市场空白，随即决定创办一家专业的露营旅游信息服务公司，ACSI集团的前身就这样诞生了。公司成立之后的第一步就是设计了如今在欧洲露营领域内具有广泛影响力的绿色标识。公司诞生之初，只是一家拥有55家营地信息收录的小公司，发展至今，该集团旗下已经拥有1万余家会员营地收录信息。2018年ACSI集团第53版营地信息大全正式诞生。

为了保证旗下会员营地信息的精准全面，ACSI集团拥有超过300名营地巡查专员，每年定期对每一家营地进行全方位的综合评测。为了保证评测信息的专业性、全面性和准确性，ACSI集团会在每年的春、冬两季开展专业的巡查专员培训项目。

2. 专业细分营地导览服务

随着ACSI集团的发展扩张，其旗下的营地数量和营地信息导览指南的质量都在不断提升。与此同时，ACSI集团旗下的业务也在朝向精细化、多元化、深入化的方向不断升级演化。除了以欧洲营地导览服务为主的核心业务之外，该集团近年来也涉及了欧洲之外的更多业务版块。ACSI集团针对不同的细分市场群体提供不同的专业营地导览信息服务，已经形成了涵盖以法国营地导览服务，南欧营地导览服务，比利时、荷兰、卢森堡营地导览服务在内的专业化营地服务板块。针对偏好体量面积较小、交通便利的营地爱好者，专门推出了小而美营地导览信息服务。对于那些拥有房车的露营爱好者，专门推出了露营年卡及移动的家营地导览服务。近年来，ACSI集团将发展目光投向了除荷兰语以外更广阔的范围中去，已经推出了ACSI英语、德语及意大利语等不同版本的服务。

3. 庞大的会员营销体系

ACSI一直走在寻求突破和创新的发展之路上，2004年对于ACSI是至关重要的也是重大转折的一年。那一年ACSI集团推出了一款名为露营会员卡的产品，实质上就是一款非常简单、实用和用户友好型的露营打折卡。一旦露营者购买了该卡，那么他在露营淡季就能在集团旗下任意一家营地享受 11 欧元 / 晚、13 欧元 / 晚、15 欧元 / 晚、17 欧元 / 晚、19 欧元 / 晚的折扣。该卡的使用也十分便利，露营者只需要在营地办理入住时向前台出示该卡片即可享受到相应的折扣。只需要在营地消费数晚，露营者用于购买会员卡支付的费用就能返回自己的钱包。该卡片自 2004 年推出以来，不仅在露营游客中广受欢迎，也在很大程度上提升了淡季的游客到访量。发展至 2017 年，ACSI 集团的露营卡在欧洲超过 3319 家营地、7 种语言的国家都可使用。

4. 完善的周边产品线

在奠定了主营业务范围内的绝对领导地位之后，ACSI 集团的业务范围逐渐向营地信息咨询周边业务版块深入延伸，其中十分重要的一项就是组织营地露营旅行。在这些精心安排的旅程中，游客可以享受到绝对的安全、来自一个团队的热闹氛围及来自丰富多元露营体验的绝对隐私。ACSI 集团以团队组织的形式为数以万计的露营狂热者提供了最专业的行程指导和丰富多元的主题之选。该项业务一经推出就在欧洲地区范围内受到了追捧，经过仅数年的发展，不仅在荷兰语系的露营者中大受好评，也迅速地传播至德语及英语国家。2017 年，ACSI 集团能够提供的主题露营线路已经超过了 46 条，每一条线路都风采各异、精彩纷呈，无论是房车或拖挂式房车的车主都能在其中找到专属于自己的极致旅程。发展至今，每年都有数以千计的露营爱好者加入 ACSI 集团所组织的主题露营旅游线路中，为欧洲的营地贡献了数以万计的过夜露营者。

ACSI 会员俱乐部：随着近年来的不断发展，越来越多的露营者想加入 ACSI 集团的露营俱乐部，立足于此，ACSI 俱乐部会员制度正式宣告对外部市场开放。加入 ACSI 集团的会员俱乐部就意味着你能获取众多的便利条件，比如会员证可以代替露营打折卡进行使用，俱乐部会员能够以最低的价格享受 ACSI 集团所有的最新产品。该卡可以在 8 种语言国家使用并且拥有自己的网站。

数以百万计的忠实露营会员：自 1998 年起，ACSI 集团的露营信息不仅出现在各个营地的导览指南中，也频繁在欧洲最大的露营搜索网站进行了传播。网站采用免费搜索的运营方式，拥有超过 14 种语言的 9950 家露营目的地，每年拥有超过 1000 万的露营搜索访问量。

2014 年 1 月，该网站的搜索系统进行了全面更新，并且搭载了最新的搜索技术，定位于为更广阔的市场群体打造更加精准的专业营地搜索网站。更新之后的网站对于访客而言意味着更加便捷、高效的搜索体验，游客可以通过国家、位置、营地名称等关键词十分便捷地搜索到相关营地的信息。如果在系统内没有查询到匹配的信息，系统会自动给出其他相关营地的建议信息。

升级版的 App：2014 年春天，ACSI 开发了一系列专业的应用程序，包含了 ACSI 欧洲露营、ACSI 露营会员卡、ACSI 小而美营地等 App。ACSI 欧洲露营应用程序内包含了 8600 个营地的详细信息，并且可以在完全没有网络的条件下在手机、笔记本和台式机上使用。关于每一个营地，该 App 都给出了十分全面的营地导览地图和实景拍摄照片，以供游客甄别和比对。该 App 能够准确地预测距离当前位置或意向目的地最近的营地。游客只需要在屏幕上轻轻一点就能拨通预订电话或自动发送营地预订邮件。

ACSI 自由生活露营杂志：ACSI 一直秉承着让露营更美好的发展信条。为了让每一个露营者在开始一段行程之前都能做好最充足的准备，ACSI 集团于 2012 年创办了自由生活杂志，一年共有 8 期，包含了露营行程规划指南、露营游线推介、露营故事分享及其他丰富的有关露营的资讯。

露营装备生产及制造：ACSI 集团最新研发的产品是可以拖挂在自驾车后的名为便携三轮电动观光车（Trigger Arrow）的小型露营装备。在营地或风景宜人的荒野地区露营时，使用 Trigger Arrow 会有一番别有风味的体验。

如果没有 ACSI 集团旗下 180 名全职员工，以及超过 500 名来自各行各业自由职业者的努力工作，他们在 ACSI 集团营地王国的各个版图中，尽职尽责地充当营地巡视、行程督导等角色，ACSI 集团就无法在露营产业的世界版图中占有如此重要的位置。ACSI 集团在几十年的发展进程中，从未停止在产品研发和市场营销中的投入，其利用互联网和活动作为媒介，来奠定自身获取信息、产品促销的平台基础。

从发达国家的露营实践经验来看，营地在发展的高级阶段将会无可避免地出现品牌经营和网络化布局的扩张模式。表现在：一方面，规模化经营能够创造出更高的效益，促进露营连锁巨头规模化和集团化的发展；另一方面，品牌化连锁、网络化经营的模式有助于营地建设标准的统一、营地旅游体验的优化。

我国的汽车营地经营者也在逐步摸索的过程中认识到了这一问题，营地产业链中的相关企业也正在朝向"共享资源—连锁经营—行业联盟—网络化管理"的方向迈进。随着以旅行社、汽车制造企业、房车俱乐部、汽车旅馆、连锁酒店为主体的经营企业，在营地建设、连锁经营、标准制定、产品业态配置等方面耕作的深入，与我们息息相关的露营生活和体验也正在被改变着。

5.3.4 港中旅："创新营地 + 传统景区"的互动连通

1. 全类型营地产品布局，与传统景区业务形成有效联动

港中旅集团是中国旅游产业链、旅游要素较为完整，经营规模最大的旅游集团企业之一，2009 年以来一直位居中国旅游集团 20 强首位。港中旅作为旅游产业的巨头之一，涉及营地产业也是动作颇大。港中旅集团房车营地的发展战略规划从北京起步，2015 年，重点在商务市场较成熟、市场需求量较大的京津唐等地布局，建成 50 个各具特色的示范营地，初步完成度假房车营地布点。2020 年，港中旅通过自建及加盟的方式在全国各主要城市及重点旅游区设立房车营地，形成全国网络化布局；逐步打造房车产业链，建设国内房车市场，助力国内房车旅游队伍的发展壮大，为社会各界房车、自驾车游客及露营爱好者提供更多、更好的旅游休闲目的地和旅游休闲产品。

2. 港中旅自驾车营地体系

2010 年，港中旅集团前瞻性地投入房车营地建设的浪潮中，在最初的两年，港中旅房车营地基本建在自身投资的现有景区中，更多的是为了体现配套功能的完善；发展至今，房车营地建设先行，以营地建设控制景区资源，带动景区发展的作用更加明显。早在 2010 年，港中旅集团就在北京密云开发建设了国内首家符合国际标准的房车营地——港中旅密云南山房车小镇；2011 年，又在旗下的四川成都花水湾温泉宾馆和湖北赤壁龙佑温泉度假村分别建成体验式标准房车营地。2014 年 6 月，港中旅房车俱乐部与宁夏沙坡头景区签订了“房车营地落户沙坡头”的合作协议。此后，港中旅采取加盟、合作等方式，先后在辽宁大连大长山岛、广东广州从化、山东济南、宁夏中卫沙坡头等地筹建港中旅房车营地，港中旅旗下的营地已经涵盖了乡村、山地、海滨、沙漠、湖畔等全部类型，旨在打造不同类型营地与景区联动发展的样板示范，在全国范围内推广复制。

3. 港中旅自驾车营地布局战略

港中旅房车项目战略：专注房车营地建设运营环节。2010 年 2 月，港中旅房车项目正式立项，明确将房车营地开发作为推动房车项目实施的突破口。其产业总体战略定位于生产、销售、营地“三位一体”的系统集成商和产业整合者，走一条中国式的规模工业化的后发道路。为了实现这一目标，港中旅房车项目未来发展将分成三个不同阶段，并在其中分别扮演不同的角色。

“破局者”阶段：主要工作是建立四大集团（生产、销售、售后服务与营地）的业务布局，重点是完成整车的生产布点、初级营地的全国布局、房车零部件和用品的 OEM 生产，并以大量的房车生活方式推广手段，破解中国房车产业困顿之局。

“引领者”阶段：完成四大集团的业务深化，重点丰富整车的销售方式和销售渠道，营地的硬件升级和俱乐部的全国布局，房车零部件和用品的 OEM 生产，并锻造房车网、房车租赁、房车旅行社等其他房车产业关键节点。

“垄断者”阶段：完成四大集团的全国乃至全球整合，实现整车、营地俱乐部、零部件用品在全球的研发、生产、销售和服务，并占据各自市场的垄断地位。

在具体实施过程中，港中旅放弃了房车生产环节，而是专注在开发房车营地环节，明确将房车营地开发作为推动房车项目实施的突破口。

2015 年前，实现重点区域布局：重点在京津唐、辽东半岛、胶东半岛、长三角、珠三角及海南等区域及主要城市布局，在全国的重点旅游区建成 50 个营地，初步完成度假房车营地布点，在竞争者进入之前的三至五年内，迅速占领行业制高点。

到 2020 年，实现全国网络化布局，通过自建及加盟的方式在全国各主要城市及重点旅游区设立 500 个营地，见表 5–4 所示。

表 5–4　港中旅主要营地概况

名称	占地	接待容量	类型
港中旅宁夏沙波头房车营地	/	10 辆房车	沙漠营地
港中旅星星酒店	/	196 间房	沙漠营地
港中旅密云南山房车小镇	规划 2858 亩	规划房车营位 300 个	山地营地
港中旅意大利农场露营地	4000 m^2	/	乡村营地
港中旅大连长海房车露营地	/	总规划 100 个营位、五栋不同风格的别墅院落	海滨营地
港中旅玉峰山房车营地	200 亩	20 余栋木屋别墅与拖挂车	森林营地

5.3.5 奇瑞途居：平台与体系布局，构建展销一体化平台

1. 模式要点：构建营地经营与推广平台，反哺汽车研发与制造主营业务

2012 年，奇瑞集团成立日月星全国连锁汽车（房车）营地开发与管理机构（后更名为途居露营），它是我国第一家房车营地连锁机构，首创了国内汽车营地连锁加盟模式。途居露营依托集团所在地的综合优势，以建设长三角地区汽车营地网络为发力点，计划通过加盟和自建的方式在全国建立百余个营地。途居模式最大的看点在于，旗下营地内部布局了大量奇瑞集团自主研发的房车产品。途居露营（原名途居日月星）是一家汽车营地连锁运营服务机构。旗下现设途居营地连锁管理、黄山奇瑞房车制造、奇瑞旅游、中国露营网等企业和平台。

综合来看，奇瑞途居模式的核心要点在于依托优势区域内营地的规模化建设和运营形成强有力的市场竞争品牌，充分发挥样板营地的品牌示范效应，从而为后续的大规模复制和扩张奠定基础。然后以品牌输出的轻资产运营模式和网络化的发展布局，快速抢占市场份额，构建展示和销售平台，从而成为国内汽车营地建设和房车露营消费市场中的引领者。在这一战略的实施过程中，途居露营的实际行动可圈可点，充分发挥了所在区域的综合优势和房车制造的产业优势。

2. 依托长三角，区域聚焦向全国辐射

综合当下途居自建营地现状来看，途居在包含江浙沪皖的泛长三角区域共有营地 8 家，其中自建营地 3 家。这一区域不仅是奇瑞公司总部所在地，且经济发达，自驾游市场发育程度较高，客源市场庞大而稳定，为途居品牌汽车营地形成以点带面、全面扩张的格局奠定了坚实的基础，见表 5–5 所示。

表 5–5 奇瑞途居营地概况

名称	占地	接待容量	类型
龙山露营地	300 亩	可容纳 18 辆自驾房车，另有 82 辆营地房车和 25 个可移动生态木屋能够住宿，可同时满足约 600 人露营休闲	湖泊营地
黄山露营地	1000 亩	开放有 371 个营位、150 台房车，每台房车 4 个床位	山地营地
途居扬州瓜洲露营地	1000 亩	建成后包含 300 余个房车营位，其中自行式营位 60 个、木屋别墅 30 余套	森林营地
途居镇江圌山露营地	650 亩	房车营位 118 个、自驾车营位 50 个、树屋 3 套、木屋 10 套	滨水营地
南通开沙岛房车露营地	474 100 m^2	500 个营位	滨水营地
湘潭途居露营地	700 亩	房车 101 台、木屋 12 栋	山地营地
途居孝感双峰山露营地	300 亩	120 辆豪华拓展房车、7 栋木屋别墅	滨水营地
途居芜湖马仁山露营地	510 亩	65 个房车营位，90 余间民宿及研学宿舍，可同时接待 30 余人入住	山地营地
途居九江修水露营地	300 亩	16 辆豪华拓展房车、16 辆标准拓展房车、9 辆豪华房车、6 辆情侣房车、2 辆 KTV 房车、1 辆豪华商务房车	山地营地

3. 产销一体，要素互动降低运营风险

奇瑞作为国产汽车自主生产制造品牌，于 2012 年开始进军房车制造领域。途居汽车露营业务的全面发展一方面为奇瑞自主房车的销售、展示推广、渠道培育建立了网络化的专业平台；另一方面，内置奇瑞自主品牌房车，从源头上减少了营地建设的整体投入，拓宽了营收渠道，降低了亏损风险。

4. 联动拓展，市场培育反哺主营业务

在以自驾游客群为核心的旅游市场大蛋糕面前，奇瑞立足自身汽车制造优势，积极向房车上下游产业深入，率先抢占了区域市场先机。可以预见，随着其旗下品牌汽车营地在全国网络化布局的日益深化及自驾出游习惯、房车消费观念的深入人心，奇瑞将依托营地网络体系在全国范围内培育出一个巨大的房车购买群体，巩固和加速主营汽车制造产业的发展。

5.3.6 四川 318 集团：公路 IP+ 营地酒店

1. 依托中国最美景观大道 318，打造川藏地区最具文化特色的房车营地

四川快捷 318 汽车旅馆投资管理有限公司是中国第一家以自驾车旅游和越野探险旅游为服务重点的连锁型酒店投资与管理集团。318 集团成立于 2007 年，发展到现在公司形成了营地投资建设、营地运营管理、汽车租赁销售、旅游服务及保险等业务体系。但在其扩张过程中，重点业务仍然集中在自驾车营地的策划投资和运营管理两大板块。

公司依托于被誉为“中国最美的景观大道”——国道 318 旅游沿线，主要从事著名景区景点的快捷型汽车旅馆、酒店、旅游规划，以及旅游服务的策划、投资、经营与管理。在以 318 景观大道为主轴的旅游线路上，率先建立了以涵盖房车营地、汽车落地自驾租赁、异地还车、旅游规划为新业态的自驾游营地连锁体系，318 集团营地概况见表 5-6 所示。

表 5-6 四川 318 集团营地概况

名称	占地	接待容量	类型
318 连锁汽车旅馆新都桥营地	104 亩	300 辆自驾车、15 辆大中小型房车；帐篷露营位 100 个、木屋 3 幢、汽车旅馆 29 间、青年旅社 16 间	山地营地
318 松潘上磨自驾游营地	150 亩	最大接待容量 500 人左右	山地营地
318 青海格尔木自驾乐园	800 亩	/	山地营地
318 红原自驾营地	/	房 101 间、餐位 280 个、营地可容纳 50 余辆自驾车辆	山地营地
318 丹巴自驾营地	/	各类客房 149 间、餐位 362 个、可容纳 100 余辆自驾车	山地营地
318 米仓山自驾营地	8000 m^2	客房 70 余间、露营帐篷 30 余顶，可容纳 200 辆各类房车、越野车、自驾游车	山地营地
稻城 318 汽车旅馆	/	藏式风格建筑，共有房间 44 间、床位 90 个、餐位 80 个	山地营地
318 翁达自驾游营地	18 亩	房车区、民宿藏房区及景观集装箱式房区，共有 41 间不同房型的客房	山地营地

2. 率先在中国提出公路 IP 概念，依托中国最美景观大道布局营地产品

随着在自驾车营地领域内布局产品线的日益深入，318 集团在综合自身产品优势和周边资源优势的基础之上，率先在国内提出了公路 IP 的概念。所谓公路 IP 是指通过完善景观大道上的自驾游基础服务体系，与周边景区的路网联动建设、公路总体形象的提升包装、自驾游软性文化的植入和构建，打造一条具有中国特色的自驾游黄金大通道。比如，美国的 66 号公路，欧洲的大西洋之路等，象征自由和旷野的自驾游形象贯穿于西方的自驾游群体中，只要想起自驾游，这些公路的形象就会出现人们的脑海中。几十年来，它们衍生出了异彩纷呈的影视作品和经典形象。

总的来说，318 汽车旅馆有三大项目的阶段性发展。项目一期投资为 500 万美元，用于重点打造红原、丹巴、新都桥三地样板酒店，建立集团化的中央预订系统、中央物流系统和中央管理系统，建设期为 1 年，2008 年投入运营，该阶段目标已成功实现。项目计划二期投资为 1600 万美元，用于国道 318 沿线范围内再建十大精品酒店，建设期为 2 年，从 2009 年逐步开始投入运营。大力推广 318 品牌，建立“318 自驾车旅游呼叫中心”，并逐步建立 318 自驾车旅游综合服务体系。项目计划三期投资为 5000 万美元，用于中国西部地区 318 酒店及汽车旅馆的全面建设，318 自驾车营地、318 自驾车景区开发及 318 自驾车旅游综合配套服务设施的自建或品牌加盟。

3. 重点发力品牌建设，合作开发与连锁加盟加速营地全国布局

成立十余年以来，318 集团在自驾车营地建设的规划策划、投资开发、品牌建设、保险金融和管理运营服务等方面进行了产业布局，以集团化的公司架构，通过专业分公司板块的建设，给予营地建设运营各个环节专业的支持。318 集团的业务方向主要有以下几个方面：四川快捷 318 营地（酒店）管理公司是酒店经营专业机构，负责已建成营地的经营管理，包括整体运营策略的制定、产品定价、日常管理、员工培训、服务标准的制定与输出等业务；四川快捷 318 汽车租赁有限责任公司，开展自驾式汽车、自驾式房车、拖挂式房车的常规租赁业务，并以各连锁营地为落地枢纽点，实现落地自驾、异地还车服务；四川 318 国际旅行社有限责任公司是专业的旅游服务执行机构，提供自驾游线路规划，策划、组织各类自驾游旅行活动，销售线路 + 酒店组合 + 车店一体 + 移动别墅等特色旅游产品；旅游商贸连锁服务机构采取公司与旅游地政府及厂商合作的模式，依托营地设立当地农副土特产及旅游产品售卖中心，将当地特色商品统一以 318 品牌进行销售；318 中瑞保险有限公司是 318 集团旗下的保险代理专业机构，经营人寿保险、财产保险产品的代理销售服务，同时联合全球最大的救援服务机构安联集团围绕自驾游客户群量身定制专门的保险方案，实现旅游 + 保险双重服务；318 途上旅游投资管理有限责任公司是 318 集团旗下以自驾车旅游、越野探险为服务重点的连锁型营地投资与管理机构，负责新营地的筹建工作，包括营地的投资、选址、规划、设计、建设等；四川快捷 318 文化传播有限公司是 318 集团旗下集企业品牌活动策划、项目运营推广、互联网信息化技术、旅游电商于一体的专业服务机构。四川 318 集团业务体系如图 5–6 所示。

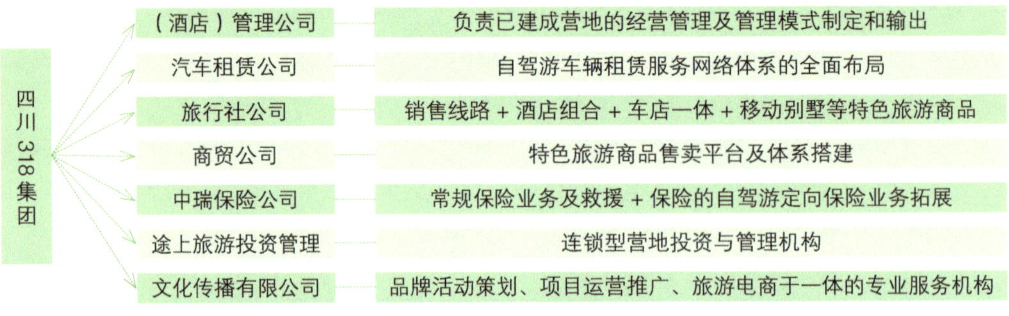

图 5–6　四川 318 集团业务体系

4. 专注营地酒店业务版块，上下游延伸布局自驾酒店服务体系

观察 318 集团旗下的营地建设规模及产品构成不难发现，318 集团的业务核心仍然停留在营地酒店住宿业务版块，旗下连锁营地规模不大，产品类型也较为单一，集中在以少数民族民居、房车、帐篷、集装箱房等特色住宿设施所提供的营地住宿产品上。围绕这一核心业务，318 集团依赖自身平台构建川藏线 318 自驾车营地会员体系、线上预订平台，意图以细分市场的专项服务来强化自身的品牌内涵。依托相对单一的营地产品类型，318 集团奠定了其商业模式简单化的基础，促进了其模式和产品在全国范围的快速布局。而从其在关联板块中的业务布局，如旅行社、保险、投资、文化传播等体系，也能发现 318 集团未来的发展重点在于通过定位精准市场的专业细分服务平台和体系的搭建，塑造其不可复制的核心优势。但纵观当下的发展，318 集团的 IP 布局仍然有很长的路要走。

5.3.7 川旅：外资联盟 + 标准化投建

1. 专注营地酒店业务版块，上下游延伸布局自驾酒店服务体系

2012 年年底，在法国驻成都总领事馆副领事 Serge Koenig（高宁）先生的牵线搭桥下，意图在四川自驾游市场开疆辟土的法国户拓比亚集团（Huttopia）和四川旅游发展集团建立起了联系。四川川旅因地哥自驾游营地管理公司总经理皮埃尔·阿兰·默尼称：“我们对自驾游营地项目非常看好，并加大投入。而且将项目落户四川，也是顺应中国旅游行业从‘观光旅游’到‘体验旅游’发展趋势的转变。” 2013 年 1 月和 4 月，法国户拓比亚集团董事长 Phillippe Bossanne（菲利普·博萨内）在四川川旅自驾游投资管理有限公司的陪同下，带领团队分别对四川的西昌、汉源、都江堰等地的旅游资源进行了考察。2013 年 10 月，川旅集团旗下全资子公司暨四川川旅自驾游投资管理有限公司与法国户拓比亚集团旗下子公司国际露营发展有限公司签署了合作协议，共同成立中法合资企业暨四川川旅因地哥自驾游投资管理有限公司，后更名为四川川旅自驾游投资管理有限公司。作为四川省最大的旅游集团，首个示范营地投资规模在 3000 万元。2014 年，“川旅因地哥”品牌的首个中法合资示范性营地建成开业，并预计在之后 10 年管理超过 30 个营地，在中国最美公路 318 国道布点，计划中期和长期在全国管理 100 个营地，将法式营地由四川推向全国。

2. 川旅自驾游业务体系

经过发展，四川川旅自驾游公司已形成以自驾游营地和户外运动项目的开发建设与经营管理为主，自驾车旅游线路产品运营和汽车租赁为铺的完整业务体系，是全国首家覆盖自驾游新业态全产业链的旅游龙头企业。川旅自驾游通过引入欧洲领先的营地专业公司法国户拓比亚集团和法国国家级户外运动机构法国户外运动中心联盟（Union Nationale des Centres Sportifs de Plein Air, UCPA）来共同开发中国休闲旅游市场，建立了从品牌联合、管理输出到共同投资的全方位深度合作关系。

成立 9 年以来，川旅集团在自驾车营地方面的布局十分谨慎，旗下仅有 3 个正式运营的营地，四大业务版块中的自驾车租赁和户外运动项目开发等版块也停留在初步合作的阶段。在其业务体系中，占比重最大的还是以境内外自驾游线路策划和自驾游产品售卖的旅行社业务。

3. 联合资本投建，围绕成都周边谨慎布局

川旅旗下所有的自驾车营地都是通过自有资本 + 境外资本 + 政府资源 / 资本的方式进行投建。旗下都江堰川旅因地哥自驾游营地位于都江堰玉堂镇外的江边，由四川旅游发展集团旗下全资子公司四川川旅自驾游投资管理有限公司与法国户拓比亚营地管理公司共同投资修建。旗下三岔湖自驾游营地项目在四川简阳正式签约，项目总投资约 1 亿元，占地面积 300 亩。项目协议由简阳市政府、川旅自驾游投资公司、四川三岔湖建设有限公司共同签署，按照国际星级标准建设，同时引入法国 Huttopia（户拓比亚户外营地开发管理公司）先进的营地项目管理经验。此外，川旅集团旗下的营地都围绕成都周边布局，也显示出川旅集团在自驾车营地投建方面的谨慎态度，见表 5-7 所示。

表 5-7　川旅集团营地建设现状

名称	占地	主要设施	类型	建设情况
都江堰川旅因地哥自驾游营地	190 亩	营地包含了接待中心、房车营位区、移动别墅区、VIP 木屋区、帐篷区、自助营位区 6 个区域	山地营地	完工
四川三岔湖自驾车营地	300 亩	营地包含生态帐篷、湖景客房、豪华客房、帐篷露营、户外拓展等区域	湖畔营地	完工
王岗坪国际生态旅游度假营地	/	营地 + 户外拓展 + 体育运动	山地营地	完工

4. 借助外资力量，引入国际标准和新型业态

川旅集团与法国资本的合作，解决了以下问题：一方面解决了营地投建资本的问题，并立足于共投共建的合作机制，将国外的营地建设标准、理念和运营模式导入国内，在自驾车营地的竞争中开拓自己的路径。川旅旗下自驾车营地全部按照国际营地评级标准进行建设；另一方面两家合作公司，户拓比亚集团在营地的管理和运营方面有着成熟的输出模式和理念，另一家法国户外运动中心联盟（UCPA）则在营地关联的户外活动设置和业态培育等方面有着丰厚的 IP 资源和成熟产品。中外合资的模式彰显出川旅集团希望通过特色、产品、业态三方联动的模式，来驱动旗下营地业务版块的有益成长。

第 6 章

营地规划建设及运营管理案例分析

第6章

营地规划建设及运营管理案例分析

6.1 国外营地建设运营案例

6.1.1 “山岳型＋特色营地活动”——犹他州锡安山房车营地

营地距离美国犹他州锡安山国家公园仅有几分钟路程，周围流水潺潺、峰峦叠嶂、层林叠翠。营地自然风光无限，优质的服务、丰富的游乐设施及多样的参与体验性活动，充分彰显了营地以塑造独一无二的营地露营生活体验为核心的开发理念。营地因地制宜，依托自然和文化资源，开发了一系列户外参与性活动，其中宝石发现之旅就是十分有趣的一项。

1. 完善的营地设施

4/6人宿营木屋。室内：大床、双层床、边桌、两把座椅、空调、供暖、有线电视；室外：门廊、野餐桌。注意事项：不允许做饭、携带宠物及抽烟。

两居山景套房。主卧设有卫生间、大床、嵌入式衣柜；次卧设有大床、小型卫生间；厨房设有洗碗机、微波炉；客厅设有沙发、书柜；其他设施：卫星电视、网络，呈现美式乡村优雅风格，且提供毛巾及床上用品。

露营公开厨房。设施：碳烤炉、餐桌、插座、水槽，须自带炊具，先到先使用。

房车露营区，包含临河营位、拖挂房车营位、标准营位；营位设有挂钩、遮蔽树、火灾报警器、野餐桌、水电接口等设施。

2. 市场导向的功能配备

宠物狗乐园包括宠物活动场及临水乐园；游戏室内设置台球桌、卫星电视、游戏桌、拼图桌、水槽及微波炉，早上有提供咖啡的服务；游客服务中心；生活超市及礼品超市；自助洗衣房配备4台洗衣机及4台烘干机，24小时服务，可购买清洁剂；房车加气站开放时间8:00—15:00，夏季延时经营；外卖商店可提供比萨、玉米饼、冰淇淋等消夏食品，只在夏季营业；休息室配备热水淋浴及厕所，广泛分布在营地内且24小时营业；巴士站的摆渡车可容纳14名游客往返于营地及锡安山国家公园之间，往返 7 美元 / 人，每年 3 月 12 日—10 月 31 日开放。

3. 地域特色的营地活动体系

营地内设有各类特色活动体系，见表 6–1 所示。

表 6–1　营地特色活动体系

序号	活动类别	特色
1	宝石矿井	设施：洗矿槽、沙土购买中心；特色：适合亲子游乐的宝石发现之旅，有偶遇黄水晶、紫水晶、砂金矿的惊喜
2	儿童游乐区	攀岩墙、迷宫城堡、滑梯及父母休憩区
3	滨河帐篷区	野餐桌、火灾报警器、饮用水、厨房、插座等，邻近休息室及洗衣房
4	社交活动厅	超大电视屏幕，配备有图书馆、休息厅、桌上游戏室、Wi–Fi 等，经常举办大型活动和娱乐演出
5	水上活动区	游泳池及水疗，泳池 3 月中旬到 12 月初开放，水疗全年开放

6.1.2　乡村型——诺曼底农庄家庭汽车营地

营地始建于 1971 年，坐落于美国波士顿和科德角之间幽深的丛林之间，是新英格兰地区顶级的综合型房车露营目的地。除了大美无限的自然风光，营地最引人入胜的地方就在于其异常丰富多彩的营地活动。营地拥有一个专业的自行车公园、飞盘高尔夫公园、宠物狗乐园及推盘游戏等设施，此外营地内还配套建设了一个康养中心，提供私人瑜伽等课程。顶级奢华的各种露营设施，如奢华木屋、圆顶帐篷、旅行帐篷、拖挂房车等，在新英格兰地区独一无二的四季变换中，将野外露营生活的舒适性和丰富度都提升了一个新层级。

1. 乡村景观 + 丰富户外运动的营地产品体系

营地内建设有各类特色的功能区，见表 6–2 所示。

表 6–2　营地功能分区建设

序号	活动类别	特色
1	自行车公园	障碍区及技能区，提供自行车穿越丛林向导服务
2	飞盘高尔夫	18 洞飞盘高尔夫标准场地
3	儿童游乐园	环形路径游乐场、洗澡处、饮用泉水等；健身中心，邻近室内游泳馆，各项健身器材一应俱全（跑步机、自由重量器械类及自行车）
4	社交活动厅	不同主题的儿童游乐园，满足所有年龄阶段孩子的需求
5	户外体育活动区	篮球场、钓鱼塘、野餐区、排球场、垒球场、足球场等；休息室、美食吧、游泳池及康复中心等

2. 充分满足游客需求的营地服务体系

洗衣房 24 小时开放，设有自助找零机及洗衣和烘干设施；商务和信息中心位于游客中心内部，提供导游、预订和行程安排等服务；创意艺术品中心；环绕立体声影院、工艺品展示中心、桌上游戏及丰富活动。

6.1.3　“庄园 + 营地”——美国俄勒冈州威拉米特山营地

美国俄勒冈州静谧悠远的威拉米特山谷中，隐藏着一座优雅迷人的拖挂式房车营地庄园。

营地所在区域拥有漫长的葡萄种植和酿造历史，以出产全美地区品质最佳的黑品诺葡萄酒而全球知名。在这个节奏日益加快和喧嚣的城市中，时光仿佛不曾来过这里，许多古老的酿造技艺仍在这里传承，许多久远的生活传统仍在这里延续。营地产品的介入、精准的发展定位，实现了创意旅游产品和传统文化的有机结合。

1. 根植于传统文化寻求精准定位

营地根植于整个区域优雅迷人的葡萄酒文化，以复古为主题寻求促进自身发展的精准定位。营地中从每一辆房车的配置到节日活动的选择，从营地文化的营建到配套设施的装饰、装修，细节之处尽显复古风情，让每一个徜徉其中的游客，都能和时光来一场邂逅之旅。

营地占地面积 84 亩，由两大部分构成，一是复古房车宿营区，由大小不一、风格各异、颇具年代感的房车构成；二是葡萄酒庄景观区，由生机勃勃的葡萄园、色彩缤纷的钓鱼池和现代感十足的加热泳池构成。两大部分相辅相成、相映成景，为每一个游客提供着惬意舒适又风格独特的露营体验，无论是家庭、情侣或是商业群体都能在这里找到一隅安然自乐的天地。

2. 复古房车组团打造特色化核心吸引物

营地中配套的复古拖挂式房车既是接待设施，又以组团式的方式出现，成为营地中不可替代的核心吸引物之一。营地中充斥着从 20 世纪 40 年代到 20 世纪后期风靡一时的各个类型的房车。大多数房车经过当地能工巧匠的修复和装修，在保留了经典外观和绝大部分内饰的同时，也增加了诸如空调、电视等现代设施。它们在葱郁浓绿的树林掩映下，构成了营地中最引人注目的风景线。当游客驾驶的车辆快要抵达营地大门之时，就会被这一特殊的景观深深吸引。

3. 细节风格化装饰将复古进行到底

每一辆房车前面都会停放两辆同时期的复古自行车、复古躺椅等装饰物，同时还会配套修建一块可供车辆停放的混凝土地面。在白天，每一辆房车都和周围的景观自然融合，成为一幅幅将时光定格的精美画册。到了晚上，游客可以坐在室外的复古躺椅上，来一口庄园自产的优质葡萄酒，慢慢地看着太阳西斜，轻嗅植物传来的暗香，聆听风吹过树叶的沙沙响声，城市的拥挤和喧嚣远在天边，一个完美的复古假日就这样缓缓画上句号。

4. 内外兼修让特色风貌和舒适并重

当游客走进房车内部，又会为房车内设施的齐全和现代化而惊叹，每一辆房车内部都配备有冰箱、微波炉、Wi-Fi、优质毛巾、厨房用具、高级化妆品等设施。房车内的装饰装修也是复古自然，从灯具的选择到壁纸的装饰，从复古书的配备到床品的配套，让现代化的舒适便利和复古风情完美地融合在一起。

5. 特色活动营造复古生活范式

来一场重现昨日的复古之约、来一场风格显著的度假之旅（holiday in style, relive the past）是营地的宣传口号，也是促进其发展的核心要义。除了复古房车和装饰的硬件配套，营地更从文化传统、生活方式、节庆活动等软环境的延续和植入入手，让每一个游客从踏进营地大门的那一刻起就返回到了旧时光。每一个宿营在房车内的游客，都能享受到营地专属的品质咖啡、品质红酒等一系列附加服务。定期举办的葡萄酒品鉴会、传统美食制作等活动让每一个游客都能参与其中、乐享其中。在特定节日，营地还会举办盛大的户外活动，长桌宴、草坪音乐节等活动，让整个营地在传统文化与现代氛围的交融中熠熠生辉。

6.2 国内自驾车营地建设运营案例

6.2.1 乡村型——北京龙湾国际露营公园

1. 营地概况

北京龙湾国际露营公园位于北京市延庆区金牛湖畔，是国内首家国际标准的五星级特色露营地。公园软、硬件设施优良，集营位、住宿、娱乐、文化活动于一体，包括主入口广场区、主会场区、房车营位区、儿童游乐区、移动木屋区、帐篷区、篷房区及服务中心等功能区。龙湾国际露营公园为第80届世界汽车房车露营大会的举办地，园区内林木参天，溪水盘桓，妫水河水系穿流而过，是一处天然的避暑之地，公园概况见表6-3所示。

表6-3　北京龙湾国际露营公园概况

占地面积	投资额度	隶属公司	运营模式	开营时间	接待容量
2700亩	5000万元	首旅集团旗下华龙旅游事业发展总公司（国企）	自建自营	2014年5月	/

（1）区位交通

营地位于北京市延庆区旧县镇东龙湾村南200m，金牛湖镶嵌其间，距离延庆县城13km、龙庆峡10km、八达岭长城29km、古崖居33km，距市中心仅百公里。周边路网体系完善，公共交通体系也十分发达，距离延庆汽车站仅11km，50km外就有地铁4号线（西苑站）、地铁13号线（五道口站）、地铁10号线（巴沟站）、地铁4号线（圆明园站）等。

（2）周边资源

营地选址位于生态环境优美的金牛湖畔，属妫水河水系，看得见山、望得见水，具有良好的植被基础，适宜进行公园建设。该水系将公园分为东西两个区域，湖东区域人工化痕迹重，是公园的主要出入口，开放性强，营地大部分的建筑都位于本区域；湖西区域偏向自然，植被覆盖度高，建筑密度降低，因而私密性较高。两个区域可分别满足不同游客的需求。

东西两个湖区之间由一条环湖步道相连接，并串联了多个形式和规模不同的景观点，包括听雨台、望湖台、知春桥、涵秋亭等景点，使游客在不同区域可体验不同的金牛湖生态之美。

2. 功能分区及布局

园区提供多种多样的露营设施或场地，以金牛湖为界，布置于湖岸两侧，按功能划分为游客服务中心、房车营位区、移动木屋区、水景篷房区、帐篷营位区、儿童游乐场、健康步道、展览区、木屋别墅区、集装箱房屋等区域。园区共有180余个营位，营位地面以细碎的砾石作为铺装材料，显得亲切自然，周边以草坪为主，与自然环境很好地融合起来，每个营位均配备水电桩。另外，公园引进25辆从德国进口拖挂式房车供游人体验，提供公共卫浴间、活动场地等。

3. 营地主要设施

游客服务中心：名为“龙湾阁”，建筑面积1500m^2，为游客提供旅游接待、餐饮住宿、特色购物、休闲娱乐、商务会议等综合配套设施。服务中心风格与景区主入口的大门一致，顶层设有瞭望台。服务中心一层共有3个会议室，面积在40—300m^2，最多可容纳180人左右，配备了现代化的会议设备，可满足大型会议的接待需求。会议期间组委会运营管理团队可在服务中心一层办公，另配3个24小时服务的餐饮包间：一间咖啡厅、一间可容纳40人左右的中西餐厅和一座露台餐厅。其中，露台餐厅面积约为100m^2，配备了遮阳伞。二层共有10个标准间，4个大床房，全部铺设了地毯，保证安静隔音，客房提供酒店式服务。

房车营位区：共计200余个营位，分为环形组团式和联排式两种分布类型，中间为独立区域，适合集会、举办小型活动。结合中国实际情况和消费者的使用习惯，高于五星级国际标准，为每个营位都配备了水电桩，免去排队之忧。提供德国进口拖挂式房车27辆，可供租售。

移动木屋区：30座移动小木屋依S型自南向北排布于园内，将东侧的主会场和西侧的绿林区隔离开来，形成动静分离的休息空间。每座木屋均配有木艺围栏和独立小花园，便于户外烧烤野餐。

水景篷房区：由10座充满异域风情的童话小屋组成，白色顶棚可抗8—10级风力。

帐篷营位区：营位铺设木质地台，增加扎营的舒适度，地域开阔，植物疏密结合。提供不同颜色、尺寸的帐篷，营位旁预留了篝火广场和活动空间。

儿童游乐场：为小朋友提供了摩天轮、旋转木马、充气城堡、青蛙跳等丰富的娱乐设施，搭配一些色彩鲜艳、造型可爱的迷你小木屋。其中，摩天轮是龙湾公园的一大亮点，缓缓升到高空可饱览公园全景、远眺妫水河风光。

健康步道：健康步道环湖10km，上架汉白玉石桥4座。道旁遍植花果树，可近距离欣赏湖面美景。

展览区：占地面积约10 000m^2，可办大型户外展、金蜗牛亲子音乐生活节等活动。

木屋别墅区：65座充满田园气息、内部风格各异的独栋木屋交错分布。木屋依据实际空间而建，不破坏树林原貌，大小错落、朝向各异，每栋木屋欣赏到的都是独一无二的庭院美景。木屋分为单层和复式、一居到四居室，分别有80m^2、150m^2、168m^2、200m^2等几种户型，中式、英式、美式等多种风格可供选择，家具家电配备齐全。

集装箱房屋：10座颜色迥异的集装箱房屋，坚固耐用、密封性好、拆装方便。房屋每间约20m^2（含露台），设计有宽敞明亮的落地窗，外立面三种配色方案可供选择。

北京龙湾国际露营公园设施概览见表6–4所示。

表 6-4　北京龙湾国际露营公园设施概览

类别	类型	类别	类型
基础设施	水电设施	服务设施	游客接待中心
	排污设施		公共淋浴房
	生态停车场		公共洗衣房
	硬化车行道 / 人行道		公共餐厅（咖啡厅、酒吧）
	电视		商品部
	Wi-Fi		宴会厅
	公共厕所		医疗中心
	垃圾箱		商务中心
	房车营位		户外运动区
住宿设施	自驾房车营位	游乐设施	休闲娱乐区
	木屋营位		露天活动场
	帐篷营位		商务休闲区
	残障人客房		宠物游乐区
	木屋别墅区		棋牌室、台球室、乒乓球室、篮球场
	集装箱房屋		儿童娱乐区

4. 产品体系

北京龙湾国际露营公园设施齐全，不仅提供传统的房车营位区，还有水景篷房区、帐篷营位区、集装箱房屋区等新颖形式，能满足不同类别消费者的不同需求。活动区配有观光电瓶车和自行车租赁点，方便游客出行。

营地主打房车项目，紧邻公园主入口和停车场，25 辆德国进口拖挂式房车供游人体验。营位地面以细碎砾石为主铺装材料，有亲近自然之感，周边则铺设草坪，与自然融合。营位均配备水电桩。同时，公园也靠木屋别墅和帐篷区聚集人气，该区域位于公园西侧，与其他营地隔湖相望，周围密林使其具有较好的环境和私密性。木屋别墅有 6 种不同的户型，可供不同的家庭组成类型选择。

其他类型的居住形式（移动木屋、水景篷房、集装箱等）也都具有设施完备的共同特点，游人的使用舒适度较高。可见，龙湾露营公园房车资源充足，和木屋、篷房、集装箱等形成了多元化的产品体系。

此外，公园还设有洗浴、洗衣、医疗急救等公共服务和垃圾分类、雨水收集等设施，在人们游览或入住公园的同时，能够切身感受到绿色环保的理念。

5. 经营现状

北京龙湾国际露营公园是国内首座符合国际标准且兼具民族特色的五星级房车露营公园，相较其他露营公园在硬件配备上具有一定的优势，公园注册资金为 5000 万元，在众多房车营地中首屈一指，但并未达到真正的盈利，尚处在发展初期，需要 3—5 年的磨合期及品牌培育期。

北京龙湾国际露营公园从建立之初，借承办第 80 届世界汽车房车露营大会暨首届中国汽车房车露营大会的机会正式开门纳客，且成立了首旅集团旗下的“金蜗牛露营”品牌。经过近一年的经营，公园在住宿、餐饮和娱乐等方面初见成效，同时注重露营衍生品的开发。

营地2022年宿营类产品收费标准及服务内容见表6–5所示。

表6–5 宿营类产品收费及服务内容（2022年）

产品类型	平日收费（元/晚）	接待容量
普通标准间	550	/
移动木屋一居	616	/
移动木屋两居	1018	/
移动木屋复式	1084	1间主卧，1间上下铺，复式
自助式房车A	688	/
自助式房车B	688	/
水景篷房	963	麻将、水电、空调、卫生间
别墅A型	1634	2房1厅，1大1双，单层
别墅B型	1634	2房1厅，1大1双，复式

根据预订天数不同，以上价格会有不同程度的变化，预订天数越多，每晚单价越低。

6. 案例小结

北京龙湾国际露营公园是集旅游观光、房车露营、木屋住宿、餐饮娱乐、儿童乐园、休闲度假于一体的国内首家国际标准的五星级特色营地。生态环境优美，露营方式多元。

从规划方面来看，营地外围充分利用了所在区域的自然资源、区位交通等综合优势，并人为串联了多个自然观景点，引导游客在不同的区域体验不同的生态之美。营地内部环境优美，有大量的生态湿地与绿地，租赁自行车可游览整个景区，注重设计细节，多种公共服务配套设施可满足游客的需求。

从产品开发方面来看，营地建设之初是以房车营地为亮点进行规划设计的，但其他类型房屋由于设计新奇，周边环境优美，也吸引了众多游人。有调查显示，园区有些地方仍在建设中，如山地自行车、亲子动物园和儿童乐园等场地，将会为游人带来更多的体验。

从运营管理方面来看，龙湾国际露营公园以第80届世界汽车房车露营大会暨中国首届汽车房车露营大会为契机，吸引了大批游客和社会人士的注意，同时注重自有品牌和衍生品的推广和营销。

6.2.2 娱乐型——港中旅密云南山房车小镇

1. 营地概况

港中旅密云南山房车小镇是中国首个国际标准的房车营地，由中国港中旅资产经营公司投资建设，见表6–6所示。项目一期已建成由100个房车营位构成的房车区、自驾车营位区、帐篷露营区、休闲娱乐区、全地形车（ATV）越野区、山野采摘区、垂钓区等多个户外活动体验区。

表6–6 港中旅密云南山房车小镇营地概况

规划面积	投资额度	隶属公司	运营模式	开营时间	接待容量
2858亩	2亿元	中国港中旅资产经营公司	自建自营	2011年	/

小镇最新引进多款美国原装进口拖挂式房车，可供出售及房车住宿体验，还可接待各类会议、团队培训、拓展训练、家庭户外休闲活动等，同时可策划组织各类聚会、婚礼及户外竞赛等现场项目。港中旅密云南山房车小镇的规划选址、功能布局、设施配置、运营管理都完全按照国际标准执行，项目在建设中始终贯彻环保、绿色、低碳的理念，房车小镇实现了零排放、零污染。

（1）区位交通

港中旅密云南山房车小镇位于密云区河南寨镇境内，毗邻北京地区最大的南山滑雪场，距京承高速 16 号出口仅 2km，距北京市区仅 50 分钟车程，驾车 5km 左右便可到达密云区中心。小镇路网发达，生活便利，十分适合自驾出游，坐拥首都卫星城的腹地，拥有京津冀及周边地区稳定的客源市场。

（2）周边资源

港中旅密云南山房车小镇紧邻密云南山滑雪场，内部场地以起伏交错的山丘为主，邻山近水、树木茂密、果树种类众多、空气清新。距离北京水源地密云水库 20km 左右，周边还有桃源仙谷、仙居谷、雾灵山、九龙十八潭、云龙涧等自然风景区，旅游资源十分丰富，生态环境怡人。从周边旅游资源分布来看，体育运动、生态环境、观光山水共同构成了营地的资源增值体系。其中，南山滑雪场有助于营地在传统的淡季也能吸引游客，形成冬夏两旺的发展格局。

2. 功能分区及布局

营地处于群山中，从中心广场向外辐射，四周分为房车露营区、帐篷露营区、木屋度假区、休闲娱乐区、ATV 赛场区域及众多娱乐项目场地（包括采摘、垂钓等体验）。营地内营区划分合理，各营位都是一个相对独立的休闲空间。与国外营地不同的是，南山房车小镇在大部分营位上都放置了一辆拖挂式房车，均为美国进口的森林河房车，整个营地拥有几十辆 6 种不同型号的房车，以供前来露营的人们使用。

总体上讲，港中旅南山房车小镇采用集中式布局方式，有一定的功能分区，大体上分为住宿区和休闲娱乐区，住宿区多集中在区域的东南一带，不同的休闲娱乐区沿住宿区向西北方向过渡，不同板块之间衔接紧凑。

3. 营地建设现状

营地内主要设施。房车小镇的住宿区以房车为主，拥有 10 辆不同型号的美国原装进口房车，可容纳 4—6 人同时入住。每一辆房车均接水接电、可排污水，有线电视、宽带、固定电话、DVD（不带光盘）、空调、冰箱、24 小时地暖、微波炉、马桶、淋浴等设施均可使用。最贴心的是，由于这些房车均为进口，其内部均为英文，营地方面就在相应位置贴上中文翻译，方便人们的使用。

营地提供桌椅、遮阳伞、烧烤架的租赁，游客可以自己动手，和家人朋友做出美味可口的烧烤小吃，享受集体活动带来的乐趣。同时还有专业的户外装备供游客选择，如帐篷、睡袋、防潮垫、营地灯等设施，见表 6–7 所示。

表 6-7　港中旅南山房车小镇营地设施概览

类别	类型	类别	类型
基础设施	水电设施	服务设施	美食区
	排污设施		互动广场
	停车场		自助烧烤
	硬化车行道 / 人行道		专业户外设备
	电视	游乐设施	越野表演区
	Wi-Fi		山野采摘
	公共厕所		垂钓区
	垃圾箱		自由生活市集
住宿设施	房车营位		四驱摩托
			反恐精英游戏场（CS）
	帐篷营位		开心农场
	自驾车营位		篝火晚会

4. 营地经营现状

（1）产品体系

港中旅南山房车小镇以房车项目为主，内部和周边配套设施齐全，游客在参观体验美国进口房车的同时，可驾驶德国房车与大自然亲密接触。在此基础上，小镇还开发了诸多主题活动和旅游产品。

在娱乐项目上，小镇推出以家庭户外休闲欢乐游为主题的活动。喜欢安静的露营客可选择垂钓、爬山、采摘、种植等活动，专门设置的营位就像安静的田园院落。房车小镇一年四季种植有不同种类的瓜果蔬菜，游客可上山采摘板栗、大枣、玉米等农产品，跟家人朋友一起在劳动中享受收获的乐趣。营地的小湖里有鲤鱼、鲫鱼、草鱼等鱼类，游客可以自己动手制作美味的鱼饵，甩线，静等鱼儿上钩，还可亲手烹制鱼宴大餐。除标准的营地餐外，还提供夜晚自助烧烤。每一个营位都备有结实的烧烤架，营地的工作人员开电瓶车送肉、菜和炭等准备材料。

喜欢挑战和刺激的露营客可尝试全地型车（ATV）越野、CS、四驱摩托等项目。房车小镇背靠山地，拥有得天独厚的越野环境，开着 ATV 在山地丛林间穿梭，惊险刺激不可言喻。营地拥有两个 ATV 道分别是：一个是向山上的方向，在山地林间蜿蜒，难度极高，刺激度高达 5 星；另一个则在营区旁边，是一个越野练习场地，有各种高低坡及泥坑。

CS 野战是一种新兴的时尚体育运动，利用高科技的野射电子设备来模仿战斗的过程。参加运动的人员手持野射枪、身穿迷彩军服穿梭于丛林与废墟之间，与“敌人”展开激烈的“战斗”，在房车小镇亲身体验只有在电影或电子游戏当中才能看到的场景，在游戏中找到当英雄的感觉、锻炼团队精神。

在房车小镇优美的自然环境中，游客还可体验四驱摩托项目。因四驱摩托轮胎宽大，增加了与地面的接触面积，从而产生了更大的摩擦力，再配合独特的胎纹使其不易打滑，软质的沙地、河床、林道、溪流甚至更恶劣的沙漠都能轻易通过。驾驶这样的摩托车可体验全地形带来的不同感受。除了休闲项目之外，营地还提供会议服务，会议厅还设有 KTV，拥有高级音响设备和点歌台。

与此同时，位于密云县太师屯镇人间花海景区的“港中旅密云人间花海房车、自驾车营地体验区”也正式启动。港中旅集团首条“房车旅游”体验线路正式开启，实现了房车“轮子上的酒店”“移动的家”的目标，这也预示着密云将率先成为中国房车旅游体验中心和先导市场。

（2）经营现状

港中旅集团房车营地的发展战略规划拟从北京起步，至2015年，重点在商务市场较成熟、市场需求量较大的京津唐、辽东半岛、胶东半岛、长三角、珠三角及海南等地布局，在全国的重点旅游区建成50个不同特色的示范营地，初步完成度假房车营地布点。2020年，通过自建及加盟的方式在全国各主要城市及重点旅游区设立房车营地，形成全国网络化布局。

南山房车小镇还承接大型国际会议，以提高自身影响力。例如，2016中国国际房车展览会就在南山房车小镇召开，旨在让与会者深入房车露营生活，以真实的视角推广房车这种新业态的旅行方式，房车小镇2015年宿营类产品收费及服务内容见表6–8所示。

表6–8　宿营类产品收费及服务内容（2015年）

产品类型	周末及节假日收费	服务类型
情侣房车	888元/晚	大床（1.5m×2m），约26m²，限住两人，小镇会所可提供免费无线网络，房车营地区域无网络
家庭房车	1288元/晚	面积为30—40m²，根据房车车型不同，床型不同，基本配备一张1.8m×2m的床及沙发床，可容纳4人，可根据入住人数选车型，配备独立卫生间
聚会房车	1588元/晚	根据房车车型不同，床型不同，基本配备一张1.8m×2m的床及沙发床，可容纳5人，可根据入住人数选车型，配备独立卫生间

5. 案例小结

港中旅密云南山房车小镇是国内首家按照国际标准建设的房车营地，包括规划选址、功能布局、设施配置、运营管理等方面，投资力度大、建设标准高。营地在建设中始终贯彻环保、绿色、低碳的理念，实现了零排放、零污染。以引进美国及德国原装进口拖挂式房车的特色作为吸引点，颇见成效。

在规划方面，营地充分利用了所在区域丰富的旅游资源和得天独厚的区位交通等综合优势，内部设计合理、功能分区鲜明、休闲娱乐区域丰富。

在产品开发方面，以进口高规格房车为吸引点，重视房车内部及外部环境建设，充分利用营地的场地优势，形成了丰富多彩的各类体验活动，专为情侣、家庭及朋友聚会而打造。

在运营管理方面，密云南山房车小镇拟在未来几年完成全国网络化布局，建设不同特色的示范营地，并通过承接大型会议及活动扩大自身的知名度和影响力。

6.2.3　山地型——云南康藤·南方丝绸古道帐篷营地

康藤是起源于中国云南省的生态旅游品牌，创立于2009年，经过10余年的发展，由康藤参与规划建设及运营的营地共有5家。康藤的扩张和发展速度并不快，但旗下每一个营地都占据了奢华露营行业标杆的位置。品牌核心理念为“云深不知处，致远见康藤”，寓意着人为之路的尽头，便是自然之路的开始。康藤·南方丝绸古道帐篷营地是康藤生态旅游的第三个作品，于2019年9月正式运营，从规划选址、设施投建到正式开业运营前后一共历时18年，贯彻了康藤一贯的以生态为先、融于自然的核心理念。

1. 营地概况

康藤·南方丝绸之路古道营地紧邻高黎贡山自然公园，距离高黎贡山国家级自然保护区南部界线5km。项目选址于高黎贡山国家二级公益林内部，以高空栈道连接了20顶形态多样和功能各异的宿营及公共服务帐篷，在规划建设上尽可能减少到访游客对自然界动植物的干扰。整个营地平均海拔2300m，免去了初次到访高原的游客的高原反应，在丛林星空之间营造了一个短暂避世的林间桃源。

康藤·南方丝绸之路营地属于典型的生态景观资源依托型营地，并不以成熟景区的客流转化为保障经营收益的有效途径，而以人迹罕至、天然去雕饰的自然生态景观营造野趣、奢华的小众露营体验。项目所在的高黎贡山素有“人类动植物基因库”的称号，山上分布着从青藏高原到云南本土种属的丰富动植物资源，很多古老的物种也被保存了下来。高黎贡山有20多类国家一级保护动物、47种国家二级保护动物，有4类国家一级保护植物、20余种国家二级保护植物[24]，堪称地球物种演进的百科全书。此外，在北方丝绸之路尚未开通的二三百年中，南方丝绸之路作为联通中国与全球的重要通道，其历史科考和文化价值也十分突出。康藤·南方丝绸古道帐篷营地就坐落在南方丝绸之路途经的保山腾冲一带，自然和人文的交融让整个营地更显独特。

2. 建设现状

为更好地践行对自然保护区以保护第一的开发原则，整个营地在建设规模和核心设施的设置上都秉承了少干扰、少排放的核心原则，力求设施与周边自然环境的浑然天成，让游客在尽情拥抱自然的同时，其游憩行为又不会对生态环境造成二次污染。

首先，在营地的整体规模控制上，整个营地仅设置20套帐篷，其中5套为公共服务配套型帐篷。以住宿过夜为功能的宿营型帐篷仅有15顶，详细内容见表6-9所示，总宿营游客接待规模为30—45人，属于典型小众定制型奢华营地。在经营中不以规模取胜，而以与品质相匹配的高额客单价保障合理的投资回报比，且整个营地接待规模有限，对生态环境的干扰也尽可能地减少到最低水平。

表6-9 康藤·南方丝绸古道帐篷营地设施

类别	具体内容
宿营设施	15套以自然探索为主体的宿营帐篷
公共服务	濮曼餐厅帐篷，位于营地中心区域，由2个大帐篷组成，内部空间总面积为63m²，可同时容纳30人就餐
	波拉吧帐篷，紧邻濮曼餐厅帐篷，由3个帐篷贯通而成，室内空间总面积45m²，为客人提供电影、饮品服务
增值配套	首先到达的是高黎图书馆帐篷，面积48m²，藏书丰富，涵盖自然、历史、哲学、户外生存等内容
	星月菩提瑜伽平台，位于高黎图书馆帐篷下栈道中层，是一个总面积为108m²的半开放式空间，也是静思冥想、修养身心的绝佳空间

其次，营地在建造实施过程中，依托场地自然起伏的地形特征，结合丛林神秘幽静氛围特征，将栈道、森林、帐篷三要素巧妙地组合在一起，在郁郁葱葱的林间树梢再现了一个与自然对话的诗意栖居。营地所有的宿营及公共服务设施都通过 1000m 长的栈道相连接，与森林中的绿意融为一体。15 个住宿帐篷平台面朝开阔的林中荒野景观，背靠山峦和林海、紧依栈道、起伏绵延、一贯南北，如同从山中长出的藤蔓，带人走进童话中的自然探索秘境。

3. 营地经营现状

从康藤营地的扩张之路来看，深耕定位越野户外市场，因地制宜的露营空间设计营建及深度践行品质生态旅游是驱动其标杆地位的三大核心要素。首先，在市场定位层面，康藤一直以来都十分重视具有高消费潜力的自驾户外越野市场，自创始之初就十分重视与汽车品牌的跨界合作，先后与路虎、宾利、保时捷等汽车品牌开展过深度合作，做好细分渠道的深耕培育。康藤南方古丝绸之路营地作为康藤旗下品牌，在市场定位上延续了康藤作为高端生态旅游品牌的核心，在经营上不以大流量规模取胜，而是以小规模、高单价、私人定制的高品质露营生活集群的打造来孵化核心市场圈层。

在经营方式上，康藤采取一价全包的运营方式，人均每夜的客单价约为 4000 元，除不含大交通费用之外，包含了住宿、餐饮及部分休闲配套活动的全部费用。在经营理念上，营地是唯一一个以自然教育、生物多样性保护及轻度科考探险为主题的帐篷营地。结合这一主题，营地充分挖掘高黎贡山的生态旅游资源，以营地为起点，开发多条越野与徒步探险路线，去探访和认识隐藏在高黎贡山深处的神奇动植物。此外，营地还十分重视自然与文化体验相结合，以在高黎贡山区域传承的特色非物质文化遗产为线索，在营地内开设了丰富的手工造纸、植物拓印、花草纸制作等文化体验活动，让游客深度感受原生态的当地文化脉搏。

精准的市场定位、主题化的场地营建、细分渠道的深耕拓展、以自然生态为核心产品特色是康藤营地作为中国本土高端帐篷营地第一品牌的四大核心。康藤立足于在中国中产阶层崛起的市场背景下，专注于人与自然和谐相处的产品理念，为高端露营旅游市场提供一场毕生难忘的自然生态旅行体验。营地以奢华帐篷为核心设施，单个帐篷营地规模体量都不大，力争尽可能以对自然环境最小的干扰，于旷野之中构筑起一个游客与自然沟通的媒介。在市场渠道的培养上，除了常见 OTA、网站、旅行社等，康藤还通过与汽车品牌的深度合作来不断拓展自身的渠道生态圈，以求提高有效游客的转化率。在供给内容上，康藤营地从硬件上的融于自然、归于自然，到软件上的自然徒步、夜观星辰、认知自然等丰富体验活动的设计，将生态教育转化为品质体验。

6.2.4 森林型——上海东平国家森林公园房车营地

1. 营地概况

上海东平国家森林公园房车营地坐落于东平国家森林公园景区内中北部，占地 52 300m^2，见表 6-10 所示，是上海乃至全国最具规模的房车营地，营地共引进 90 辆房车，另设 5 个自驾房车营位，可供自驾房车一族停泊，是集休闲、娱乐、住宿为一体的森林房车营地。

表 6-10　东平森林公园房车营地概况

占地面积	投资额度	隶属公司	运营模式	开营时间	接待容量
52 300 m^2	5000 万元	上海崇明旅游投资发展有限公司	/	2015 年 3 月 21 日	约 170 人

东平国家森林公园位于我国第三大岛——崇明岛的中北部，总面积 3.55 km^2，森林覆盖率达 80% 左右，作为上海市文化旅游规范景区、全国农业旅游示范点、它是国家 AAAA 级旅游景区，也是上海十佳休闲旅游新景点之一，是长江中下游最大的平原人造森林，这里也是树的海洋、花的世界、鸟的天堂。公园内空气洁净、气候宜人，负氧离子含量高达 2 万个 /cm^3，夏天日气温通常比外界低 2—3℃，3—11 月份平均气温为 18.6℃，全年旅游适宜日达 300 多天。房车营地坐落于此，可为游客带来最自然、最舒适的游览体验。

（1）区位交通

上海东平国家森林公园房车营地位于崇明岛的西北部，距离上海市区 60 余 km，东临沪陕高速，南邻 S128 省道，周边路网发达，交通十分便利，不论是从上海市区、江苏南通市还是从外省市进入，都有渡轮、汽车、火车等多种交通方式可供选择。营地处在长江口被誉为“长江门户、东海瀛洲”的崇明岛上，崇明岛是中国第三大岛，地势平坦、林木茂盛，且岛上天然风光众多，也不乏历史人文景观，区位优势突出，坐拥长三角地区以上海、南通等城市为中心的地带，有较为稳定的客源市场群体。

（2）周边资源

上海东平国家森林公园房车营地位于东平国家森林公园内，它具有着国家 AAAA 级旅游景区、上海十佳休闲旅游新景点之一等众多头衔的森林公园，前身是东平林场，动植物资源丰富，有造型别致的“蟹”房式多功能休闲游客中心、500 m^2 的水上游乐园、崇明特色风味菜肴、20 000 m^2 沙滩游泳场、青少年野营基地，还有特色森林滑草、攀岩、高尔夫、网球、排球、滑索、骑马等丰富的游乐项目。房车营地的入驻，将得天独厚的自然资源与新型旅游项目有机结合，彰显了优越的自然环境与现代休闲融合的新理念，真正打造出了崇明旅游的新亮点。

从大环境上看，崇明岛三面环江、一面临海，西接滚滚长江，东濒浩瀚东海，南与浦东新区、宝山区及江苏省太仓市隔水相望，北与江苏省海门市、启东市一衣带水。与多个城市的联系对带动崇明岛的旅游资源起到了强有力的推动作用。

（3）功能分区及布局

上海东平国家森林公园房车营地总体上可分为两大功能区，即房车区和综合功能服务区。房车区包括生产于德国、美国、澳大利亚等国家的各类房车 70 辆，另设 5 个自驾房车营位，每个营位都设有独立的小庭院。综合功能服务区约有 800 m^2，包括宽阔的草坪和休闲垂钓区。不同功能区围绕着湖区紧密排布，所有房车近乎均匀地排布在区域内，在不同地点都可以感受到房车露营的氛围。

2. 建设现状

营地主要设施。房车区包括各类房车 90 辆，可同时容纳 350 人左右入住，另设 5 个自驾房车营位，可供自驾房车一族停泊和充电。每个营位都设有独立的小庭院，房车房型多样，有情侣型、家庭型、聚会型等类型可供选择，房车内部卧具、冰箱、橱柜、电视、盥洗设施一应俱全。综合功能服务区有 800 m^2 左右，既有便利店、多功能会议室、餐厅、茶室等服务设施，也有乒乓球室、棋牌室等娱乐设施，见表 6–11 所示，另有 20 000 m^2 的宽阔草坪和 20 000 m^2 的可休闲垂钓水域，可供团队开展各项活动。

表 6–11　上海东平国家森林公园汽车营地设施概览

类别	类型	类别	类型
基础设施	水电设施	服务设施	游客接待中心
	排污设施		便利店
	停车场		茶室
	硬化车行道 / 人行道		公共餐厅
	电视		多功能会议室
	Wi–Fi	娱乐设施	乒乓球室
	公共厕所		棋牌室
	垃圾箱		其他
住宿设施	房车营位		/
	自驾房车营位		/

3. 营地经营现状

（1）产品体系

上海东平国家森林公园房车营地选择东平国家森林公园入驻，将这种新型的旅游形式和公园内得天独厚的自然资源有机地结合，露营者既能享受公园内的美景和设施，同时也能更好地体验露营产品。

营地以德系、美系和澳系高品质的房车住宿为主，并且有自驾房车营位可供选择，房车车型包括情侣型、家庭型、聚会型等，房车内部各类设施齐全，房车外部都有独立的小庭院，见表 6–12 所示。

表 6–12　宿营类产品收费及服务内容

产品类型	价格	数量	人数	面积（m^2）	床型（m）	服务设施
德系豪彼 A	388—588 元 / 晚	5	3	11	2.7 × 1.3 大床 1.9 × 1 沙发床	电视机、冰箱、空调、橱柜、沙发、烧水壶、吹风机、淋浴室、卫生间、Wi–Fi、茶室、早餐厅、便利店、户外运动项目
德系豪彼 B		10	3	15	2 × 0.8 单人床 1.8 × 0.8 单人床 1.9 × 1.4 沙发床	
德系豪彼 C		5	3	9.8	2 × 0.3 双人床 1.9 × 1.4 沙发床	

续表

产品类型	价格	数量	人数	面积（m^2）	床型（m）	服务设施
美系 KZ	388—588 元 / 晚	20	3	12.9	2×1.4 大床 1.8×0.8 单人床	电视机、冰箱、空调、橱柜、沙发、烧水壶、吹风机、淋浴室、卫生间、Wi-Fi、茶室、早餐厅、便利店、户外运动项目
澳系瑞莱克斯 A		10	3	19	1.9×1.5 大床 1.9×0.8 上下铺	
澳系瑞莱克斯 B		20	2	19	1.9×1.5 大床	
澳系瑞莱克斯 C		20	3	19	1.9×1.5 大床 1.9×0.8 上下铺	

围绕着房车营地，开发了一系列完善的配套服务设施，包括便利店、餐厅、茶室、会议室、乒乓球室、棋牌室等，加上20 000m^2的宽阔草坪和休闲垂钓区域，十分适合家庭聚会和团队活动。

（2）经营现状

东平国家森林公园汽车营地的盈利情况与功能区相对应，主要是宿营、美食和娱乐设施三大类。

4. 案例小结

上海东平国家森林公园房车营地作为为数不多与国家森林公园结合的房车营地，充分利用了公园内得天独厚的自然资源，同时又突显自己的特色，与公园之间形成了互惠互利的关系，是森林型汽车营地的典范。

从规划方面来看，营地外围充分利用了所在区域的自然资源、区位交通、经济市场等综合优势；营地内部环境优美，房车围绕着湖水合理布局，能够让人时刻都有房车露营的体验，同时又能欣赏美景。

从产品开发方面来看，东平国家森林公园汽车营地注重房车外部配套设施的开发，每个房车外部的小庭院都显示了露营环境氛围的打造，更利用场地内空间，设置了各类适合情侣、家庭及团体的体验活动，丰富了人们的露营体验。

6.2.5 湖畔型——江苏苏州太湖一号房车露营公园

1. 营地概况

苏州太湖一号房车露营公园是苏州凯普房车露营管理有限公司（英文名为 Campark，中文简称凯普）旗下的营地项目，见表 6-13 所示。凯普提出了“让露营成为我们的一种生活方式”的宣言，致力于推动中国房车产业大发展的同时，扩大营地的网络建设，并明确了长三角地区建设国际标准化营地的目标，使长三角地区营地网络化，同时向人们展示、宣扬房车旅行与露营的健康休闲方式，为更多房车车主、房车爱好者提供一个娱乐休闲、交流心得的平台，从而使房车走进我们的生活，让我们拥有崭新的户外生活方式。

表 6-13　苏州太湖一号房车露营公园概况

占地面积	投资额度	隶属公司	运营模式	开营时间	接待容量
170 余亩	1 亿	苏州凯普房车露营管理有限公司	自建自营	2013 年 9 月 30 日	400 人

苏州太湖一号房车露营公园位于苏州市高新区镇湖北太湖大道 1699 号，作为长三角地区首家标准型房车营地，占地 170 余亩，严格按照国际四星级房车营地标准规划建设。建成后的房车露营公园充分体现了“生态、绿色、休闲”特色，倡导时尚的户外露营生活。

太湖一号房车露营公园集生态旅游、房车（自驾车）露营、团体露营、户外运动、企业拓展、篝火烧烤、娱乐休闲等项目于一体，为广大房车露营爱好者提供了一个设施完善的休闲平台。房车体验区由两种不同类型的拖挂房车组成，自成一排，能让游客在青山碧水间近距离接触大自然，品味田园风光，愉悦身心。同时还有游客坐在各自的汽车里通过调频收听和观看露天电影的新型汽车文化娱乐方式。该露营公园充分体现了“生态、绿色、休闲、度假”的特色和倡导时尚的户外露营生活方式。

（1）区位交通

太湖一号房车露营公园坐落在太湖边，位于江苏省苏州市高新区镇湖北太湖大道 1699 号，紧邻太湖大道高架路，周围有 S230 省道、苏绍高速公路，交通十分便利。距离苏州市中心直线距离不足 30km。区位优势十分突出，拥有太湖周边及长三角地区稳定的客源市场，连接了苏州、上海、无锡、嘉兴等重要长江入海口城市。

（2）周边资源

太湖一号房车露营公园地处太湖湖畔，太湖在我国的淡水湖泊中名列第三，自然风光得天独厚，周边生态环境绝佳。太湖位于富饶的上海、宁波和杭州的三角地带中心，周围众星捧月般分布着淀柳湖、阳澄湖等，纵横交织的江、河、溪、渎形成了极富特色的江南水乡。周边旅游资源十分丰富，看人文胜景有苏州园林、永慧寺、统一嘉园、玄阳洞、碧云洞、禹王庙、白马庙、罗汉寺、东西山风景区、灵山大佛、小王山摩崖石刻三元文化遗址等。自然风光同样吸引人，不加雕琢的太湖本身加上渔民的风采，就是一道独一无二的风景线，还有鼋头渚、太湖湿地公园、太湖仙岛等著名景点。

（3）功能分区及布局

太湖一号房车营地按照职能区域划分为：营地服务区、房车品牌展示区、房车酒店、综合露营区、公共服务区和活动休闲娱乐区，如图 6–1 所示。

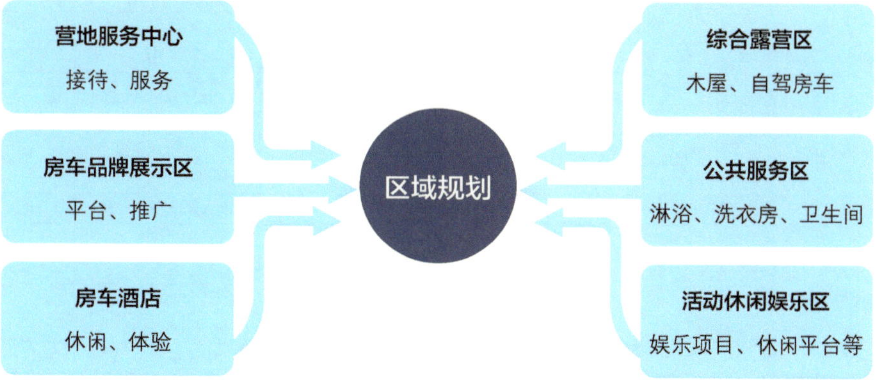

图 6–1　太湖一号房车营地区域规划图

营地服务中心：占地面积 700m^2，总共 3 层，可作为营地接待、房车配件展销中心、房车露营文化展示区、品牌星光大道、餐饮店、休闲区、室内活动室、会议室等。

房车品牌展示区：园内品牌展示区营位共计 19 个，每个入驻品牌可根据企业形象设计规划，打造品牌生活体验馆，推广房车品牌形象。入驻的品牌有德国海姆房车、江铃房车、顺旅房车、中天房车和中欧房车。

房车酒店：公园投放 30 辆房车酒店、7 栋木屋酒店供自驾车及露营者做露营体验。房车内设施按照酒店标准配备，包含毛巾、被褥、拖鞋等用品和设施。

综合露营区：综合露营区营位共计 34 个标准营位，营位配备水、电、排水、排污、公园广播播放功能、对讲功能、灯光、Wi-Fi、有线电视等；营位大小为 12m × 12m，针对自驾房车车友开放，运营模式为房车托管、房车营位出租等。现场有 6 辆房车托管，2 个房车营位出租，平均每周 3—5 辆房车现场露营。

公共服务区：设有公共卫生间、公共淋浴间、公共洗衣房、自助餐厅、景观休闲八角亭等。

活动休闲娱乐区：公园为露营者配套休闲活动场所，包括亲水休闲平台、汽车影院、儿童娱乐项目、运动场、自助烧烤广场等。

由此可见，太湖一号房车露营公园内部功能区布局合理、紧凑，充分利用了原有地形、地势和自然资源，以原有山林和生态湿地为中心，四周紧密分布和排列着房车露营区、水上木屋区等功能区。

2. 建设现状

太湖一号露营公园可容纳 35 辆自驾房车、82 辆营地房车和 24 个生态木屋，同时满足约 600 人户外活动、露营休闲、旅游度假的需求。由于经营现状的火爆及市场热情的持续走高，营地二期已增加了 9 个营地房车营位，营地共有 91 辆营地房车。此外，营地内部还配套设置了游客服务中心及中西餐厅、户外运动、丛林探险、拓展训练等丰富的设施，为游客提供接待、餐饮、购物、会议、娱乐等多样化的服务，见表 6-14 所示。

表 6-14　苏州太湖一号房车露营公园设施概览

类别	类型	是否具备	类别	类型	是否具备
基础设施	水电设施	√	服务设施	游客接待中心	√
	排污设施	√		公共淋浴房	√
	生态停车场	×		公共洗衣房	
	硬化车行道 / 人行道	√		公共餐厅	√
	电视	√		超市	√
	Wi-Fi	√		医疗中心	×
	公共厕所	√		商务中心	√
	垃圾箱	√		儿童娱乐区	
住宿设施	房车营位	√	游乐设施	户外运动区	√
	自驾房车营位	√		休闲娱乐区	√
	木屋营位	√		露天活动场	√
	帐篷营位	√		商务休闲区	√
	其他	√		宠物游乐区	×

3. 营地经营现状

（1）产品体系

苏州太湖一号房车露营公园的产品体系主要分为住宿、特色餐饮和休闲娱乐三大块。营地共计划建设140余标准房车营位、5大房车入驻品牌。每个营位除配备水电、排污接口及野餐桌、烧烤架等基础设施外，还会为房车游客提供木炭、煤气、网络等配套服务设施，以此保障露营者便利的出游生活。房车体验区由两种不同类型的拖挂房车组成，自成一排，让大家在青山碧水间近距离接触大自然，品味田园风光，愉悦身心，夜晚透过房车的车窗向外仰望漫天星空，呼吸大自然的清新空气，此时温馨、舒适融为一体，愉悦和自然完美结合，见表6–15所示。

表6–15　宿营类产品收费及服务内容

分类	产品	外观	室内设置	价格
	家庭房车	大气的房车空间设计，车身长6.5m、宽2.2m	两张单人床、U型沙发、独立卫生间、餐桌、冰箱、空调、电视机等	580元/辆
	中驰威家庭房车	车身长7.5m、宽2.5m	两张单人床、一张沙发、独立卫生间、餐桌、冰箱、空调、电视机	580元/间
	帝盛房车	整车从澳大利亚进口、车身长10m、宽2.2m	一张双人床、一张沙发、一个上下铺、独立卫生间、独立淋浴间、空调等	980元/间
移动木屋	阳光度假房	整身除玻璃以外，均采用原装进口配件，三面环水，采光效果好	可根据客户的需求进行私人订制	880元/间
	乐活木屋	一室一厅一卫	可根据客户的需求进行私人定制	880元/间
时尚吊脚楼		吊脚楼是利用房车车体搭建的吊脚楼形式的房屋	一层为休闲区、二层为居住区，可通过L型连接两户，亦可通过U型连接三户，公用中心楼台区域，适合朋友、企业聚会等用途，还可根据客户的需求私人订制，以满足露营者的需求	880元/间
康桥木屋酒店		独栋小别墅	独立卧室，四面通透，一楼有一个大的客厅、一间带有卫生间的卧室，楼上则有小朋友睡觉的榻榻米	1280元/间
行阅小筑（休闲会所）		功能复合型会馆	该会所邻接太湖，环境优美；室内设备一应俱全，两间舒适的客房酒店（标准间、大床间），适合16人左右的小型聚会、沙龙等会议；推门入院，万顷太湖映入眼帘，院内还配套有休闲凉亭、养鱼池、活动草坪等	2000元/晚
一号公馆（聚会场所）			该会馆依湖而建，室内设备一应俱全，室外120m^{2}的大平台面朝太湖；7间舒适的标准间客房酒店，适合7个家庭的小型聚会、沙龙等会议；为了满足露营者的需求，室内还专门设有开放式厨房、儿童玩具间、棋牌室等活动场所；室外平台设有两套户外桌椅，周边大树环绕，可以茶会友，享受惬意的度假生活	3500元/晚
集装箱酒店大床房		由多个集装箱组合而成	集装箱酒店依山傍水，进入大厅一楼是一个茶水招待室，里面则是清吧；集装箱共有4层，二层至四层是客房，集装箱大床房依靠山体，内有1.5m大床，面积18m^2	480元/晚
集装箱酒店标准间		由多个集装箱组合而成	外部设备与集装箱酒店大床房相似内有2张1.2m单人床，总体面积38m^2；房内配置双人大床一张、空调、卫生间、电视机等设备，提供毛巾、浴巾、一次性拖鞋、一次性洗具、擦鞋布等必备用品	580元/晚
帐篷露营		自带帐篷	专业露营平台，包含公共卫生间、公共淋浴间（24小时热水供应），享受清新的空气，亲近大自然，从而领略太湖美景	30元/人

营地提供户外冷餐会、特色东北烧烤和东北特色土灶等餐饮类产品，见表 6–16 所示，采用新鲜食材、手工制作，有专业师傅亲自调配，能让味蕾得到充分享受，体味别样的风土人情。

表 6–16　餐饮类产品收费及服务内容

项目	提供服务	价格
户外冷餐会	专业烧烤设备，新鲜食材	/
特色东北烧烤	采购新鲜食材，手工串制，所有烧烤配料均由东北烤师自制调配	60—100 元 / 人
东北特色土灶	可自行烹饪亦可坐下来享受美味	/
临湖品茶	单泡茶 1 杯	31 元 / 人

营地还有相应的配套服务设施及活动，如炫酷易步平衡车、趣味骑马、萌宠喂养，以及巧克力 DIY 等手工制作等项目，见表 6–17 所示，特色活动方面包括夜晚户外主场戏、户外露天电影、游艇、5 人制足球、远程控制（RC）赛车、露营等，见表 6–18 所示。

表 6–17　活动类产品收费及服务内容

<table>
<tr><th colspan="2">项目</th><th>收费</th><th>服务内容</th></tr>
<tr><td colspan="2">炫酷易步平衡车</td><td>50 元 / 半小时
200 元 /5 小时</td><td>电动平衡车</td></tr>
<tr><td colspan="2">趣味骑马</td><td>50 元 / 场</td><td>马匹</td></tr>
<tr><td colspan="2">萌宠喂养</td><td>23 元 /2 人（一大一小）</td><td>兔子、孔雀喂养</td></tr>
<tr><td rowspan="5">手工制作</td><td>巧克力 DIY</td><td>30 元 /50g</td><td rowspan="5">制作材料和工具</td></tr>
<tr><td>油纸伞、团扇绘画</td><td>20—40 元</td></tr>
<tr><td>彩陶制作</td><td>20—40 元</td></tr>
<tr><td>雪花泥相框</td><td>20 元 / 份</td></tr>
<tr><td>手工香皂</td><td>40 元左右</td></tr>
</table>

表 6–18　特色产品收费及服务内容

项目	收费	服务内容
夜晚户外主场戏	800 元 / 场	篝火
户外露天电影	300 元 / 场	专业户外电影设备
游艇	不详	可到太湖中心品酒、聊天
5 人制足球	300 元 /2 小时	场地
RC 遥控赛车	不详	场地和遥控赛车
露营	654 元 / 天	六角天幕、户外桌椅、摆拍道具、草坪场地

（2）经营现状

露营公园现有 90 个标准房车营位、30 辆房车酒店、7 套木屋酒店、5 大房车入驻品牌，注重高端大品牌房车的推广和良好形象的打造。

露营公园会定期在每年国庆期间举办一场国内大型的房车（自驾车）露营大会、每季度举办一场长三角地区房车（自驾车）户外露营聚会，并将延续举办下去，为房车从业者、房车爱好者及户外爱好者搭建良好的户外休闲平台，从而拓宽国内的房车户外旅游市场，与国际接轨，共同发展国内的房车旅游经济。这些大会有效聚集了更多人气，扩大了自身的品牌效应。

在经营策略上，露营公园实施“一卡通”式管理服务，建立会员制度，进行管家式全程托管服务。营地内还聚集了国内外著名房车品牌，力求打造专业房车展示平台。

4. 案例小结

作为凯普房车旗下的代表性营地及长三角地区首家标准型房车营地，苏州太湖一号房车露营公园严格按照国际四星级房车标准进行规划建设，以大投资、高标准作为起点，一期规划，分期实施，是我国当下处在起步阶段中较为具有代表性的营地产品。

在规划方面，营地处在太湖沿岸，利用了所在区域的自然资源、区位交通、经济市场等综合优势，吸引着长三角的游客群；营地内部风景优美，功能区域划分合理，给来露营的人们提供了多种多样的活动空间和丰富的体验。

在产品开发方面，苏州太湖一号房车露营公园主要布局住宿、特色餐饮和休闲娱乐三大块。每个营位配备齐全，可保障露营者出游时的生活需求。营地提供户外冷餐会、特色东北烧烤和东北特色土灶等，具有别样的风土人情。营地还有相应的配套服务设施及活动。

从运营管理方面来看，在经营策略上露营公园实施“一卡通”式管理服务，建立会员制度，进行管家式全程托管服务。营地内聚集了国内外著名房车品牌，力求打造专业房车展示平台。营地定期承办大型活动以提高知名度，例如，每年国庆期间举办的国内大型的房车（自驾车）露营大会、每季度举办的长三角地区房车（自驾车）户外露营聚会，拓宽了国内的房车户外旅游市场，力求与国际接轨，共同发展国内的房车旅游经济。

6.2.6 沙漠型——港中旅宁夏沙坡头营地（房车营地、星星酒店）

1. 营地概况

港中旅宁夏沙坡头营地包括房车营地、星星酒店两类，房车营地是国内首个沙漠型营地，项目总投资3000万元，于2014年正式建成并投入使用，营地规划建设面积近2万km^2，环境优美、设施齐全、服务便捷，有10辆进口房车，是集奢华、美景、休闲于一体的旅行目的地；星星酒店项目2018年正式启动建设，总投资1.4亿元，占地面积50亩，总建筑面积约9000m^2，创新采用边建设、边营销、边运营的开发建设模式，2020年10月开始运营，有沙景房、帐篷木房等宿营接待设施，酒店设计以星空为主题，利用营地环绕主题酒店的构造打造形成以五角星为景观形态的住宿接待群，以浩瀚大漠与星空作背景、远离城市灯火喧嚣，营建出沉浸自然的静谧休闲宿营区，见表6–19所示。

表6–19 港中旅宁夏沙坡头营地概况

营地类型	占地面积	投资额度	隶属公司	运营模式	开营时间	接待容量
房车营地	2万km^2	3000万	中旅集团	自建自营	2009年9月	/
星星酒店	0.03km^2	1.4亿	中旅集团	自建自营	2020年9月	/

（1）区位交通

沙坡头景区外部交通便捷通达，距沙坡头机场约 17km；定武高速直达，东西分别有常乐高速口、孟家湾高速口，距离高铁中卫南站 30km，距中卫火车站仅 10 分钟车程，靠近中卫市区，距离市区仅 20km。房车营地位于腾格里沙漠东南边缘处，距 201 省道 500m，定武高速公路经过沙坡头南岸半岛；星星酒店位于沙坡头景区腾格里沙漠腹地 8km 处，专门建设有通向酒店的内部道路，与景区的道路网络连接，实现景区内部各功能区的高效联通。

（2）周边资源

悠久的人文历史和优美的自然风光共同奠定了沙坡头丰厚的旅游资源蕴藏。就景区自身而言，沙坡头景区位于腾格里沙漠东南边缘处，腾格里沙漠浩瀚无垠，九曲黄河在这里受阻，伏首在黄河北岸的香山脚下，形成了一条长约 2000m、高 160m 有余的沙漠瀑布，沙坡头由此而得名。沙坡头集大漠、黄河、高山、绿洲于一处，既具西北风光之雄奇，又兼江南景色之秀美，自然景观独特、人文景观丰厚，被旅游界专家誉为世界稀缺型旅游资源。晨观大漠日出、黄昏赏沙海夕阳、夜晚遥望银河，是沙漠中独有的三大绝景。沙坡头先后获得过“世界环保500佳”“中国全民健身二十大景观”“中国十大最好玩的地方”“中国最值得外国人去的 50 个地方”“中国最美的五大沙漠”等荣誉。景区周边还有寺口子旅游区、一碗泉旧石器遗址、古代岩画、中卫高庙、双龙山石窟、海原“环球大震”遗址等多处古迹名胜。

（3）功能分区及配套设施

沙坡头房车营地包括营位区、管理中心区、休闲运动区三个功能区。

营位区：包括自驾车营位区、房车营位区、帐篷区。

管理中心区：设在景区接待部，有接待室、办公室、商店、医务室、卫生间和其他必要的服务设施，为露营者提供入住、结账、网络预订、信息咨询等服务项目，同时为露营客提供生活、休闲使用的必需生活用品（帐篷、烧烤等）、体育文化用品（篮球、排球、足球、羽毛球等）。

休闲运动区：包括运动场地（沙漠冲浪、沙漠自驾、沙地摩托、沙漠勇士），儿童游乐设施（秋千、跷跷板），拓展训练设施真人（反恐精英、沙漠野战、无器械拓展）和娱乐场所（沙漠酒吧、沙漠烧烤）四大板块。

营区的配套设施包括公共卫生间、淋浴、盥洗间、公共洗衣间、开水房等生活卫生设施，内部道路、停车场、围墙、标识指示牌、护栏、照明、通信、安全保障等基础设施，还配备了车辆维修工。景区内有常规医疗室，能够为露营客提供较为完善的后勤保障服务。

星星酒店集群主要由住宿和休闲两大类主体设施构成。酒店住宿空间划分为 AB 两大区域，A 区为主题酒店，整体设计风格轻奢、高档，B 区则为营地形式，重点凸显沙漠特色，营区呈现融入沙漠环境的精致典雅外貌风格，分为沙景木屋和沙漠观景房两类；配套设施有沙疗康养中心、星空剧场、观星谷、科普基地、亲子俱乐部、全景餐厅、室外星光泳池等。它们共同形成了集住宿、餐饮、休闲、娱乐于一体的综合性营地度假空间，可以为游客提供系列沙漠星空主题深度体验产品，见表 6-20 所示。

表 6-20 港中旅宁夏沙坡头房车营地设施概览

基础设施	生活设施	露营区域设施
上水接口	超市	自驾车营位
下水接口	餐厅	自行房车营位
市电接口	酒店	拖挂房车营位
煤气接口	酒吧	帐篷营位
网络接口	卫生间	轻体房屋
电视接口	盥洗间	移动别墅
电话接口	淋浴室	医疗室
车行道路	洗衣房	汽车救援
无障碍通道	游客服务中心	商务中心

2. 建设现状

沙坡头房车营地共有200个自驾车营位、15个房车营位和可提供200顶帐篷营位的野营区，配备有良好的排水系统。共10辆房车，为进口的自行式房车，体型较小。

星星酒店共有196间房间，其中有80间沙景木屋，116间沙景房。沙景木屋完全置于沙漠之中，房内配有完善的住宿配套设施，木屋外延伸设置有休闲茶歇露台。沙景房建设在沙坡顶端，有一块组合式玻璃墙面，可无死角观沙海，房屋结构均以成品环保建材组装而成，房内配备升降床、电动窗帘、露台＋桌椅、沙发、电视、中央空调、新风系统、杰宝（JBL）蓝牙音箱、内线电话、无线网、有线网端口等设施。

3. 营地经营现状

沙坡头房车营地作为沙漠型营地，产品都较好地契合了沙漠主题特色。营地以住宿为主，提供休闲娱乐运动设施为辅，配有齐全的公共服务设施。休闲娱乐方面，有沙漠露天吧、沙漠酒吧、儿童游乐区、CS沙漠野战营地、沙漠动感地带、无器械拓展区，为游客提供沙漠运动、沙漠竞技、沙漠野战、沙漠烧烤等设施。沙漠住宿和娱乐体验是营地的两大主要盈利板块，表6-21所列为标准收费，每个月还有幅度不等的优惠，旅游淡季（11月1日至次年4月1日）时营地关闭。所有娱乐项目都属量身定做，无统一价格。

表 6-21 房车营地产品收费及服务内容

产品类型	平时收费	服务内容
德系房车	1088 元 / 辆	燃气灶、热水器、空调、电视、冰箱、取暖炉等设施
帐篷	150 元 / 人	营地提供帐篷
自带帐篷	60 元 / 个	营地提供营位

星星酒店是国内首家沙漠主题休闲度假酒店，立足于生态建筑的设计理念，汲取了沙漠中常住民族埃及努比亚农村造型的经验和非洲沙漠部落民居的建筑形式，独特的建筑风格与大漠环境浑然一体。酒店集合品质住宿、休闲娱乐、特色餐饮、沙景观光、研学教育等多样服务产品，推出沙漠徒步、沙漠瑜伽、亲子沙画、观星讲座、星空合影等特色主题活动，形成由多种消费产品构成的综合性收益架构。酒店全年运营，住宿接待12月、1月、2月实行淡季收费，

3 月、4 月、11 月实行平季收费，5—10 月实行旺季收费，另外小长假期间一般会另行制定价格，表 6-22 为部分餐饮收费标准及 2022 年度 2 月份的住宿收费标准，另外还会出台针对特定人群、特定节日的各类优惠政策，其他休闲活动则无统一收费标准。

表 6-22　星星酒店淡季收费及服务内容

产品类型	平时收费	服务内容
木屋标间	2289 元 / 晚	电视、电话、独立卫浴、Wi-Fi、空调、吹风机、饮用热水、洗漱用品、床（标准单人床两张或标准大床一张）
沙景标间	3280 元 / 晚	
沙景大床	3280 元 / 晚	
野奢下午茶	888 元 / 份	茶歇套餐、场地布置、小音箱
野奢沙漠晚餐（西式）	688 元 / 位	室外沙漠野奢套餐、红酒、氛围布场、配备私厨
高订烤羊套餐（中式）	688 元 / 位	烤全羊套餐、白酒、氛围布场、配备私厨

4. 案例小结

港中旅在沙坡头景区投建运营的营地为国内首家沙漠主题营地，开创了在大漠深处打造住宿接待产品的先河，为沙漠空间构建完善的深度体验产品体系树立了标杆，进一步延伸开拓了营地的营建环境。

从营地规划方面来看，沙坡头营地充分利用了沙漠区域的自然资源、区位交通、经济市场等综合优势；营地内部游线设计合理，细节把握到位，从住宿到游乐可享有多种沙漠特色的体验。

从产品供应方面来看，营地形成了由房车帐篷营地升级拓展主题宿营酒店的发展线。房车营地以沙漠环境为背景，以德系房车和帐篷为核心服务产品，配套提供休闲运动场地、儿童游乐设施及沙漠休闲体验等产品，形成了集住宿、餐饮、休闲、娱乐于一体的综合性汽车营地；星星酒店则位于大漠深处，以沉浸式的沙漠观景品质宿营接待产品为核心，配套建有星旅之家、星空剧场、星空餐厅、星咖啡、观星谷、半个太阳星空宴会厅、沙疗中心和星形湖等景观休闲设施，能够提供包括餐饮、观星、休闲、聚会、疗养、研学等基础和创新休闲体验服务产品，构建形成了高品质沙漠主题休闲露营度假空间。

从运营管理方面来看，沙坡头景区营地的客源主要依赖于景区客源输送，营地客流呈现较强的季节性特征，另外营地产品的营销渠道尚未完全打开，在营收方面沙坡头营地还有一定的提升空间。

6.2.7　草原型——内蒙古敕勒川草原科技旅居营地

1. 营地概况

内蒙古敕勒川草原科技旅居营地位于呼和浩特市保合少镇，项目选址大青山国家级自然保护区实验区内，由呼和浩特市新城区文体旅游广电局投资建设，是国内为数不多在自然保护区范围内投建运营的营地，当前尚处于在建阶段。

营地的搭建以国内顶尖科技旅居装备为核心依托，能够提供包括露营基础保障、创意商业、餐饮服务、特色住宿、科普活动在内的多功能服务。敕勒川草原科技旅居营地在筹建过程中始终坚持“轻建设、轻干扰”的原则，依托移动科技旅居装备的生态科技优势，将有效实现在对自然保护区生态环境几乎不产生影响的情况下打造功能多样的露营天地。

2. 营地主要设施

内蒙古敕勒川草原科技旅居营地规划筹建的主要设施包括以下 11 类。

草原科普中心装备：装备面积 $52m^2$，具备住宿接待、综合结算、科普宣传等多种功能，装备内部设计了多元化的科普宣传形式，如实物展示、视频展示、投影展示，日均接待量可达 200 人。

草原住宿大篷车：大篷车面积 $192m^2$，其中有 4 辆普通大篷车和 4 辆 VIP 大篷车。大篷车以草原特有交通工具勒勒车为设计原型，与草原环境高度融合，营造出浓郁的草原游牧民族生活情景。车内功能齐全，普通宿营篷车和 VIP 宿营篷车内均设有卫生间、行李架和床，普通宿营篷车后部设置两张单人床；VIP 大篷车内前部设置一张双人床，后部设置休闲空间和隐藏行李架，为游客提供多种住宿选择。

中央厨岛方舱：方舱面积 $24m^2$，由主食加工设备、副食加工设备、西餐加工设备、无烟烧烤设备、洗物池等组成，可以提供西餐、烧烤等多种食品。

户外全景餐饮方舱：有 VIP 餐饮方舱和普通餐饮方舱两种，VIP 餐饮方舱内部风格独特、配套设施齐全，舱内设施极具草原特色，营造出浓郁的草原风情，并且配有卫生间等设施；普通舱则具备基本餐饮功能，可以满足游客不同的就餐需求。

文创咖啡屋：融合绿植、原木、光影元素，设有餐饮区、观景区、休闲区及文创产品展售区多个功能区，还有与草原环境实现高度融合的现代化自然风情休闲设施，具备观光、休闲、购物、茶饮等多种功能，能够满足游客的多种休闲需求。

游历书屋：游历书屋为利用可循环利用资源构建的透明式书屋，镶嵌于山体凹陷处，宛如镶嵌在山体中的玉柱，景观效果极佳，具有强烈的景观标示性特征，融合阅读、休憩、观景、摄影、文化传播等多种功能。

卫浴方舱：提供洗浴和卫厕两大功能空间，内部配置相应功能设施，包括净水提供、污水污物处理、功能操控等设备，能够满足露营游客的日常卫浴需求。

净水保障方舱：包括净水储存和处理两大系统，有净水箱、中水箱、控制系统、水路系统，净水箱和储水箱可储存 10 吨水，是营地用水的基础保障。

冷冻冷藏方舱：方舱两侧展开，前后不开门，内部分隔为左右两排，各设置三层置物架格局，主要用于食物的冷冻冷藏，为营地餐饮服务提供食材储存服务，保证运营期间餐饮食品的正常供应。

综合保障方舱：舱内设置监控系统和消防系统两大安全系统及办公区，现代化的安全保障体系能够降低管理难度，并高度保障营区安全。

多模块储存方舱：包含固废垃圾收集与处理配套设备、储物收集功能箱组，是营区的污水及固体废弃物处理中心，严格遵守保护区的环境保护要求，对营区产生的一切垃圾排放进行分类处理，如厨余废水、厨余垃圾、粪便、固体垃圾等，达标的可经方舱处理设备就地处理排放，不达标的则由方舱集中收集后定期打包运输到营区外部处理排放。

3. 案例小结

作为国内少数在自然保护区范围内筹建的营地项目，内蒙古敕勒川草原科技旅居营地依托现代移动科技旅居装备的功能集成优势、生态科技优势和定制服务优势，在几乎对生态环境不产生影响的前提下，充分彰显当地自然人文特色，同时提供多样化的营地休闲服务产品，成为自然保护区高质量可持续性发展的典范。

从规划方面来看，营地的筹建充分融合了当地特色自然地理和民俗风情元素，营地内的各类装备设施与草原环境高度融合，未来将形成充满草原风情的户外露营场所，为人们提供在大草原沉浸休闲体验的机会，在深入感受辽阔草原环境的同时享受舒适的休闲服务。

从产品开发方面来看，营地依托移动科技旅居装备，以生态保护、特色发展、服务多样为原则，能够提供包括住宿、餐饮、娱乐休闲在内的三大核心休闲服务功能，为露营客提供全方位的服务保障。另外餐饮和住宿服务配置了不同等级的产品，可以满足各层级的露营需求。

6.2.8 溪岸型——山东孙子文化园溪客度假屋营地

溪客度假屋营地由中国可移动旅居综合开发服务商北京大地溪客露营建筑科技有限公司研发设计，荣获中国唯一一个有国际影响力的设计奖项“红星奖”。度假屋外观设计以莲花的结构形态为参考，巧妙地结合花瓣的构造形态，形成了自然和谐、建造便捷、多种形式的半拆卸式移动建筑，能够提供两种可自由搭配的屋型；度假屋的内部则包括会客厅、休息室、观景台、娱乐休闲等多种功能空间，能够满足游客度假、观景、休闲、会友等多样需求。溪客度假屋营地坚持“溪水来客”的理念，在注重外部景观形态打造的同时关注内部硬件设施的配套，是独具 IP 价值的专利文创度假设施。

1. 营地概况

山东溪客度假屋营地项目位于 AAAA 级景区孙子文化园内，见表 6–23 所示，是溪客度假屋的首个样板项目和孙子文化园的首个高端度假产品，对于户外露营行业的创新及景区产品的优化完善具有重要意义。营地占地面积 35 000m^2，由东营市广饶县人民政府投资建设。整个营区的设计引入“十方十色”的设计理念，“十”彰显孙子文化园十年的发展历程，“方”指向中国最具代表性的十大城市，“色”以十大城市的代表颜色和典型文化景观来营造趣味生动的主题院落。最终选取海南、四川、西藏、青海、甘肃、内蒙古 6 省（区）中最具地区特色的城市，以及武汉、苏州、北京、伊犁等共 10 个城市的代表色彩和典型景观，形成主题差异的 10 大院落，涵盖 20 套住宿设备。10 个主题院落沿文化园内部水系散落分布，掩映在绿树青草间，有一番大隐隐于市的居士姿态，使营区形成清幽雅致、慢享生活的度假氛围。

表 6–23　山东孙子文化园溪客度假屋营地概况

隶属公司	运营模式	开营时间	接待容量
山东兵圣孙武文化旅游开发有限公司	自建自营	2018 年 7 月	<60 人

（1）区位交通

孙子文化园位于山东省东营市广饶县城东新区，广饶到济南、青岛机场均在2小时车程内，济南、青岛机场为E级机场，与国内外重点城市和国家都有航班往来；项目区附近有东营火车站、淄博火车站，距离上述两个火车站40余km；此外孙子文化园东邻长深高速（G25），距离高速出口仅9km。整体而言营地空间的对外交通网络发达，区域可达性较高，且有多种不同交通方式可供选择。从大区位角度来看，广饶县处于环渤海经济圈，位于“京津冀”“长三角”“中原经济区”三大经济圈的交会区域，坐拥国内最具潜力的消费市场。

（2）周边资源

孙子文化园溪客度假屋营地项目选址于孙子文化园两大重要水系孙武湖、大寨沟交汇的北岸，场地空间内溪水清澈蜿蜒、植被丰茂，整体形成林、草、水交融的优美环境基底，具备构建高端生态度假产品的天然生态优势。文化园的旅游业发展已经具备一定基础，园内有丰富的自然景观、人文及游乐设施，自然景观有体现孙武生平的乐安园、恩泽园、垂钓园、寻根园等场所；人文休闲场所有凝聚孙子文化的兵圣宫、兵法十三桥、兵圣天下（外广场）、春秋古镇、尚武遗风（兵器展示区）、攻城演绎（攻城演绎区）；游乐设施有过山车、大摆锤、太空梭等3项国外顶尖游乐设施，立体影院、魔幻剧场等高科技项目。文化园形成风景观光、休闲娱乐、文化瞻仰功能主导的休闲旅游服务，溪客度假屋营地项目则弥补了孙子文化园住宿功能的缺失，与文化园原有的旅游服务产品互为补充，共同形成较为完善的旅游服务产品体系，有效助力孙子文化园市场吸引力的提升。

2. 建设现状

孙子文化园溪客度假屋营地包括10个院落、20套度假屋，营地融合成人度假、儿童游乐和户外休闲多元功能为一体，属于定向面向家庭度假群体的高端产品。度假屋内部有冷餐间、淋浴间、主卧房、会客厅、儿童阁楼等不同的功能空间及多种高科技设施，如自动调光隐私玻璃、机械升降的小桌板、LED灯、污水处理设备等设施，使得入住体验更加舒适，营地营运更加节能环保；外部则充分依托场地特征和资源特性，打造了户外垂钓平台、户外秋千、螺旋花园等不同休闲产品。营区辐射范围内还有溪客咖啡屋和游客服务中心，能够提供户外咖啡、茶室会友、儿童看护、有机餐食等不同的附加服务。

3. 营地经营现状

孙子文化园溪客度假屋营地项目的场地改造与产品总投资约1200万，建设周期为12个月，于2018年7月正式投入运营。营地项目的导入让闲置了长达10年之久的园区重新聚拢了人气。2019年春节期间，文化园推出“看花灯、玩滑雪、品美食、泡温泉、会朋友”系列活动，溪客度假屋营地备受游客青睐，成为年三十家庭团聚、休闲度假的又一选择；2021年国庆长假10月3日至4日期间，溪客度假屋基本满客。因溪客度假屋营地项目的导入营运，文化园周边多了具有同样功能但不同类型的其他住宿产品，逐渐带动周边新兴业态的发展，见表6-24所示。

表 6-24 山东孙子文化园溪客度假屋营地宿营类产品收费及服务内容

产品类型	价格	数量	服务设施
主题小院	1511 元 / 晚	10	卧室、卫浴间、休闲吧台、冷餐操作间、会客厅、儿童阁楼、半户外就餐平台、户外观景平台
度假屋	756 元 / 晚	20	

4. 案例小结

孙子文化园溪客度假屋营地以新型智能化、生态化半拆卸式移动建筑为依托，融合了多种新型材料和高科技设施，外观形态设计上各具特色，在与场地水岸环境高度融合的同时形成多种主题度假空间。溪客度假屋的导入充分彰显了 IP 价值，以弥补文化园度假休闲产品缺失的消费盲点为出发点，重新焕发文化园发展活力，同时刺激和带动周边同类型新产品业态的发展。

从规划方面来看，营地充分依托区域的自然生态环境优势，打造出归隐山水的静谧休闲度假空间，提供包括风景观光、休闲茶饮、有机餐食、户外垂钓等多种休闲度假服务。与文化园的文旅产业建设发展基础联合，依托区域良好的区位交通、市场经济条件，吸引着城市休闲消费市场群体。

从产品开发方面来看，营地创新构建主题各异的度假院落，充分利用场地的资源条件，形成融合品质度假、儿童游乐、户外休闲三大功能主导的多种产品业态，能够同时满足成人、儿童、青少年不同群体的休闲度假需求，重点面向以家庭出游、情侣出游、闺蜜出游、朋友出游主导的时下最为火爆的城市休闲市场群体。

第 7 章

创新型营地建设和运营典范

第 7 章

创新型营地建设和运营典范

7.1 山东孙子文化园溪客度假屋营地

营地概况：营地位于国家AAAA级景区孙子文化园内，沿文化园西侧的溪岸零散分布，占地面积35 000m²，场地改造与产品投入总投资约1200万，由山东省东营市广饶县人民政府主导投资建设，2018年7月正式投入运营，如图7-1所示。溪客度假屋摘得2018年“天元杯”首届中国（国际）乡村民宿设计大赛银奖，同时荣获中国唯一一个有国际影响力的设计奖项“红星奖”。该营地项目为溪客度假屋的首个样板项目和孙子文化园的首个高端度假产品。营地交通便捷，邻近长深高速（G25）出口，距离东营火车站、淄博火车站较近，是京津冀区域周边独具特色的高品质综合性露营度假地之一。

图7-1 溪客度假屋营地全景图

营地设施：营地以专利文创度假设施溪客度假屋为主体接待设施，以中国 10 个城市的代表色彩和典型景观为设计主题，形成 10 大主题各异的院落，共 20 套住宿设备。每套度假屋外部配套有垂钓平台、户外秋千、螺旋花园等不同休闲产品，营区内还配套有溪客咖啡屋、溪客中央厨岛等露营生活配套设施，能为游客提供包含住宿、休闲、餐饮、娱乐等多元特色品质休闲服务，如图 7–2 所示。

图 7–2　溪客度假屋

营地创新：文化 IP 导入。利用独具 IP 价值的度假住宿设备，将闲置配套绿化景观用地升级为高效综合收益的特景营地，进一步推动了景区文化旅游服务产品体系的完善。

生态及科技创新。度假屋配套有自动调光隐私玻璃、机械升降的小桌板、LED 灯、污水循环收集系统、太阳能设备等环保节能及科技设施，其中污水处理设备能够实现污水 / 污物分离，污水可转化为国家二级排放标准水，直接排放，有效降低了营地运营的能耗、环境影响程度及运营成本。

景区联合运营。景区借助春节期间举办花灯会之际，将景区内的各类产品项目进行有机组合，推出赏花灯、品美食、泡温泉、特色度假等系列冬季休闲度假产品，溪客度假屋营地成为春节期间人们会客、团聚的选择。景区通过多元休闲体验联合开发推广的方式有效开辟营地淡季市场。

7.2 内蒙古敕勒川草原科技旅居营地（在建营地）

营地概况：营地位于呼和浩特市大青山自然保护区实验区内，由内蒙古呼和浩特市新城区文体旅游广电局主导投资建设，计划2022年正式投入运营，如图7-3所示。营地规划以挖掘、呈现草原生态的多元体验价值为目标，未来将导入特色露营设施、基础保障设施和休闲体验设施三类设施，具体包括草原住宿大篷车（见图7-4）、户外全景餐饮方舱（见图7-5）、游历书屋（见图7-6）、草原科普中心（见图7-7）、中央厨岛方舱（见图7-8）、卫浴方舱（见图7-9）、净水保障方舱、综合保障方舱等设施，实现住宿、餐饮、游览、休闲多功能集成，能够满足游客的多元化、高品质消费需求。

图7-3 敕勒川草原科技旅居营地总体规划布局图

图7-4 草原住宿大篷车

图7-5 户外全景餐饮方舱

图7-6 游历书屋

图7-7 草原科普中心

图7-8 中央厨岛方舱

图 7-9　卫浴方舱

营地创新： 敕勒川草原科技旅居营地创新地导入移动旅居装备作为主体构建物，依托移动旅居装备的轻污染、轻投入、轻建设优势，在自然保护区范围内搭建起户外露营休闲体验场地，国内鲜有。同时营地的移动旅居装备为主题特色定制投入，外形设计及产品内容都与草原特色生态人文地理关联，形成了丰富多样的草原主题高品质休闲体验产品。

7.3　云南康藤·南方丝绸古道帐篷营地

营地概况： 营地位于保山腾冲一带的南方丝绸古道上，紧邻高黎贡山自然公园，距离高黎贡山国家级自然保护区（高黎贡山被联合国教科文组织列为世界生物圈保护区）南部界线 5km，处于国有林二级公益林范围。毗邻腾冲市五合乡小地方村，平均海拔约 2300m，2019 年 9 月正式运营。营地露营帐篷及公共空间皆建于树梢之上，与高黎贡山繁密的丛林融为一体，可谓生态艺术品，为国内唯一一个以自然教育、多样性保护、科考轻探险为主题的帐篷营地，如图 7-10 所示。

图 7-10　康藤·南方丝绸古道营地全景图

营地设施：营地主要置入15顶自然探险风格住宿帐篷、5个公共空间和一条高架栈道，如图7-11所示，此外以营地为起点，多条越野与徒步线路串联起高黎贡山中的留存古道、古寺古刹、废弃村落、烽火遗址。

图7-11　康藤·南方丝绸古道营地木栈道

营地创新：自然设计。营地设计以寻找动植物留存之诺亚方舟为主轴，充满了揽风绳、船舷钢缆、吊桥舷梯、帆布等“船”的元素和结构，分为“发现者”“探索者”两种类型帐篷，清晰地展现出新世纪的大探险风格。

生态建造。营地整体架空于树梢之上，管道隐匿于栈道之下，与森林绿意融为一体，帐篷平台面朝开阔的林中荒野景观，背靠山峦和林海，紧依栈道，如同从山中长出的藤蔓，与高黎贡山丛林生态环境实现高度融合，生态景观效果极佳；同时将人与自然生物生长区域分隔，不影响植物的生长，最大限度保障营地的光照。另外，营地的建造运营秉承保护原生环境的原则，充分利用原有植被造景，减少对塑料及一次性用品的使用，帐篷及内部设施如图7-12所示。

图7-12　康藤·南方丝绸古道帐篷及内部设施

沉浸体验。营地有多条越野与徒步线路串联起高黎贡山中的留存古道、古寺古刹、废弃村落、烽火遗址，配有专业的营地自然向导引导游客探寻山林自然生态。游客还可在营地体验高黎贡山区域中传承多年的非物质文化遗产，如手工造纸、植物拓印、花草纸制作，深入感受当地的特色文化。

7.4 云南梅里松赞雨崩帐篷营地

营地概况：营地位于梅里雪山主峰卡瓦格博脚下的雨崩村，是近距离感受梅里雪山魅力的隐秘村落，也是雪山内转经路线上的主要朝圣目的地之一。营地直面缅茨姆和巴乌八蒙，可以随时欣赏雨崩与神山的壮美风景。营区占地约 7990 m^2 ，分为住宿区、公共区两部分，其中住宿区占地约 590 m^2 。住宿区设有 10 顶萨米游牧风尖顶帐篷与 2 顶淋浴及卫生间帐篷；公共区域的三顶大帐篷则分别承担了酒吧、书吧、餐厅的功能，如图 7–13 所示。

图 7–13　松赞雨崩帐篷营地全景图

营地创新：高品质设施。营地选用北欧顶级户外帐篷品牌 Tentipi（特恩迪贝）的 Safir（猎游）系列（Pro 级），配套 Tentipi 的专利通风系统与世界顶级的户外涤棉帐篷帆布，在安全性、舒适性、操作简易性、功能性方面达到此类帐篷的顶级水平；配套设施方面松赞营地融入高品质休闲服务设施，帐篷内设有暖炉、羊毛藏毯、松赞酒店同款床品、智能电加热马桶盖等设施，如图 7–14 所示，能够为游客提供舒适的野外露营体验。

图 7-14　松赞雨崩帐篷内部设施

主题系列产品。松赞度假酒店集团以酒店、营地为服务节点，将滇藏线丰富的旅行资源和文化串联起来，配套路虎车队、司机、管家等服务，充分融合藏地文化，为游客提供高品质的藏文化旅行体验。

7.5　安徽芜湖途居龙山营地

营地概况：营地选址于凤鸣景区龙山公园内，交通条件良好，30 分钟内可直达市中心、距离方特欢乐世界仅 15 分钟车程，距离新华联大白鲸海洋公园、鸠兹古镇、方特梦幻王国、方特东方神话、方特水上世界仅 35 分钟车程。营地建设参照国际先进行业标准，设施配套完善优质，场地拥有 200 余亩的风景绿地景观，自然生态条件绝佳，是芜湖城市的天然都市绿肺，先后被评为国家 AAA 级旅游景区、长三角房车旅游标准化示范营地、五星级汽车自驾运动营地，是皖南区域内的五星级房车营地标杆、芜马铜合区域的城市近郊综合型营地，如图 7-15 所示。

图 7-15　芜湖途居龙山营地全景图

营地设施与产品： 配套设施有房车营位、森林木屋别墅、树屋、球场、会议中心、服务接待大厅、户外运动场地、户外拓展基地、轮胎乐园餐饮娱乐区、户外烧烤区、国产汽车露天博物馆、房车露营用品展销区、汽车工坊、景观慢跑道等。活动有联合周边景区景点推出的周边游线路、依托奇瑞控股集团资源推出的汽车主题科技研学产品、依托优质生态环境推出的健康养生产品，如图 7–16、7–17 所示。

图 7–16　芜湖途居龙山营地房车

图 7–17　芜湖途居龙山营地科技研学特色体验

营地创新： 依托户外营地模式打造的综合型旅游目的地，具备“吃住行游娱购”基础旅游功能，延伸拓展“商养学闲情奇”旅游服务新业态，迎合了旅游市场日渐多样化、体验化、品质化的消费需求特征。

7.6　广东横琴星乐度·露营小镇

营地概况： 小镇坐落在珠海市横琴岛，位于横琴粤澳深度合作区，以“琴岛奇航”为主题、以“露营 +”为概念，首创“自驾 + 露营 + 乐园模式”，为广东省第一个休闲露营地国家标准执行营地，如图 7–18、7–19 所示。小镇主要由山地型原生态专业露营地（可搭帐篷、举办篝火晚会等），房车、木屋、集装箱特色住宿，无动力乐园、商业美食街及度假酒店组成，能够提供特色住宿、奇趣游乐、户外运动、拓展教育、特色美食等服务，自开园以来，先后荣获“国家标准试点验证基地”“中国房车露营旅游示范基地”“中国旅游研究院亲子文旅观测站”“粤港澳大湾区青少年文化交流协会（横琴基地）”等称号。

图 7-18　横琴星乐度·露营小镇全景图

图 7-19　横琴星乐度·露营小镇实景图

营地创新：精准定位营销。星乐度·露营小镇定位周末休闲放松游乐市场群体，提出“来星乐度，一起去野”的品牌口号，通过输出优质内容和社交互动成功传达出露营小镇“野趣”的形象，增强市场对品牌的认知度。

跨媒体整合传播。开园期间统筹权威纸媒、电视台、微博、微信、一直播、各大旅游平台及户外楼宇等跨媒体矩阵整合传播，全方位报道了星乐度的特色及对横琴乃至粤港澳大湾区旅游发展的重要意义，覆盖大湾区消费群体，在C端（客户端）和G端（政府端）引起巨大的反响，整体有效曝光量1亿次以上，成功为星乐度积累人气。

7.7 湖北三峡国际房车露营地

营地概况：营地位于长江之滨国道G348旁，周围景区景点众多，交通便利，距AAAAA景区三峡人家约17km、AAAAA景区三峡大坝约30km，距宜昌中心城区约15km。营地建设面积430亩，平均海拔500m，场地多山地峡谷，风景奇瑰，为全国首家临江山地型房车营地，如图7-20所示。2017年5月营地投入试运营，并于当年的中国露营行业年度盛典上斩获“年度最佳营地设计奖”“年度十佳推荐营地”；2018中国汽车（房车）露营大会获得“五星级汽车自驾运动营地”授牌。2021年获中国旅游车船协会首批5C级自驾车旅居车营地认定。

图7-20 三峡国际房车露营地全景图

营地设施：营地有房车营位 30 台、自行式房车 2 台、森林野奢木屋 41 栋、帐篷营位 50 个，合计 123 个住宿单元，可接待 300 余人住宿。配套建设“采樵小筑特色餐厅”“归亏云鹤中心餐厅”两大就餐区，可接待 150 人同时进餐。另外还有烧烤营位、丛林飞跃、步步惊心、攻防箭、泡泡足球、儿童乐园、卡拉 OK 等丰富的休闲娱乐设施。

营地创新：生态和谐构建。营地建设秉承“生态和谐、绿色环保”的理念，房车营位沿山体布局，帐篷酒店和木屋依山而居，各类涂鸦、景观小品、建筑形态也体现出人与自然的和谐相融，整体营造出林栖谷隐、返璞归真的休闲度假美好氛围，如图 7-21 所示。

图 7-21　三峡国际房车营地生态构筑物

多元产品配套。营地针对不同人群设有休闲养生区、康体活动区、高端露营区和森林步道，能满足亲子旅游、度假养生、朋友聚会、拓展教育、亲近自然等不同市场需求。

7.8 湖北松滋洈水汽车露营基地

营地概况：营地位于湖北省松滋市西南部，地处长江三峡（距离为 120km）、张家界（距离为 150km）和荆州古城（距离为 90km）三大风景区中心位置，背靠亚洲第一人造大坝，是以洈水国家湿地公园、国家水利风景区、国家森林公园、AAAA 旅游风景区为环境依托打造的以丛林为主题的风格营地。营地占地面积 407 亩，一期投资 1.2 亿，分主会场、特色住宿、特色体验、特色餐饮、休闲运动、营地教育六大主体功能区，以旅居自驾露营服务为主导，配套有高品质特色住宿及多种炫酷运动体验服务，为全国 5C 级旅居车营地、全国首个五星级汽车自驾运动营地，如图 7–22、7–23 所示。

图 7–22 湖北松滋洈水汽车露营基地全景图

图 7-23　湖北松滋洈水汽车露营基地露营设施

营地创新：轻巧便捷构造。营区内的 5 人制笼式足球场，使用 UHS-0201 国体认证笼式足球场系统，采用钢结构制作防护网，采用锌合金复合板和 PE 有结网两种材质，拆装简易可移动。

主题产品培育。营地围绕户外运动主题不断培育延伸产品体系，构建形成能够满足不同年龄群体多种运动需求的配套产品，如高低空探险、泡泡足球、攻防箭、山地车等设施。

多元产品延伸。近年营地逐步向综合型营地转变，引入研学教育、社交娱乐游戏等新型旅游休闲产品，如图 7-24 所示，积极举办大型灯展、庙会、广场舞大赛等多种活动，形成较为丰富的休闲产品体系。

图 7-24　湖北松滋洈水汽车露营基地 VR 体验

7.9 江西武功山草甸星空户外营地

营地概况： 营地位于国家级风景名胜区、国家地质公园、国家自然遗产、国家 AAAA 级旅游风景区萍乡武功山内，地处海拔 1600m 的高山草甸，享有“奇山伴草甸，天下一绝”的美誉。营地配套设施完善、建设规模较大，是为数不多的依据国家级标准开展有关技术等级评价的营地，可同时为 3000 多名游客提供舒适的住宿、餐饮等户外露营体验，如图 7-25 所示。营地自运营以来，先后荣获 2020 年“江西省文旅融合示范项目十五佳”、中国探险协会“探险营地”及“2021 中国金牌户外旅游目的地”等荣誉称号，2021 年营地通过《休闲露营地建设与服务规范》认证。

图 7-25　武功山草甸星空户外营地全景图

设施服务： 营地设有可容纳 1000 余顶帐篷的架空式观景帐篷木平台及特色帐篷酒店等多种露营设施，配套 3 个营地服务中心，建有云海天台（演艺主舞台）、户外主题广场、烧烤场、多媒体室、星空酒吧、茶道表演区、高山酒窖等特色场所，可提供丰富多样的露营体验产品，如图 7-26、7-27 所示。同时每年会举办武功山帐篷节，不定期承办全国登山邀请赛、大学生户外挑战赛、滑翔赛、围棋赛等专项活动和赛事。

图 7-26　武功山草甸星空户外营地景观风貌

图 7-27　武功山草甸星空户外营地景观风貌

营地创新：主题节庆营销。武功山帐篷节创办于2008年，截至2022年已经连续组织十五届，融合旅游休闲、文化娱乐、户外赛事功能于一体，每届都有不同的主题，2016年主题为奥运周、爱情周、亲子周和露营周，2018年主题为活力青春、情侣七夕、户外狂欢、国庆露营嘉年华，近年的参加人数规模达到上万人，曾登载于美国《时代周刊》，荣获“世界上最长的帐篷队列”称号，登上吉尼斯世界纪录榜，如图7-28、7-29所示。

图7-28　2021年第十四届武功山帐篷节

图7-29　武功山草甸星空户外营地露营设施

7.10 北京跨刻门头沟野奢营地

营地概况：营地坐落于北京幽州峡谷斋幽路旁，四周峡谷环绕，为北京市唯一挂壁公路的所在地，颇有曲径通幽之景象，如图 7–30 所示。营区共有 26 顶帐篷，10 个公共浴室及卫生间，配套有悬崖餐厅、戏水池、户外休闲活动等场所，主打体验式露营度假服务，人们可以享受拎包入住的露营生活，如图 7–31 所示。跨刻发挥峡谷幽静的生态环境资源优势，结合毗邻大城市的区位特色，构建形成以主题活动产品为核心的特色露营产品体系，自开营以来，成功组织的主题露营活动不计其数。

图 7–30　跨刻门头沟野奢营地全景图

图 7-31　跨刻门头沟野奢营地配套设施

营地创新：营地创新打造多种主题活动组织筹划模式，包括传统节日主题、特殊群体主题、定向合作主题等，以预先设定露营主题内容的方式，构建堪比定制旅游的露营服务产品，如图 7-32 所示。如与凯迪拉克联合推出的“寻找爸爸的童年”主题活动、结合纪录片《我们的星球》推出的地球环保主题活动、中秋佳节主题活动等都赢得市场一致好评。

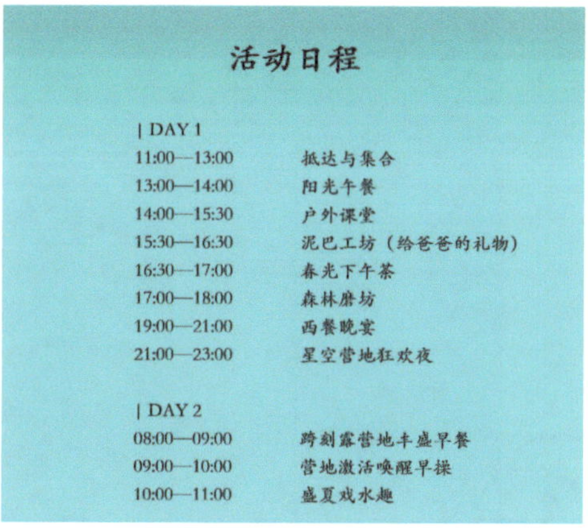

活动日程

DAY 1	
11:00—13:00	抵达与集合
13:00—14:00	阳光午餐
14:00—15:30	户外课堂
15:30—16:30	泥巴工坊（给爸爸的礼物）
16:30—17:00	春光下午茶
17:00—18:00	森林磨坊
19:00—21:00	西餐晚宴
21:00—23:00	星空营地狂欢夜

DAY 2	
08:00—09:00	跨刻露营地丰盛早餐
09:00—10:00	营地激活唤醒早操
10:00—11:00	盛夏戏水趣

图 7–32　跨刻门头沟野奢营地主题活动之一

7.11　浙江杭州路隐那森自然营地

营地概况： 营地位于杭州市径山镇绿景村，村内绿水青山、茶园满坡，北苕溪由西向东纵贯全村，森林覆盖率达 95%以上，营地以乡野山水田园生态为背景主打豪华露营（Glamping），是国内鲜有的乡村豪华营地，被列为杭州乡村旅游示范点。

营地创新： 充分保护乡野生态。营地发展十分注重与乡野生态环境的和谐共荣，在营区构建过程中最大限度地保留了乡野生态特色，将绿景村的乡村生态环境优势转换为营地发展特有的环境优势，成功打造了乡村特色营地。

高品质露营配套。营地提供露营 2.0 时代搬家式的高品质配套服务，配套世界优质产品，提供以休闲社交、网红打卡、轻奢度假为主要功能的服务，如图 7–33、7–34 所示。

图 7–33　路隐那森自然营地露营设施

图 7-34　路隐那森自然营地休闲体验活动

创新导入乡村特色产品。营地充分挖掘乡村自然文化资源，创新打造乡村主题亲子休闲、研学教育和民俗体验多种业态，开发了乡野自然课堂、乡村夜探、打铁花表演等沉浸式乡村休闲体验产品，为游客提供新的乡村特色文化生态体验模式，如图 7-35 所示。

图 7-35　路隐那森自然营地餐饮产品

7.12 浙江乌镇国际露营地

营地概况： 营地位于浙江桐乡市乌镇景区内，与世界互联网大会·乌镇峰会永久会址共处环河路的两端，距离乌镇景区 3.5 km。规划总占地约 216 亩，总投资约 7.5 亿元，分一、二期建设，2020 年 10 月 1 日正式运营，如图 7-36 所示。营地配套建有高端度假酒店、豪华房车庭院、千人会场、团队餐厅、STEAM 科创教育基地、露营公园和越野卡丁车乐园，如图 7-37 所示，提供户外露营、品质度假、会务、娱乐和休闲运动等多类项目，如图 7-38 所示，围绕“营地 +”和“互联网 +”的理念构建形成高度智能化的营地商业综合体，是乌镇传统景区之外的另一个特色景区。

图 7-36 浙江乌镇国际露营地全景图

图 7-37 浙江乌镇国际露营地露营设施

图 7-38　浙江乌镇国际露营地休闲体验产品

营地创新：多方联合构建丰富产品。乌镇国际露营地统筹联合优屋美宿品牌、浙江展铁通用航空有限公司、浙江思戴爱姆教育科技有限公司及乐体营地多个行业知名品牌，推出精品酒店、航空体验、研学教育、户外拓展等多种品质休闲产品。

文旅会议 IP 营地标杆。乌镇国际露营地结合毗邻世界互联网大会·乌镇峰会永久会址的优势区位，构建包括千人会场、百人会议室、特色教室在内的多种规格会场，能够满足各种会议、婚庆、会展等需求。

7.13　重庆石柱冷水生态旅游自驾营地

营地概况：营地位于 G50 沪渝高速公路冷水服务区，距重庆主城 267km、湖北省利川市城区 36km，是黄水国家森林公园、云中花都、高山滑雪场和土家生态民俗旅游线的重要导入口。2017 年 5 月正式开营，为西部地区首个开放式高速公路服务区自驾营地，如图 7-39 所示。中国公路学会授予“中国高速第一自驾营地”称号，为中国旅游车船协会认定的 4C 级自驾车旅居车营地，营地同时获得“重庆首届生态保护修复十大案例”“第二届重庆文旅新地标”“2017 重庆旅游年度十大目的地”“重庆市文艺创作基地”等荣誉称号。

图 7-39　重庆石柱冷水生态旅游自驾营地全景图

功能分区及设施：营地划分综合接待服务区、景观休闲区、森林度假区、房车露营区和户外运动区等不同功能板块，提供木屋别墅、浪漫星空房、集装箱房、北欧风情房、房车营地及户外露营六大特色住宿体验服务产品，可接待 800—1000 人露营。营区内配套建有丰富多样的休闲场所设施，如图 7-40 所示，包括各型会议室、音乐酒吧、沼泽花海森林栈道、无动力乐园等设施，能够满足人们自驾露营、康养度假、会务培训、休闲娱乐、研学旅行等多样需求。

图 7-40　重庆石柱冷水生态旅游自驾营地特色露营设施

营地创新：营地坚持“创新、协调、绿色、开放、共享”的发展理念，在生态保护、产品服务、文化创意、智能化建设方面不断深入发展，成为文旅产业新模式“服务区 + 旅游”的实验示范田。

生态保护创新。营地因地制宜利用原高速公路建设期间的弃渣场，充分发挥区域融合森林、湿地、丘陵等多种环境元素的生态优势特色，规划建成开放式生态旅游营地，成功打造绿色高效产业发展区域，成为生态文明时代营地行业绿色可持续发展的典范。

文化主题升级。营地构建了以“风”为文化IP内涵，以“中华秋沙鸭”为IP形象的“冷水·风谷休闲度假营地”文旅IP体系，成为营地生态、自由、休闲发展主题的代表，在个性化体验、文化精神消费需求旺盛的当下，有效增强了市场消费的黏度。

产品服务优化。营地不断追求产品的迭代升级，以“风”为IP文化核心，创新设计开发了一批极具特色的建筑设施，包括蜂巢结构森林书吧（图7-41）、全玻璃六边形星空房。依托书吧及星空房创新导入以文化休闲、研学旅行、生态沉浸度假为主导功能的新型旅游产品，适应了日渐多样化、品质化的市场消费需求趋势。

图7-41　生态主题蜂巢结构森林书吧

智慧科技导入。营地引进小面机器人、中餐售卖机、保鲜售货机、扫码洗浴室等科技智慧设施，实现了全时段提供餐饮、购物、洗浴的服务。依托现代智慧技术突破了传统营地的服务时间限制，与自驾游市场的自由度需求高的特性十分吻合，是自驾游服务产品的发展典范。

区域合作共赢。营地内设置地方农特产销售点，组织农产品周末集市，同时与旅行社合作，引导黄水旅游片区和利川避暑旅游区的庞大客流到服务区购买农特产品。以区域特色农产品为抓手，实现了区域文旅产业之间以及新型产业与乡村地区之间的双协同发展。

7.14　青海冷湖火星营地

营地概况：营地位于青海省海西州冷湖镇以西60km处的俄博梁雅丹，因火星地貌特征被誉为“地球上最像火星的地方”，占地面积约80亩，2019年3月正式投入运营。营区天气干燥、通信阻断，方圆万里渺无人烟，为国内首个火星研学旅行实践教育营地，能够为游客提供最真实的模拟登陆火星的体验，如图7-42、7-43所示。

图 7-42　青海冷湖火星营地全景图

图 7-43　青海冷湖火星营地夜景图

营地产品设施：火星营地的主体接待设施分男女睡眠胶囊舱、帐篷和生活舱，共有 56 个睡眠舱（男女各 28 个）、16 个生活舱（男女各 8 个），帐篷通常在 7、8 月份投入使用。火星登陆体验产品设施有宇航服出租服务、失重模拟设施三维滚环、火星探险徒步路线、科学艺术装置（北斗卫星导航地面基准站科学装置和地震仪科学装置）及主题景观装置，如图 7-44、7-45 所示。

图 7-44　青海冷湖火星营地睡眠舱

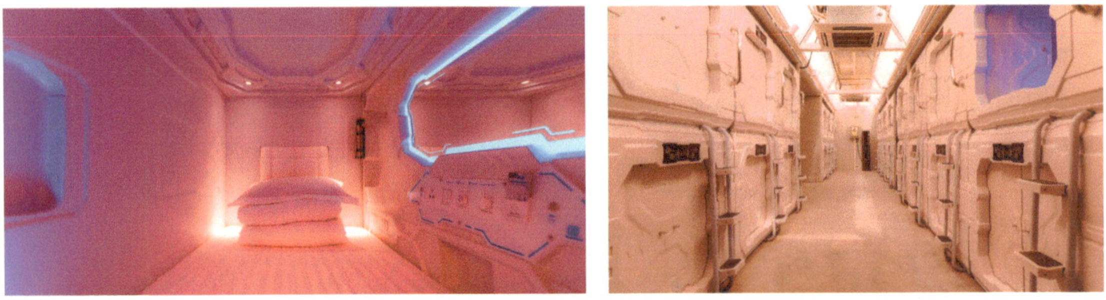

图 7-45　青海冷湖火星营地睡眠舱内部图

营地创新：北斗全方位保障。进入冷湖俄博梁雅丹旅游区的车辆均须参加北斗导航终端定位系统科普教育课程，并安装北斗导航终端定位系统。该系统能够为游客提供“北斗高精度定位 + 高精度电子地图 + 电子导游景点讲解 + 电子救援 + 运动体验 + 研学旅行”等体验式服务，有效保障游客的出游安全和体验品质，如图 7-46 所示。

图 7-46　青海冷湖火星营地特色体验项目

数字化运营管理。营地构建集北斗、5G、高精度地图、电子导航、电子救援、运动体验、线上游戏线下体验相结合、游客互动平台、火星研学旅行、科普教育于一体的数字化管理平台。通过天地一体化的管理、运作方式，为构建集科学、科普、科幻于一体的世界级旅游目的地奠定基础。

主题科普创新。营地的课程全部围绕2040年人类在火星和平谷地建设“火星移民先锋营地”为总目标，以火星营地情景带入、体验式教学为形式，以“生命科学、天体物理、航天器设计、地球物理、计算机工程”等为教学领域，针对青少年群体设计系列STEM课程，培养他们在科学（S）、技术（T）、工程（E）、数学（M）范畴跨学科、探究式学习和解决实际问题的能力，在课程主题创新、内容设计方面具备领先性。

7.15 新疆乌尔禾国际房车露营公园

营地概况：露营公园为新疆最大的房车露营公园，占地800亩、总投资4亿元，为新疆首家5C级自驾车旅居车营地，2021年5月1日正式开放对外营业。露营公园区位交通条件良好，位于G217、G3014两条线路的中间地带，距离G3014高速出口（乌尔禾收费站）及G217高速出口（乌尔禾收费站）7km左右。区域旅游资源富集度极高，营地周边有国家级AAAAA景区世界魔鬼城、乌尔禾影视城、白杨河大峡谷、西部乌镇、宝葫芦海棠林、万亩胡杨林等景区，如图7-47所示。

图7-47 乌尔禾国际房车露营公园全景图

营地设施：露营公园含住露营位298个，包括木屋营位240个、房车营位18个、野奢帐篷营位20个、轻奢集装箱营位10个、集装箱综合体10个，另外还有200个背包客帐篷露营位、56个自驾房车停车位，自驾房车营位配套公共浴室提供水电、淋浴服务。营区配套建有游客接待中心、餐饮中心、会议中心、特色餐厅、双面剧场、户外烧烤、篝火广场、儿童游乐场、全地形（UTV）山地越野赛道、特色游步道等休闲设施，如图7-48所示。

图 7-48　乌尔禾国际房车露营公园接待设施

营地创新：乌尔禾露营公园为乌尔禾地区旅游公共服务体系建设的标杆，公园以“国内一流、国际领先”为建设标准，致力于将自然野奢和舒适实用融为一体，全力构建“露营+”全产业链生态品牌。营地绿化美化面积达300亩，主体设施均采用贴近自然的木质结构，在露营服务的基础上，延伸开拓以户外休闲体验为特色的民俗演艺、越野赛道、儿童游乐场等产品，初步构建住宿、运动、休闲、娱乐多功能的综合性度假场所。

7.16 内蒙古阿尔山奥伦布坎营地

营地概况：营地位于奥伦布坎景区内，奥伦布坎是中国最美自驾车线路之一——内蒙古东部自驾游线的核心景点，如图7–49所示，为中国最后的原始森林之一，森林、草原、火山、冰雪、温泉、湿地资源富集，奥伦布坎部落传统文明“通古斯文明”保留完整。奥伦布坎为中国北方建立的最大规模的自驾车集结地，营地占地32亩，投资约1300万，自驾营包括集装箱特色酒店（图7–50）、星空房（图7–51）等露营设施，受限于气候因素，营地每年仅在6月1日至9月15日运营。

图7–49　阿尔山奥伦布坎营地全景图

图 7-50　阿尔山奥伦布坎营地集装箱酒店

图 7-51　阿尔山奥伦布坎营地星空房

营地创新：营地的集装箱特色酒店及星空房都为生态干扰性极小的构筑物，最大限度减轻了营地建设对原始森林环境的影响。星空房配有抗风雨、反光、抗紫外线的双层玻璃，顶部预留三角电动开合观星窗户，在保障房间私密性的同时带来高品质的观景体验。此外还有升月仪式、篝火晚会等充满地域民俗风情的特色活动。

7.17 内蒙古乌兰察布市·乌兰哈达火山草原自驾运动营地

营地概况：营区在内蒙古乌兰察布市乌兰哈达火山地质公园内，地处二广高速、208 国道旁 1000m 处，北京、呼和浩特、大同、张家口、包头等大中城市均可 2 小时抵达。公园内集聚着草原火山群、熔岩地貌及堰塞湖景观，被誉为天然的"火山博物馆"。营地包括特色住宿区、餐饮区、公共活动区、停车场、露营区、车辆补给处、运动区、公共洗浴区、服务接待中心和服务管理区等设施，提供多元露营、全域特色游、草原风情民俗活动、特色餐饮、运动休闲等多种休闲产品。2019 年开营，年运营周期 6 个月（5 月至 10 月），2022 年被评为全国 4C 级自驾车旅居车营地，如图 7-52 所示。

图 7-52　乌兰察布市·乌兰哈达火山草原自驾运动营地

露营及配套设施：特色露营设施（蒙古包 + 胶囊房）20 个，帐篷营位 20 个，自驾车营位 20 个，旅居车营位 20 个，餐饮服务区 2 处，户外运动区（可开展足球、射击等活动）

2 处，公共活动区（举办民俗演艺、篝火晚会等）2 处，房车补给处 20 个，公共洗浴区 1 处，服务接待中心 1 处。

营地创新：有机融合资源形成多元主题露营区。营地兼具草原和火山两大自然景观，同时是蒙古族文化的主要发源地，营地依托三大资源延伸形成以户外露营为主导，融合草原火山观景、蒙古族民俗文化体验、地学主题研学教育等在内的丰富产品体系，如图 7-53、7-54 所示。

图 7-53　乌兰察布市 · 乌兰哈达火山草原自驾运动营地日出景观

图 7-54　乌兰察布市 · 乌兰哈达火山草原自驾运动营地研学手册

与地方构建互惠互利联动发展机制。营地以乌兰哈达庙沟浩特村集体经济为基础，从典型引路、示范带动、居民参与等方式，完善企业与农牧户利益联结机制。

7.18 海南红角岭国际滑翔伞房车露营公园（在建营地）

营地概况：营地位于海南省陵水县香水湾牛岭之巅，距离三亚 60km，起飞场海拔 360m，起飞后可俯瞰长达 7km 的原生态海岸线。营地规划分为滑翔伞飞行营地和房车营地两大板块，如图 7-55 所示，建成后可提供露营及配套服务、休闲服务三大服务产品，为海南岛首个滑翔伞飞行营地。飞行基地已经安全运营三年时间，拥有先进的航空运动器材和成熟的航空运动管理经验，教练均为中国航空运动协会滑翔伞执证教练，国家体育总局授予“国家级航空飞行营地”称号。

图 7-55　红角岭国际滑翔伞房车露营公园规划效果图

功能分区：营地规划由服务基地、露营基地和休闲基地三大基地组成，服务基地包括接待服务区、多功能服务区、车类展示服务区；营舍基地包括滑翔伞起飞场、滑翔伞降落场、滑翔伞训练场、房车露营区、自驾车营地、帐篷区、木屋区；休闲基地包括情趣区、休闲体验区、运动区、户外运动区、主题婚礼区。

营地创新：产品内容创新。滑翔伞飞行是一项风靡全球的航空运动，营地通过导入滑翔伞项目创新打造飞入式营地，为国内鲜有，海南首家，在产品体验方面形成绝对优势，如图 7-56 所示。

营销渠道创新。除通过传统主流电视媒体宣传报道之外，营地还引入热门综艺《完美的夏天》《我们恋爱吧》进行拍摄宣传，此外借助自媒体达人的宣传，在抖音等新型宣传渠道的曝光量也极高。新型媒体宣传推广渠道的探索，有效刺激了营地市场热度的提升。

图 7-56　红角岭国际滑翔伞房车露营公园飞行体验

附　录

附录 1　中国营地名录（含在建营地）

序号	名称	占地面积及投资	主要特色
华北地区			
北京			
1	浅山绿谷营地	120 余亩（1 亩 ≈ 666.7 m^2）	营地位于蟒山脚下，实行预约制和会员制，包含餐厅、树屋、自然教室、自然商店、VIP 接待厅、手工作坊、自然游乐场、户外主题课堂等服务设施
2	通盈猎户座星光营地	约 400 亩，投资 3000 余万	提供星空帐篷、户外活动场地、露营特色餐饮、野外探索、山地飞车、露天影院、户外垂钓等露营服务
3	北京龙湾国际露营公园	2722 亩	65 座木屋、200 个房车营位、10 座帐篷，集旅游观光、房车露营、餐饮娱乐休闲度假为一体的国际标准的五星露营公园
4	跨刻门头沟野奢营地	/	以主题活动筹划组织为引领，打造堪比定制级别的露营体验服务
5	Way Win 向果露营社区	30 000 m^2	拥有卡丁车、滑草、自助烧烤、萌宠动物乐园及水上项目等娱乐项目
6	水岸桃源房车露营基地	/	位于白河湾附近，露营设施房车、蜂巢式木屋沿河布置，可进行漂流、戏水等户外休闲活动
7	TIPPI 营地	/	房车位于高尔夫球场内，绿植环绕、景色宜人，能够体验打球、放风筝等户外休闲活动
8	山里寒舍帐篷营地	2000 万元	周边青山连绵，上万亩原始次生林覆盖，露营帐篷配套设施堪比星级酒店，建有山间嬉水泳池，户外儿童乐园，宠物乐园等休闲场所
9	金海湖小三峡营地	/	三面环山，配套有自来水、洗手间、小商店，提供电磁炉、热水壶等设施，需要自带帐篷等露营设施
10	金海湖大溪水营地	/	提供全套露营设施租赁服务，建有小卖部、酒吧、咖啡屋、共享厨房、卫生间、服务中心
11	北京 SanfoHood 微澜山谷野奢营地	/	共有帐篷客房 60 顶，依托金海湖水岸草原而建，面向都市近郊微度假客群开发，以露营生活体验为核心，开发帐篷搭建、水上运动等项目
12	港中旅密云南山房车小镇	一期 470 亩	规划房车营位 300 个，中国首个国际标准房车营地，毗邻北京地区最大的南山滑雪场
13	北京日光山谷营地乐园	1000 亩	一期包含特色住宿区新建设木屋 5 栋、帐篷 15 顶及房车 10 台，还包含 1500 m^2 温室有机种植区、迪卡侬运动体验乐园、ATV 越野车与卡丁车赛道、趣味登山步道，活动空间涵盖露营、亲子娱乐、自然教育、开心农场、有机美食、户外运动等各类休闲度假体验方式
14	星谷营地	3000 万元	提供房车、帐篷等露营设施，配套威士忌餐厅、泳池，还会不定期举办音乐会、戏剧节等文化属性的活动
15	尺木无山主题度假村	25 亩	以都市近郊亲近自然的亲子露营生活方式为特色，由主题民宿区和无动力设施乐园两大功能区构成；充满想象力的精细化设施，丰富的亲子活动及主客互动型特色经营理念是其赖以成长的三大核心要素
16	北京卓爱房车小镇	50 亩	依托北京国际鲜花港 AAAA 级景区优势打造的近郊休闲型露营基地，由 100 辆进口房车和特色庭院围合成三大主题休闲区
17	响水 008 露营基地	/	“对初学者最友好的营地”，位于怀柔黄花水长城，可体验皮划艇、桨板、攀岩、定向越野等
18	北京密云县丛林鸟户外营地	/	特色集装箱 15 栋，可接待 40 人住宿，两层集装箱式多功能厅 1 栋可接待 80 人用餐
19	北京国际青年营密云营	一期占地 263 亩	位于阁老峪村，分为管理服务区、露营区、活动体验区、主题教室 4 大区域，已拥有新闻中心、爱心电力小屋等多间特色主题教室，是面向广大青少年进行“双核教育”的实体阵地
20	北京蜗途房车牡丹源营地	/	是以房车户外露营为主题的休闲营地，提供自助 BBQ 特色餐饮，配套建设无动力乐园等设施

续表

序号	名称	占地面积及投资	主要特色
21	北京大热荒野松鼠小镇营地	/	自媒体助推下的近郊网红露营打卡胜地，以轻设施、重服务、多活动为经营理念，是面向年轻一代露营游客的帐篷休闲目的地，自助BBQ、自助帐篷、美拍打卡都是其极具特色的体验产品
22	北京红栌银山国际汽车营地	150 公顷（1 公顷 ≈ 10 000 m^2）	特色客房 60 余套、房车 50 余辆、木屋房车营位 30 个、帐篷营位 100 个、中西餐厅 1500 m^2
23	北京顺鑫青年营地	约 100 亩	位于顺鑫绿色度假村内，坐落在潮白河畔，以“林、泉、水”为资源特色，开展户外运动类、野外生存类、自然教育类和社会文化类课堂
24	天开自然营地	1500 亩	天开水库旁的精致营地，分 8 大主题特色营区，提供露营、高级宴会定制和品牌发布会等场地，营地内有获得过国际建筑设计类大奖的“看风景的厕所”，每年都会举办大型露营活动和各类主题活动
25	自然王国营地乐园	/	坐落在白河峡谷里的天然儿童乐园，拥有沙坑、秋千、蹦床、捞鱼、兔子乐园、油桶小火车、自助烧烤区、餐厅等游玩娱乐设施
26	北京享筑繁星主题帐篷酒店	/	参考十二星座所处星空位置进行空间布局，独特的野奢帐篷造型，独立院落的设计与室外得天独厚的全年 365 天沉浸式纯天然自然景观融为一体，春季赏花、夏季戏水、秋季落叶、冬季踏雪、四季观繁星，真正重新诠释了野奢帐篷生活
27	北京无瓦营地	/	将近郊都市农业与生态露营深度融合的露营目的地，采用房车会员制运营模式，提供户外生态露营、有机采摘等活动
28	ON EARTH 独角兽星空营地	/	城市近郊懒人精致式露营生活体验，以露营 + 马术为核心亮点，提供星空电影剧场、户外剧本杀、篝火派对等休闲娱乐活动
29	绿洲亲子营地	3000 m^2	将自然和亲子露营场景完美结合，配套萌宠乐园、集装箱咖啡厅等设施
30	云峰山童话树屋森林秘密基地	/	深隐于林的童话主题营地，包含 21 栋风格各异的树屋及形态丰富的露营帐篷设施，提供包含生态、文化、体能在内的丰富主题亲子活动
天津			
31	东疆艾威国际房车海滨营地	8000 m^2	天津市首个海滨型房车营地，地处渤海海滨，内有房车营位 50 个，帐篷区面积达到 1000 m^2
32	石龙峡岭露营	/	高山营地，分拎包入住营位及自由搭建区营位，共 7 个营区，可满足露营新手及发烧友的大多需求，不定期举办音乐会、亲子活动等各类活动
33	天津龙源马术俱乐部房车营地	80 亩	80 个房车车位，房车露营面积 20 000 m^2
34	中新天津生态城房车营地	17 000 m^2	城郊公园型休闲营地，配套建设有房车营位 28 处
35	eden 春山里生态教育国际生活示范区	占地 3000 亩	以废弃矿坑的生态修复为核心，融合教育、自然、健康、科技、旅游为一体，致力于打造一片美好山居风景，包括 eden 品牌展示中心、Eden camp 自然教育营地、岩间美术馆、儿童科普图书馆、Eden box 主题馆、甜品研究所 Tree Coffee、矿坑 Club、绿食餐厅等设施
36	Champion camping 前兵户外度假营地	600 亩，投资 2000 万元	位于曾经的军工厂区域
37	天津市红领巾凤凰山营地	占地 100 余亩	以爱国主义教育、国防教育为主题，包括功勋号武器展示场、教育展示室、图书阅览室、劳动实践基地及大小会议室、教室、宿舍、餐厅等各项设施
38	天津蓟州疯狂拖拉机露营基地	/	位于蓟州旅游度假区，建设有 20 套形态各异的帐篷露营设施
河北			
39	漫山花溪谷营地	14.4 亩，投资 900 万元	谷内森林、山泉、草原、花园等自然资源得天独厚，自驾车营位约 90 个、房车营地约 30 个
40	红花梁星空房车营地	/	位于海拔 2110.3 m 的高山之巅，气候凉爽，是夏季避暑胜地

续表

序号	名称	占地面积及投资	主要特色
41	《无界·幻境》嗨 king 光影野奢营地	200 亩，投资 1027 万元	营地位于滹沱河艺术生态岛，拥有近万平方米的绝美草坪，是集娱乐休闲、岛屿生活、沉浸光影的城市微度假光影野奢营地
42	鸳鸯湖国际露营公园	500 亩，投资 600 万元	房车停车位 100 个，还有房车营地区、帐篷露营区，可进行水上赛艇、草地摩托、观鸟、跑马、休闲垂钓、篝火晚会、越野赛等活动
43	在山野太行水镇营地	39 亩，投资 1531 万元	国家 AAAA 级工农业旅游风景区，营地特色住宿 + 葡萄酒综合体验，包含自驾车、房车、帐篷营地、住宿、餐饮等业态
44	海坨山谷房车露营地	6000 m^2 以上	背靠海坨山，面朝官厅水库，气候清凉，十分适宜夏季避暑，呈现瑞士小镇风格；美国进口房车 88 辆，自驾房车营位 12 个，是中国最大的房车露营公园
45	平山李家庄房车露营基地	/	位于中共中央统战部旧址旁，实现了一车一院一景，房车小院茶林相间
46	娲皇宫国际露营地	200 余亩，投资 6000 万元	紧邻 AAAAA 级景区娲皇宫，有船屋酒店、树屋酒店、研学房车等多种露营房型，为自驾车游客提供露营场所，水电、公共卫生间、公共淋浴室等基础设施配备齐全
47	卡尔文房车营地	/	坐落在景色优美的滹沱河畔，除住宿功能外，还配有餐厅、露天烧烤啤酒坊、水上活动中心
48	早安雄库鲁帐篷营地	约 1000 亩	位于坝上草原，800 亩草原美景尽收眼底，推出御宠园、亲子矮马、宠物活动区、开心农场等特色运动项目，还有刺激的 UTV 越野车、滑草体验等项目
49	云璟星空帐篷营地	16 km^2	营地建设于河北保定唐尧景区，共 65 座半球形帐篷酒店，分为红、黄、白、蓝 4 种颜色
50	天梯山梦畔野奢帐篷营地	180 亩，投资 900 万元	有帐篷区、花海美学区、户外美食区、成人休闲区、儿童娱乐区等区域，集野奢帐篷露营、户外休闲娱乐、体育运动、野餐于一体
51	浩盛晴生态小镇（露营地）	500 亩，投资 1 亿元	建设内容包括研学拓展区、帐篷营地、农耕体验、趣味采摘、萌宠乐园及互动灯光等设施及特色项目
52	抱香谷（露营地）	420 余亩，投资 1000 万元	包括高山滑水区、山道滑车区、打卡拍摄区、野奢帐篷营地、无动力体验区、霍比特小屋群等设施
53	红石沟休闲生态农场（营地）	/	整个农场绿色植被覆盖率达 95%，园区内有生态餐厅、观光车、服务网点、大型会议室、自助烧烤及帐篷营地和房车营地
54	祖山野奢鹿营地	/	位于长城脚下，可自带或租赁帐篷，不定期举办户外音乐节，可体验喂鹿
55	井陉天路一号营地	120 亩	露营设施有星空帐篷、霍比特小屋，提供机车表演、夜间灯光秀、露天电影、草地音乐会、创意集市等互动类游玩项目
56	滹沱河高尔夫野奢营地	/	高尔夫草坪上的自由露营，可容纳上百顶帐篷，有小羊牧场、七彩沙田、积木乐园等娱乐设施
57	可野·鹿鸣精品帐篷度假营地	25 亩，投资 600 万元	在野三坡景区核心地带，空气清新、环境优美
58	松果乐园营地	/	位于紫云山滑雪场，交通便利，不仅拥有百亩草地，还有森林、无动力儿童乐园、足球场等数十处可开展亲子项目的场地
59	雁鸣湖自驾车度假营地	5000 亩，投资 2.4 亿元	位于塞罕坝京津冀西北部生态涵养功能区，地处“国家一号风景大道”起点，连通北京冬奥会滑雪体验主会场
山西			
60	忻州市云中河营地	20 余亩	可以接纳 80 辆房车同时露营，营地草坪面积大，水电供应设施齐全，适合房车和自驾车游客驻停
61	黎城晋道房车露营地	110 亩	周边有荼壶山、洗耳河景区、板山景区及黄崖洞景区，可欣赏到板山风貌，分为房车露营区、帐篷露营区、餐饮娱乐区、户外烧烤区、拓展体验区、蔬果采摘区、儿童娱乐区
62	晋中百草坡房车露营地	220 亩	配套房车销售中心、80 个房车营位、56 个自驾车营位、100 个帐篷营位、27 座木屋、主题婚礼区等项目
63	潞城市乡地艺客太行潞水湾营地	68 亩	建有木屋、卫浴帐房、帐篷房 30 多间，房车营位 18 个、车入式营位 33 个，步入式营位 54 个及儿童娱乐设施

续表

序号	名称	占地面积及投资	主要特色
64	晋城市乡地艺客太行卧龙湾营地	18 000 亩	毗邻蟒河水，营地内有房车位 12 个、帐篷酒店 25 个、三角木屋 8 个、露营营位 120 个，另配备奥运特色皮划艇、高空索降、定向运动等特色项目
65	苍儿会露营营地	40 亩	有含氧量超高的清新空气，有“山西小瑞士”之称，主要有房车营地、烧烤营地、音乐酒吧及儿童丛林穿越、儿童嬉水区、拓展训练区和草坪文化广场
66	千曲国际教育营地	2300 多亩，投资近 3 亿元	规划有极限运动区、山地自行车越野区、户外活动区、综合教学区、农牧体验区、团建拓展区、竞技运动区、森林教育区、森林康养区、综合配套区等 10 大功能区，还有青少年成长营地
67	九龙国际房车（自驾车）露营地	60 000 m^2 有余	分为房车区、帐篷区、别墅区、野餐区和休闲健身区
68	台骀山房车营地	/	位于 AAAA 景区台骀山景区内，以“清凉太原、美丽龙城”为主题，自然环境良好，房车营地被山林环绕
内蒙古			
69	草甘沙漠汽车自驾运动营地	200 亩，投资 3500 万元	露营设施有旅居车、帐篷、木屋、蒙古包、水泥管房、集装箱宾馆，游玩体验项目有 9DVR 体验馆、攻防箭、旱地滑轮、沙漠越野车、骆驼体验等
70	巴丹吉林沙漠旅游区地质公园营地	/	自驾车营位 224 个，旅居车露营位 20 个，标准集中式住宿 36 间，非标准住宿 45 间，配套公共停车场 2 处 22 000 m^2，直升机起降坪 2 处，餐饮、娱乐、购物设施齐全
71	奥伦布坎旅游景区自驾车营地	75 亩，投资 800 万元	停车、住宿、餐饮、汽车影院、野营及户外游览相关服务
72	库伦银沙湾自驾车营地	70 亩，投资 2600 万元	分游客服务区、集装箱宾馆区、木屋宾馆区、自行式房车区、拖挂式房车区、自驾车停车区、烧烤区、演艺区和儿童活动区 9 大主题区域
73	奈曼旗宝古图自驾车营地	205 亩，投资 4000 万元	有游客服务中心、停车场、沙湖、篝火区，供亲水、嬉水空间和大型篝火晚会场所，营位区有房车营区、露营区、青年旅社、花园式集装箱酒店
74	科左中旗孝庄园自驾车营地	260 亩，投资 1500 万元	有蒙古大营、木屋区、帐篷区、篝火广场等设施，提供敖包祈福、房车租赁等服务
75	扎鲁特旗别日木图自驾车营地	300 亩，投资 7000 万元	有房车营地、停车场、综合服务中心、汽车服务中心、篝火广场、休闲广场、帐篷酒店等设施
76	科尔沁区莫力庙自驾车营地	74 亩，投资 6000 万元	有游客服务中心、水上别墅区、自驾车露营区、拖挂式房车营地、自行式房车营地、水上乐园、啤酒花园、俄罗斯风情餐厅、篝火音乐酒吧等设施
77	黄岗梁国际休闲旅游度假区	157 亩，投资 3500 万元	针阔混交疏林草地为特色景观的国家级森林公园，有房车营地和帐篷营地
78	生盖营风景营地	/	分露营区、研学区、住宿区，背靠大青山，拥有乡村书舍、乡村研学基地和乡村亲子主题民宿
79	鄂尔多斯城市帐篷营地	100 亩	内蒙古首个城市帐篷营地，集帐篷酒店、野奢餐饮、亲子露营、聚会团建、主题定制、城市微度假 6 大功能于一体
80	017 艺术生活体验园	500 亩，投资 640 万元	园内建筑充满艺术感，提供油画、陶瓷、雕塑等活动，还设置有原创作品、商品油画的展览与销售
81	乌兰察布市·乌兰哈达火山草原自驾运动营地	200 亩，投资 1500 万元	包括特色住宿区、餐饮区、公共活动区、停车场、露营区、车辆补给处、运动区、公共洗浴区、服务接待中心和服务管理区等功能区
82	阿尔山鹿角湾营地	约 30 000 m^2	国家 3C 级自驾车旅居车营地，具有温泉体验、精致宿营、亲子娱乐、创意工坊、餐饮零售、户外休闲等多功能的、高颜值的野奢精品度假地，设有 3 种住宿产品，可满足 60 人住宿要求
83	大漠胡杨汽车自驾运动营地	230 亩	位于 AAAA 级景区大漠胡杨林景区内，紧邻额济纳旗城区，集木屋、房车、贝壳房、帐篷、特色蒙古包等特色露营设施于一体

续表

序号	名称	占地面积及投资	主要特色
84	誉州北自驾车露营地	近 400 亩	位于扎鲁特山地草原旅游区内，可以了解骑马射箭、篝火晚会、牧库牧民之家、民族服饰、蒙文蒙语、蒙古族歌舞、马头琴等民族习俗
85	阿拉善左旗腾格里沙漠外星球营地	800 亩	提供沙漠徒步、沙漠拓展、沙漠旅游、沙漠摄影、沙漠穿越等体验项目
86	库布齐沙漠恒盛兴汽车露营营地	约 210 亩	北依阴山山脉乌拉山、黄河南岸，南与库布齐沙漠相连，紧邻三星级恒盛兴沙漠酒店，有沙漠露营、沙漠徒步、沙漠摩托、沙漠冲浪和沙漠探险等运动项目
87	可汗山自驾车露营地	5200 亩，投资 1.5 亿元	地处“科尔沁 500 公里风景大道”的最北端，三盟（市）交会处，交通优势明显；规划有房车住宿区、木屋别墅住宿区、集装箱酒店区、莲花帐篷区、蒙古民族风情园、自驾房车停车位区、水上娱乐区、滑雪滑草区、热气球放飞区、篝火演艺区、动物观赏区、套马表演区、农家乐采摘园区、草原沙地大峡谷探险区、沙漠越野汽车赛区、摩托车体验区等板块
88	额尔古纳伊湾时光度假营	60 000 m^2 有余	根河河畔，毗邻额尔古纳湿地，有美丽的湿地、白桦林、草原和漫山的芍药花。规划有餐饮、住宿、房车营地、高尔夫球训练基地，还有骑马、拓展训练、蔬菜瓜果长廊观光采摘等休闲娱乐项目
89	奈曼旗青龙山自驾车营地	200 000 m^2	全国 4C 自驾车旅居车营地，通辽市旅游的门户，有综合服务区、绿色餐饮区、休闲娱乐区、房车露营区、森林康养区、民俗体验区
90	乌海市西北大营房车	332 亩，投资 5000 万元	房车租赁、车位出租、酒店餐饮、户外装备产品展销、户外体育训练、沙漠拓展训练等各类设施
91	腾格里达来月亮湖探险营地	150 km^2	位于腾格里沙漠月亮湖畔，分为民俗风情区、会所休闲区、宾馆别墅区、生态示范区和户外体验区五大板块
92	科右中旗枫林营地	/	AAAA 级景区代钦塔拉苏木五角枫生态旅游景区内，可骑马漫游枫林美景、乘坐热气球浮云赏枫景
93	陆游房车康巴什自驾营地	2200 m^2，投资 600 万元	康巴什 AAAA 级旅游景区中心城区南，营内包含拖挂房车及高端木屋住宿、房车营位、房车补给、房车租赁、房车旅游线路、自助烧烤等设施
94	敕勒川草原陆游房车营地	20 亩，投资 1000 万元	露营设施有艺术屋、蒙古包、帐篷、拖挂房车、自行式房车，可提供餐饮、住宿等服务
95	驿营地乌拉盖九曲湾营地	4300 万元	位于有着“天边草原”美誉的乌拉盖草原，是以住宿、餐饮、观光、儿童游乐为主的旅游度假营地
96	牙克石冰峰汽车营地	2200 公顷	夏季开展露营、儿童戏水、卡丁车、真人 CS 等项目，冬季开展大众冰面驾驶、大众卡丁车等娱乐项目
97	陈巴尔虎白音盟古乐蒙古包营地	2000 亩	蒙古包营地，沿呼和诺尔湖畔而建，所有蒙古包均可欣赏到白音盟古乐景区美丽的景色
98	呼伦贝尔牧居原上蒙古包营地	/	位于海拉尔谢尔塔拉国营农牧场东大沟，离海拉尔市区一小时车程，仅有五六个蒙古包，提供特色餐饮
99	陈巴尔虎旗牧云山顶酒店	/	坐落于呼伦贝尔大草原的莫日格勒河视角点之上，莫日格勒河尽收眼底，有现代木质观景房，也有纯手工雕刻的木质结构蒙古包房型，配套全景观餐厅
100	呼伦贝尔陈巴尔虎旗娜慕野奢营地	4000 亩	配套 100 000 m^2 国际标准私人马场及健身中心、同时容纳 200 人的会议报告厅，有蒙古餐厅、度假天幕餐厅、蒙古音乐厅等特色餐厅
101	圣水梁科技旅居装备营地	约 1100 m^2	集合地域特色美食、自然休闲活动体验、高山草原户外旅居和创意公共休闲商业服务为一体的生态优先、科技融合的创新型旅居休闲目的地
102	鄂尔多斯赛车集装箱营地	100 亩，投资 2000 万元	可体验休闲赛车运动
103	内蒙古大兴安岭（根河）露营地	150 亩，投资 3000 万元	位于内蒙古根河源国家湿地公园区域内，可参与“兴安第一漂”漂流活动、野外天然垂钓、野外烧烤、篝火晚会、沙滩摩托体验、沙滩排球比赛、自行车环线探险、野外拓展训练等休闲体验项目

续表

序号	名称	占地面积及投资	主要特色
104	腾格里沙漠外星球营地	占地约 800 亩	配有住宿、餐饮、娱乐设施，还有沙滩排球、足球、水枪 CS、射箭等休闲活动
105	腾格里研学大本营房车营地	/	基地由拖挂式房车、内蒙古风情蒙古包、户外露营帐篷及沙景小木屋四部分组成，还有“沙漠巨兽”冲浪车、“沙漠之舟”骆驼骑行、沙滩摩托自驾、激情滑沙、沙滩排球、越野车穿越、沙漠徒步、深度沙漠摄影、沙漠 BBQ 烤肉、篝火晚会等休闲项目
106	腾格里沙漠漠客越野营地	/	以沙漠景观和自驾越野为主要特色，以沙漠穿越和旷野星空为核心体验特色
107	阿尔山金江沟房车基地	/	位于阿尔山国家森林公园金江沟门区游客服务中心旁，共有房车 55 辆（拖挂式），有草原 KTV、草原观星、射箭体验、采摘、棋牌等设施
108	额济纳旗丝路北线营地	/	坐落于国家 AAAA 景区——黑城弱水胡杨林景区内，配套豪华的轻奢木屋、房车、特色客栈、蒙古帐篷等主题客房 300 余间，蒙古族文化浓郁的大小蒙古包风情餐厅 9 个，大型篝火晚会演绎场 1 个及酒吧等设施
109	呼伦贝尔呼和诺尔酒店	/	位于举世闻名的呼伦贝尔大草原腹地，拥有各类帐篷露营房 176 套间，游客可体验牧湖游（喂小羊、品尝奶食品、奶茶）、品尝地道的蒙古美食，还可以换乘游艇穿越呼和诺尔湖、观赏草原等
110	呼伦贝尔星空牧场	/	位于呼伦贝尔草原深处，建设有蒙古包及各类木屋客房 14 套，以草原文化、星空美宿、在地文化及美食为特色
111	游侠客坝上牧歌营地	/	营地坐落于赤峰市克什克腾旗乌兰布统乡草原腹地的高地，景观视野极佳，可体验骑马滑沙、放风筝、篝火蒙古舞、祭敖包、采蘑菇等活动
112	额济纳旗大漠胡杨自驾车营地	/	位于国家 AAAA 景区大漠胡杨林景区内，紧邻额济纳旗城区，提供集木屋度假区、自驾车、房车营位区、贝壳房区、帐篷营位区、特色蒙古包等特色功能为一体的住宿服务，共有各类露营设施 200 间
113	开心大米野奢帐篷营地酒店	占地 105 亩	有各类奢华帐篷 12 套间
114	优米家 · 溪谷营地（水磨村店）	/	拥有超大草坪、高端野奢帐篷，搭配舒适榻榻米与星级酒店标配的配套设施，提供手冲咖啡、特色装修装饰、复古杂货、野餐装备、特色烧烤及田园小火锅等户外服务
115	额尔古纳河度假营地	/	营地内以多元化的特色露营设施为特色，提供包含蒙古包、船屋、星空房在内的不同风格露营体验
116	库布其生态营地	/	位于独贵塔拉镇刀图嘎查七星湖沙漠生态旅游区，提供以草原木屋为特色的露营舒适体验
117	巴丹吉林沙漠庙海子营地	/	位于阿拉善盟阿拉善右旗巴丹吉林沙漠地质公园，以沙漠风光为核心体验，以不同规格蒙古包为露营载体
华南片区			
广东			
118	北纬 23°8 森林营地	200 亩	邻近大广高速温泉出口，距广州地铁 14 号线东风站仅有 6km，交通区位优势明显；有野奢星空、粉色旅程、探索地带、秘境丛林、奇妙边域、荔花湖畔 6 大美宿模式
119	北迹露营 1 号	/	坐落在北回归线上，位于广东省级旅游度假区——芙蓉嶂，主要由房车营地区、丛林帐篷区、星月野营区、绿地娱乐区、商务休闲区等 5 大区域组成
120	广东佛山美的鹭湖汽车营地	1200 亩	按国际五星级汽车营地标准打造，集帐篷露营、度假木屋、越野赛道、湖边垂钓、拓展培训、草坪嘉年华等设施于一体
121	真意帐篷房车营地	/	是天人山水园区半山间的“森系野奢酒店”，可眺望沙溪水库美景，尽情享受蝉噪林逾静、鸟鸣山更幽的轻松；由 34 套独栋帐篷及一栋启美居组成

续表

序号	名称	占地面积及投资	主要特色
122	紫泥堂驿旅房车营地	/	位于广州番禺人的“红砖厂”——紫泥堂，一个由旧糖厂改造的工业艺术小镇，临湖而建，拥有传统手工艺、创新科技、艺术教育、生活休闲等多种业态
123	肇庆 incamp 隐营露营地	/	地处肇庆鼎湖山附近，主打溪流露营，需要自带露营装备，配套有公共卫生间、淋浴室
124	广东惠州凤谷湖畔营地	近 50 000 m^2	提供自助/半自助的露营体验，集野外露营、越野赛车、篝火烧烤、露天电影为一体
125	横琴星乐度·露营小镇	280 000 m^2	以“琴岛奇航”为主题，首创“自驾＋露营＋乐园”模式，集特色住宿、奇趣游乐、户外运动、拓展教育、特色美食于一体
126	惠州南昆山样可营地	50 亩	户外烧烤、K 歌会、篝火烟花、swing 复古舞会、露天电影等活动
127	乐途四季蒙花布房车营地	200 亩，投资 5000 万元	有房车度假、水幕电影、灯光秀表演、人物舞台剧演出、帐篷露营等产品，还有产品发布会场地、天然沙滩浴场等设施，定位为产学研一体的田园文旅综合体产业
128	Ampm 天鹿营地	/	坐落在森林湖泊山野环抱中的天鹿湖森林公园里，配套设施一应俱全，帐篷全部选用丹麦的 Nordisk 大白熊帐篷，为星级酒店标准
129	三椏塘瓦尔登露营地	/	露营区分为草坪区、果林区和木平台区，还有舒适的民宿
130	鹤山龟山花木场露营地	近 10 000 m^2	位于古劳水乡旅游区，是梯田结构营区，视野开阔，私密性好，可欣赏到高山和湖景
131	一森露营 iChi Glamping 露营地	/	隐世山林内，以天然山湖为畔的轻奢营地
132	风铃谷 Hub Camp 露营地	/	位于山谷之中，坐拥 1000 亩山林，营区铺满黄风铃树，可体验飞驰环山的越野车，配备管家和保安
133	丹霞山露营小镇	占地 1300 亩	有拖挂房车、木屋、景观房等设施，可以体验篝火、户外KTV、露天电影、喂小猪、摘青菜、儿童乐高、射箭、桌游牌等丰富项目
134	肇庆中游国际房车露营基地	约 40 亩	设有专属停车场、卫浴间、咖啡屋、舞台、餐厅、烧烤场等设施
135	森与星空·广州南沙营地	/	位于南沙湿地景区寻梦园，被誉为“广州之肾”，可体验趣味桌游、趣味射箭、湿地特色游船入营、飞盘活动、健康徒步与骑行、绘本借阅、投壶、桌上冰壶等项目
136	悦活乐耕营地	300 亩	位于广东省 AAAA 级农业公园海鸥岛，融企业会议、企业团建、主题研学、亲子营地、亲子摄影、乡野民宿、农业文创于一体
137	河源悠宕生态房车营地	20 000 m^2	提供房车露营、烧烤、露天外 KTV/电影、户外/室内拓展、垂钓、真人 CS、蔬果采摘、农家乐、采茶、桂花园漫步、徒步拉练、越野赛等系列服务
138	虎门鹅夷山房车营地	80 亩，投资 1200 万元	设有房车露营区、汽车露营区、婚纱摄影区、帐篷露营区、移动木屋区、草地区、青少年营区、户外拓展区、体育项目区等功能区
139	清远米墅稻田野舍温泉共享营地	约 80 亩	以科技移动旅居设施为载体，配套生态资源和温泉资源，建设有私家温泉池的温泉别墅 6 栋、移动米墅 10 套，提供含独立庭院式私汤温泉露营生活
140	惠东巽寮湾老嬉皮 68 号房车营地酒店	/	拥有家庭、商务、尊贵等各类豪华房车 58 辆，独具特色的 360 度全景鸟笼房 20 个，提供自助烧烤、棋牌娱乐、商务会议等服务
141	龙门风之谷营地民宿	/	营地依水而建，共有 10 余间滨水帐篷客房，配套独卫，24 小时热水等设施，营区还可开展桨板体验、时令蔬菜水果采摘、草坪烧烤等活动
142	惠东双月湾海龟湾营地酒店	/	位于全亚洲唯一的海龟自然保护区内，典型的海湾型营地，配套建设有烧烤场地、丛林帐篷、拓展场、篮球场、野生钓鱼塘、山泉游泳池等配备设施设备

续表

序号	名称	占地面积及投资	主要特色
143	3M 营地	10 亩	位于大刀沙岛，由三位热爱 Music 音乐和 Moto 摩托的 MINI 车主共同创立；营地设有 3000 m^2 草地露营区、两个 500 m^2 独立露营小院，每个营位都有水电配置，还提供路亚钓法教学
144	深圳 StarField 星野露营地	5000 m^2	配有 50 台车的停车场，有帐篷、天幕，5 个独立卫生间，24 小时热水，可提供自助餐、西餐等服务
145	深圳居山・悦澜露营地	11 000 m^2	坐落于大鹏半岛的金沙湾，隐于满山葱郁之中，露于蔚蓝海湾之畔，场地内配备有各种基础生活用品，提供私家庭院篝火、公区露天观影、飞镖、桌游等休闲娱乐活动
广西			
146	好哒呀野趣农场（营地）	600 多亩	坐落于阳朔兴坪国家级漓江风景名胜区内，集原乡体验、营地教育、野宿美食于一体
147	桐闲帐房营地	/	地处金穗生态园内，不仅私密性极强，还有稻田 、儿童乐园、小穗萌宠乐园、小穗农场等
148	龙潭汽车旅游营地	65 亩	分为帐篷露营、房车露营、自驾车露营、学生营房四大板块，内有天然浴池、森林漂流、儿童乐园、篝火烧烤等配套功能
149	砺人那个营地	/	团队由退伍军人和对军队充满向往的热血青年组成，提供卡丁车、真人 CS、山地越野车等户外极限运动项目
150	阳朔燕莎航空飞行营地	196 亩	目前国内规模最大的航空飞行营地，中国航空运动协会命名的第五批航空飞行营地，可组织开展滑翔伞、动力滑翔伞飞行体验、飞行娱乐活动
151	老木棉紫园汽车营地	500 亩，6000 万元	露天影院、星空营地、房车营地
152	西山泉汽车（房车）露营基地	500 亩	主会场营区、综合露营区、教育拓展营区、综合住露营区、后勤服务营区 5 个营区
153	大容山国家森林公园营地	7120 m^2	集装箱、房车、帐篷露营区、烧烤区等相关设施
154	百色凌云浩坤湖露营地	/	10 顶印第安帐篷、2 顶日式春帐，配套超大黑胶公共天幕客厅、美国清风定制款中央服务车，配备专属的洗漱间和洗浴室
155	黄姚汽车旅游营地	300 亩，投资 5500 万元	150 个自驾车营位、99 个房车营位、60 个轻体房营位、100 个自行式房车营位、100 个帐篷营位
156	贺州市紫云洞旅游营地	69 亩，投资 6000 万元	景区游览、旅游咨询、购物、房车宿营、餐饮等服务
157	三娘湾彩云安达房车营地	/	海滨型“移动版的星级酒店”，配套建设有 10 套不同类型的房车营位
158	东兴星墅房车露营酒店	/	位于万尾金滩观景点中央阳光浴场旁边，设施以房车、木屋为主
159	来鹭营房车营地	/	坐落在南宁市兴宁区那历路渔牧生态园区内，配套建设有房车小院、花式房车及特色帐篷等设施，还提供草场星空及户外烧烤音乐会等活动
160	上尧码头营地	/	配套有四种风格的独栋小木屋，还有天幕和帐篷可以选择，提供 BBQ 等服务
161	融水帐篷酒店	/	有 56 间客房，分别由具有苗家特色的梦鸣酒店及帐篷酒店构成，配套设施完善，有能同时容纳 500 人的大中小会议室，苗族特色餐厅——梦鸣餐厅，以及游泳池、健身房、汗蒸房、篮球场、排球场、烧烤场等设施
海南			
162	大热荒野土福湾营地	/	是三亚观赏日出日落的胜地，营地内椰树成林，绿意盎然，亲近自然又不荒凉
163	白沙门公园房车露营地	6000 m^2	停车位 132 个，配备 54 个水电桩、充电桩，可同时停放房车 54 辆
164	海口冯塘绿园乡村旅游度假园区	2500 亩	集火山雨林风光、乡村田园风情、古村历史文化、国防教育基地、会务培训、休闲娱乐、房车露营、餐饮住宿为一体

续表

序号	名称	占地面积及投资	主要特色
165	万宁石梅湾游艇会房车营地	/	营地设在游艇俱乐部旁边的废弃停机坪，临海而建，景色优美，设施完备，淋浴、洗衣、厕所等一应俱全
166	三亚露云·客天下露营地（大小洞天店）	37.79 亩	位于大小洞天景区小月湾内的海景式度假营地，营区有游客接待中心、茶咖空间、海景泰国餐厅、观景平台、房车营位区、帐篷苏宿营区等
167	万宁日月湾极乐净土帐篷营地	/	位于日月湾山上浪人村，被绿色生态包围，场地私密，风景优美，散发着自然原始的美感，距离日月湾海边约 3 km、仙女潭瀑布约 500 m
168	小洋侨椰林秘境帐篷营地	/	藏匿于椰林中，建设包含帐篷及木屋在内的不同类型客房 33 间，提供咖啡、烧烤在内的慢时光休闲活动
169	行宿物语精致野奢露营（万宁神州半岛店）	/	位于万宁神州半岛，建有 10 套轻奢帐篷，提供一站式露营全体系服务
170	琼中云宿房车营地	5200 m^2	位于琼中什寒村，营地配套 10 台上汽大通高端定制款房车，是集房车休闲住宿、热带雨林文化、黎苗民俗美食、户外研学教育于一体的综合性房车营地
171	三亚极玩地球营地	/	位于三亚西部天涯景区内部，是以部落文化和硬核户外为主题的风格营地，能为旅客提供星级帐篷住宿体验，以及音乐、美食、艺术、文化、派对等 10 余项户外活动
172	三亚愚生 VIVALAVIDA 野奢营地	/	小众海岛探险型营地，露营设施为 10 顶带独立卫浴的豪华帐篷，提供管家式顶级服务
173	露野星宿房车星空营地（万宁日月湾店）	/	以房车为核心，现代田园风格的设计为辅，并提供“一站式管家服务”
174	三亚云宿房车营地	10 000 m^2	由 14 户大小不一的特色房车庭院和自驾营位组成，依据地势星罗棋布，总计 26 辆客房房车和 7 个自驾营位，整体定位为“国际田园生态露营旅居目的地”
175	极乐净土帐篷营地（万宁日月湾店）	/	住宿分为轻奢帐篷、落英、大和 3 种房型，共计 24 间住宿单元，每顶帐篷都配备了独立的卫生间和淋浴间；营地内有无边泳池、星空影院、秋千、泡泡秀、酒吧、烧烤，不定期还有知名 DJ 的小型音乐现场和篝火晚会
176	曼跶精致营地	/	位于华润石梅湾游艇会，由精致的下午茶开始营地生活，也可以选择自己亲手搭建帐篷，配备全套高端户外品牌装备，晚餐后露天电影、K 歌、篝火、烧烤、音乐会、沙滩游玩及水上活动等丰富多样
		福建	
177	尤溪闽湖房车露营地	约 20 亩，投资约 1300 万元	位于“闽中明珠”——尤溪县闽湖村，集住宿、休闲、康养、娱乐、采摘等业态为一体
178	厦门豪威莱斯汀溪房车公园	/	位于有“厦门后花园”之称的厦门汀溪镇，呈山地状层级错落布局
179	罗源棕旅房车百丈红风露营地	10 余亩	以红色教育、生态采摘、休闲度假为主要内容，附近有北上抗日先遣队指挥部遗址
180	厦门大云房车露营地	25 000 m^2	地处风景如画的环岛海滨风景带，坐拥海边胜景，又紧邻城市中心
181	武夷山福旅房车露营基地	/	距离旅游景区武夷山风景名胜区 10 分钟左右车程，除房车以外，营地内还有木屋套房、亲子套房等房型，一院一景
182	永泰棕旅房车城投乡村露营地	10 余亩，300 万元	毗邻国家级 AAAA 景区百漈沟景区，配套野营区、野炊区及山泉水游泳池
183	东山一个庐野奢帐篷营地	一期 87 亩，总投资 1.5 亿元	位于漳州的一个离岛——东山岛上，有滨海生态帐篷、集装箱海景套房、渔村文化民宿等多种形态的住宿空间
184	龙岩趣驾游自驾房车营地	/	位于湖坑镇洪坑游客服务中心，配套有房车、架高帐篷、户外餐吧（可供烧烤）

续表

序号	名称	占地面积及投资	主要特色
185	火山岛九头鸟飞行营地	/	坐落于 AAAA 景区火山岛旁，飞行区域紧邻国内美丽的天然火山岛
186	福友生态农场	300 亩，投资 800 万元	距厦门仅 1 小时车程，坐落于风景秀丽的长泰岩溪镇，“中国第一个慢客村”
187	漳浦 Hooray 欢乐岛房车酒店	/	美式房车文化为主题的精品酒店，配套 60 套不同主题房车，依托 HOORAY 欢乐岛独有的海、湖、林等理想的生态景观，营造洒脱与自然的全新美式居住体验
188	云水谣房车露营基地	/	位于三面环山的天然草地场地，配有野外厨房、户外攀树、树屋搭建、酿酒体验、欢乐采摘、滑草运动等项目
189	野好社区天竺山露营地	投资 3000 万元	位于天竺山森林公园山脚，自然环境优越，植被丰富，有足球场、篮球场、户外餐吧、攀岩、射箭场、羽毛球场、CS 战场等娱乐项目
190	南平静修小镇露营地	约 6.5 亩	位于南平小镇同心桥往南凤溪西侧，共 8 台房车，每台房车都有相对独立的庭院，支持烧烤、泡浴等休闲活动
191	惠安大港湾惠女风情自驾游营地	147.2 亩，投资 2000 万元	房车住宿、休闲娱乐
192	德化岱仙瀑布景区自驾车露营地	205 亩	帐篷露营、木屋住宿
193	泉港红星生态园自驾车露营地	52 亩，投资 200 万元	国内首家以房车为主题设计理念的高端精品汽车营地
194	连江温泉懒虫房车露营	占地 50 亩	配有风格围院、集装箱叠院、轻奢帐篷等不同类型的设施，设置有自驾车露营区、房车露营区、烧烤区、大型活动区，可满足 300 人举行派对
195	洛江后深溪旅游生态区露营地	100 亩，投资 1020 万元	配有管理房服务中心、厕所、Wi-Fi，每个营位都有独立水电桩，还有漂流、射箭、野炊、滑索等娱乐项目
196	泉港绿笛山庄汽车露营地	75 亩，投资 280 万元	住宿、会议、用餐、露营、休闲垂钓、慢客骑行、咖啡馆等设施和服务
197	南安灵应寺旅游区露营地	投资 250 万元	有木屋、餐厅、帐篷地、浴室、卫生间、露营配套设施
198	南安黄巢山旅游区露营地	40 亩，投资 200 万元	自驾车、房车、帐篷地、移动房屋
199	德化赤水镇蜗旅露营基地	25 亩	已建设草坪 20 亩，拥有帐篷 10 顶、平台 5 座可供游客自己搭建，配套游客服务中心、旅游厕所等设施
200	石牛山帐篷营地	2300 m^2	位于石牛山景区主峰酒店的天池湖上，以“观星亲水，聆听自然”为设计理念
201	九仙山露营地	规划 3.5 亩	规划有帐篷营位、房车营位、服务中心、生态停车场、生态厕所
202	云龙谷露营地	约 46 亩	位于素有“闽中屋脊”之称的戴云山南麓，可放置帐篷 40 多顶、可停置房车 30 多辆，拥有停车场地 10000 m^2 以上、生态公厕 6 个
203	涌溪水寨露营地	17 亩，投资 3000 万元	位于桂阳乡涌溪村，营地基础条件基本具备，场地较为宽阔，通水通电，涌溪水寨拥有“山、湖、岛”等旅游资源
204	福州鼓岭柱里露营地	投资 1 亿元	露营地坐落于国家级旅游度假区鼓岭，拥有良好的生态环境，提供树屋酒店、帐篷酒店及非洲狩猎营帐（Safari Tent）等特色宿营设施
205	芹峰文创园露营地	约 3 亩	帐篷露营位 50 个、房车营位 10 个，配套有餐饮、休闲游乐区、观光园、生态厕所、生态停车场和游客服务中心
206	水口镇中洲岛露营地	约 300 m^2	可放置帐篷 20 多个、可放房车 10 多辆，周边停车场 1000 m^2 有余、生态公厕 2 个
207	上杭县“福阿哥”户外露营地	120 亩，投资 1560 万元	汽车营地、汽车影院、柴烧大锅饭
208	棕旅房车（松溪）梅口埠露营地	投资 800 万元	KTV 版、亲子版、家庭版、情侣版等营地拖挂房车共 15 辆及房车营地相关配套设施；单次可容纳 60 人以上住宿，是集住宿、休闲（K 歌、篝火、烧烤）、康养、教育于一体的集中性项目
209	长汀县松毛岭红色山庄	投资 300 万元	依托松毛岭战役遗址打造成的红色爱国基地而规划开发的露营业态

续表

序号	名称	占地面积及投资	主要特色
210	漳平市后盂村露营地	投资 100 万元	集停车场、换乘、购票、餐饮、购物、休憩为一体的全省一流水平的旅游综合服务功能区
211	贵村 AAAA 房车露营地	300 亩，投资 5000 万元	配套 CS 场地、网红打卡景观设施及基础服务设施
212	柘荣县鸳鸯草场露营地	85 亩，投资 850 万元	草场占地面积 1 万多亩，是福建省内最大的天然草场，平均海拔 1000m 以上，营地可以容纳 200 多顶帐篷，山顶还修建有众多游乐设施，如精灵乐园、玻璃滑道、热气球等
213	周宁县九龙星村露营地	21 亩，投资 1600 万元	精品民宿、住宿餐饮、休闲木栈道、木屋民宿等
214	周宁县陈峭露营地	40 亩，投资 2000 万元	3D 露天汽车影院、帐篷营地、野外烧烤场、儿童乐园、两岸咖啡、大型室内活动综合场馆、汽车旅馆等设施
215	亿帆水乡渔村营地	120 亩，投资 1800 万元	户外帐篷、露天烧烤、露天 KTV 等各类大型户外活动，还有千年银杏许愿等项目
216	安溪云中山汽车房车露营地	90 亩，投资 2000 万元	汽车保养、维修、产品销售等服务
217	平和高峰生态谷露营地	100 亩，投资 1500 万元	自驾游、住宿、果园观光、茶叶种植加工、畜禽养殖等设施
218	武夷山福旅房车露营地	/	位于武夷山度假区仙凡界路，建有木屋套房、亲子套房、房车等房型，一院一景，院院串联，还提供牌室、烧烤、篝火、茶室、长桌宴、泡池（夏天）、汉服体验
219	南靖云水谣房车露营基地	/	各种规格房车 20 套，提供草坪敞篷、户外 BBQ 等服务
220	棕旅房车平潭君山露营地	/	各类房车 14 套，配套丰富的户外体验活动
221	永泰云顶蚂蚁窝蛋居酒店	/	共建设有全球特色的蛋型主题酒店、山寨客栈、山寨木屋、帐篷等 4 大住宿露营功能分区，特色鲜明、生态天然
222	光泽鸾凤棕旅房车露营地	投资约 800 万元	营地拖挂房车 15 辆及房车营地相关配套设施，是集住宿、休闲（K 歌、篝火、烧烤）、康养、教育于一体的集中性项目
华中片区			
湖北			
223	花博汇营地	投资 5000 万元	房车营区、木屋营区、集装箱营区、帐篷营区
224	武汉龙灵山森林房车营地	/	配有 9m 营地式房车十余台，分别代表着十二个星座，配备有空调、冰箱、电视、无线网络、XBOX ONE、麻将桌等生活娱乐设施
225	篷客营地（武汉姚家山香溪谷店）	/	位于姚家山香溪谷景区内，建设有帐篷、玻璃舱、木屋等多种营地住宿设施
226	篷客营地（武汉枫香云堡店）	/	位于枫香云堡景区内，以帐篷露营为主要设施，配套有萌宠乐园、孔雀园、草坪车、ATV、水上自行车、竹筏等项目
227	武汉牧歌蒙古风情园露营地	/	位于木兰云雾山景区内，依山傍水，建设有 19 套特色蒙古风情包房
228	梁湖都市农庄营地	300 亩，投资 1200 万元	拥有房车营位 33 个，乘用车营位 131 个，木屋别墅 4 栋，主题餐厅 1 栋，帐篷露营位 200 个，可同时容纳 300 人露营
229	木兰玫瑰园营地	500 亩，投资 950 万元	配备洗浴、卫生间、营地接待前台、拖挂式房车及欧式小别墅
230	新华农庄·梁子湖 32 号营地	10 亩，投资 500 万元	有烧烤区、游乐设施、帐篷营区等
231	湖北世纪房车露营基地	50 亩	有停车场、盆景长廊、萌宠展区、自然科普区、办公区、露营区、民宿区、休闲区、娱乐区、垂钓区、花园酒吧、生态餐厅、音乐广场、健身房等设施
232	孝感途居双峰山房车露营地	占地 300 余亩，投资近 1 亿元	房车露营为吸引核，辅以接待中心、湖景木屋、松果木屋、房车自驾、帐篷露营、餐饮烧烤、休闲游乐、研学拓展等配套功能及设施

续表

序号	名称	占地面积及投资	主要特色
233	宜昌三峡国际房车露营地	占地约 430 亩	融精品房车、野奢木屋、生态露营等项目为一体，遵循自然生态原则，借势造景，下沉式篝火广场、梯田花海、山巅无边界泳池、丛林飞跃、儿童乐园、热气球观光、悬崖咖啡等设施
234	兴山朝天吼房车露营基地	/	位于宜昌神农架旅游线路的重要节点，有房车40余台，集观光、娱乐、生活服务为一体的综合性旅游度假场所
235	五峰月亮湾房车露营地	/	南靠壶瓶山，北邻古茶道，配套有游客中心、会议室、儿童游乐场、活动广场、10 个自驾房车营位，近 50 个自驾车停车位等设施
236	浠水三角山国际房车露营地	占地 135 亩	位于三角山旅游度假区黄溪冲入口区楚龙湖下游，建设了固定房车营位 30 个、自行式房车营位 28 个、木屋营位 10 个、帐篷营位 200 个，配套建设了综合服务大厅、娱乐体育广场、帐篷营位、烧烤区、休闲沙滩
237	长阳木桥溪房车露营基地	34 亩	位于长阳高家堰镇木桥溪生态旅游度假区，配套建设有 24 套房车露营单元
238	荆门飞行家国际房车露营基地	/	由 4 种房型的雅致房车、标准房车、豪华房车、家庭房车组成，娱乐设施有高空跳伞、风洞体验、室内攀岩、漳河水库游船等项目
239	MoonNight·东湖沙滩露营星空屋	/	配套有星空舱、帐篷等多种露营设施，还提供皮划艇、水上自行车等娱乐项目
240	天兴洲沙滩营地	/	有烧烤场地，体验项目有沙滩卡丁车、沙滩摩托车、卡拉 OK、骑马、蹦床、射击等
241	麻城亲野帐篷营地	/	湖北少有的高山平湖型营地，配套有 17 顶形态各异的帐篷
242	阳新仙岛湖云水居帐篷营地	/	配套 18 顶帐篷，开发有露天电影、K 歌、自助土灶、烧烤等服务及活动
243	千岛湖田野牧歌牧心谷休闲运动营地	/	/
244	沌水汽车露营地	407 亩，投资 1.1 亿元	分为主会场区、主营区、特色住宿区、活动娱乐区、配套服务区 5 个主体功能区，有亲子城堡、临湖别墅、亲水野奢帐篷、观星帐篷、丛林木屋、童话树屋、特色自驾车房车营位等个性露营设施
245	洪湖汽车自驾营地	350 亩，投资 1 亿元	/
246	武当山快乐谷露营房车基地	6 km^2，投资 1.2 亿元	建有固定房车位、可移动式房车位的房车露营基地和帐篷露营基地，配套有生态停车场、景区道路、旅游厕所等设施
247	五峰苏家河月亮湾露营基地	30 亩，投资 960 万元	建有游客中心、活动广场、43 个自驾车停车位、10 个自驾房车营位、6 栋木屋别墅、5 个房车营位、诸多帐篷营位
248	九宫山帐篷露营基地	/	位于海拔 1567 m 的帐篷营地，具备空气透明，大气消光小、凝视度好、夏季晴夜多等优秀观星条件
249	建始 318 国家风景道自驾车房车露营地	50 多亩	山水观光、运动游乐、文化体验、休闲度假、汽车露营多功能集合
250	神农架巴桃园营地	投资 2500 万元	户外帐篷露营、冰雪运动基地、汽车房车营地、水上娱乐项目、野生动物观赏、汽车影院、篝火晚会、自助烧烤
251	漳宝河户外营地	1.5 亩，投资 500 万元	以木屋住宿、帐篷露营、自助烧烤、篝火晚会、拓展训练、徒步穿越、攀岩速降等户外特色产品为主题的综合户外体验营地
252	童话谷天空牧场	/	亲子乐园型营地，定制预约经营模式，共配备有25套不同特色的木屋、房车等业态
253	HALOOCAMP 你好营地	/	位于黄陂泥河水库边，营地建设有大白熊及蒙古包形态帐篷，基础设施完备
254	宜昌野望帐篷酒店	/	根据当地特色修建而成的高山草原营地，多种帐篷错落地分布在百里荒的高山草原上，还有上千顶普通帐篷可供租赁，同时提供配套的露营装备和服务站
255	通山风铃谷野奢帐篷营地	/	一期共计建成 14 顶野奢帐篷，其中标间 12 顶、大床野奢帐篷 2 顶，是集运动、休闲、亲子为一体的综合型营地

续表

序号	名称	占地面积及投资	主要特色
256	木兰草原军寨帐篷酒店	/	50 顶军帐错落地分布在草坪上，坐拥极具木兰文化和草原风情的草原
湖南			
257	湖南开慧镇板仓国际帐篷露营基地	200 亩	位于长沙县开慧镇的爱情湖畔，毗邻全国经典红色旅游景区杨开慧纪念馆，环湖建有木屋别墅、帐篷酒店，可以体验丛林穿越、草地卡丁车、彩虹滑道等游玩项目
258	石三门房车露营基地	/	8 辆房车分别设计成了大床房、亲子房、星空房、麻将房、KTV 房车等不同类型
259	归古景区房车营地	/	位于 AAA 景区归古国际乡村旅游度假区内，营地溯河而上，适合春秋游、夏令营
260	张家界悬崖花开 1 号营地	32 776m^2	营地分为汽车越野、房车帐篷露营、休闲娱乐餐饮咖啡三大板块。有符合国际标准的 UTV/ATV 越野赛道，入选中国汽车摩托车运动联合会评选的全国汽车自驾车运动营地
261	老洞苗寨露营基地	/	露营基地就位于老洞苗寨的两座大山山坳之间，与老洞苗寨遥相呼应，被誉为“湘西第一古苗寨”
262	天岳幕阜山国际房车度假旅游营地	/	位于海拔 1000m 的云腾里，是“大湘东旅游精品房车线路”的东方一号大营。房车营地有欧美版、家庭 KTV 版、家庭儿童版等不同类型，有星空帐篷和可搭建帐篷的山顶草地
263	棠佳阁房车营地	/	棠佳阁是毛泽东的外婆家，具有红色教育的房车露营基地
264	途居湘潭昭山露营地	700 亩，投资 10 亿元	位于湘潭市昭山示范区玉屏村，昭山示范区是长株潭城市群生态“绿心”的核心区域，森林覆盖率达 80.6%，空气清新，负氧离子含量高
265	逸晨东江湖湖心岛别墅营地	/	隐藏在岛上丛林中的天然营地，配有浮动码头、中西餐厅、大小会议室、无边界泳池养生沐足水疗等配套设施的湖心岛别墅营地
266	烽火汽车露营公园	/	房车公园功能区内有 50 个标准房车营位、80 栋以上生态型小木屋、200 个以上标准户外帐篷营位、露天儿童综合游乐场、大型互动式露天影院、卡丁车赛场等各种功能区域，还涵盖了酒吧等小资生活体验空间
267	张家界树栖星之营地	200 亩	营地位于张家界国家森林公园内，邻近大氧吧广场、武陵源风景名胜区。主打户外休闲运动，有徒步、登山和健身拓展训练
268	龙凤国际房车露营基地	880 亩，投资 2 亿元	位于风景秀丽的香山国家森林公园内，集房车露营住宿、山地运动、休闲娱乐等项目为一体
269	韶湖汽车度假营地	500 万元	湖畔型自驾车营地，既有营地帐篷、房车、自驾车停泊区，也有撒野湾、白鹭生态园、水上乐园、度假酒店、亲水别墅、小镇商业街、浪漫水街、亲子活动、烧烤、垂钓、汽车影院、游船、沙滩、踏青等休闲配套项目
270	黑麋峰山居半亩民宿	40 余亩	位于公园东南部山腰处，借助黑麋峰优质的森林生态环境，以艺术、研学、康养等服务打造文化主题民宿；有无边水池、紫藤长廊、咖啡书吧等配套设施，游步道与公园麋峰古道相连，可直达山顶
271	张家界国际滑翔伞营地	/	背依天门山脉、面朝澧水、远望武陵源国家森林公园，起飞场面积约 30 000m^2，降落场面积约 75 000m^2
272	酒仙湖露营地	/	位于国家 AAAA 级、国家水利型风景区酒仙湖景区的核心景点映月广场，三面环湖、视野开阔，有隧道帐篷、星空屋帐篷、金字塔帐篷、印第安精致帐篷、高脚帐篷、普通帐篷等多种帐篷可供选择，配套设施完备
273	云途航空飞行营地	/	毗邻国家 AAAAA 级景区恩施大峡谷，降落场面积为 30 亩，起飞场面积为 15 亩，规划用途为露营、房车营地、热气球观光区及滑翔伞降落场
274	仰天湖云野露营地	/	依山坡而建，建有 20 间高端户外露营帐篷，5 间独栋观景帐篷，配备天幕和户外桌椅
275	岳麓山云驿露营一号营地	2000m^2 有余	建有蒙古包、帐篷、房车等类型丰富的露营设施，周边有高山密林等自然资源，提供自助美食、星光影院等活动

序号	名称	占地面积及投资	主要特色
276	橘子洲傅家洲星空飞行营地	6000 m^2	位于橘子洲头北端的傅家洲，拥有两个标准直升机停机坪，可开展空中游览活动、热气球系留飞活动、空中跳伞（定点跳）活动、青少年航空科普等活动
277	万得来山顶帐篷酒店	/	各类帐篷酒店 21 间，可开展骑行山水间、氧吧徒步、森林瑜伽、采茶制茶品茶、垂钓、攀爬等活动
278	湘潭途居露营	700 亩	各式新款房车 101 台，木屋 12 栋，是集游客接待服务中心、房车营位、自驾车营位、轻奢帐篷营位、生态木屋树屋，以及运动、休闲、餐饮、培训等多种功能配套为一体的复合型国际房车露营公园
279	洪江黔阳古城房车露营公园	/	配套有 78 套不同规格房车及木屋等露营设施，为游客提供亲子度假、小资咖啡、户外射箭、儿童游乐、室内模拟高尔夫等多种休闲服务
280	武冈自驾友云山露营精品木屋	/	集房车木屋体验、帐篷露营、亲子、美食、演艺、户外等多功能于一体的一站式休闲度假目的地
281	双峰归古房车营地酒店	/	配套有包含星空房车、钢构箱式房等在内的露营设施
河南			
282	峪见·无界星空野奢营地	/	位于山野深处，有全景太空舱、野奢帐篷，有户外烧烤、户外电影、户外篝火等项目
283	嵩山露营地	/	位于待仙沟景区内，距离登封市区车程约 10 分钟，分为 2 个营区，可自带帐篷；营地旁有集商务会议、住宿、康养、素食、研学、静修、传统文化体验于一体的文化主题酒店
284	山水隐庐水云涧微度假综合体（星空露营地）	462 亩	毗邻豫西百草园、豫西大峡谷两大国家 AAAA 级景区
285	三度湖山户外营地	60 余亩	有极限攀岩、动物王国、山坡速降滑草、植物迷宫真人 CS、古法射箭等游玩项目
286	黄帝康养度假区房车露营地	140 亩	有房车度假、帐篷度假、露天电影、特色烧烤、室外滑道游乐园、青蛙王子单车乐园等一系列配套设施
287	洛阳白云山自驾旅游营地	200 亩，投资 3.4 亿元	位于白云山脚下，森林覆盖率达 98%，负氧离子含量是市区的近 20 倍，生态环境资源优越，集汽车营地、露营体验、休闲度假、养老养生、户外运动、拓展训练等为一体
288	311 国道蒿坪房车露营地	130 亩	集游客接待中心、旅游公厕、便民超市、餐饮服务等基础配套设施为一体的房车营地
289	天龙池高山星空露营基地	6000 m^2	位于鲁山天龙池风景区
290	龙峪湾帐篷露营地	70 亩，投资 3800 万元	龙峪湾被誉为“森林大氧吧，天然制氧机”，有帐篷、房车，可自带露营设施
291	巩义里山明月露营小镇	233 亩，投资 5.9 亿元	位于巩义市米河镇明月村山谷间，有“郑州莫干山”之美名，是一个囊括精致露营、轻奢露营、野奢露营等多元露营业态的露营小镇，可体验登山徒步、观星看日出、无边泳池等
292	沙窝森林公园露营地	6000 m^2	位于沙窝森林公园中心位置，整个营地被国槐林覆盖，称得上是天然氧吧；拥有 30 间可住宿的金字塔帐篷、豪华家庭帐篷等设施；有丰富的儿童剧、自然研学、露天电影、现场乐队、森系 K 歌等活动
293	洛阳万安山飞行营地	5.7 km^2	可开展所有运动类航空项目，空域 812 km^2
294	伏羲山星空营地（云上牧场）	500 亩	共建有 6 种不同风格的 23 间客房，全系星空主题客房，外围配套有鹿苑、牧场区等主题活动区
295	雁鸣蟹岛嗨 king 野奢营地	3000 m^2	是坐落于雁鸣蟹岛度假风景区内的精致营地，采取家庭式设计、独门独院、一室一厅
296	卢亮沟智能共享户外出发营	403 亩，6 亿元	利用废弃采石场改造而成，是五星级全国汽车自驾运动营地，由红色教育基地，休闲体育娱乐、旅游度假、农业观光、文化展示 5 大主题版块组成

序号	名称	占地面积及投资	主要特色
297	河南鄢陵玉兰花星空营地	近 200 亩	可在林间漫步、湖边垂钓、自助烧烤，有 50 多个住宿单元
298	何家寨营地	529.5 亩	集茶园观光体验、休闲康养、精品旅居与研学教育为一体的生态精品茶旅特色营地
299	新县大别山露营公园	占地 970 亩，投资 10.9 亿元	公园蔓草茂盛，营地被竹海、樱花、海棠包围，配套有登山步道、运动健身公园、青少年研学营地
华东地区			
江西			
300	军山湖服务区营地	43 000 m^2	以螃蟹元素为文化环串联起产品和活动，设有接待服务中心、房车营地、体育场、烧烤区、攀岩广场、人工湖、水榭等设施
301	月亮湖服务区营地	25 000 m^2	以“银河飞度、灿若繁星”为主题，设有多功能星空展厅、房车营地、帐篷营地、星空跑道、亲水平台等设施
302	三清山华闽季候风房车度假营	/	位于国家 AAAAA 级景区三清山风景名胜区核心位置，保留了特有的南方山区村落（石屋、木屋、稻田、河流等风景）风光，是集房车院子、稻田里的木屋、村落民宿、青年旅馆、咖啡（茶舍）书吧、帐篷酒店、土特产超市 / 餐饮等功能于一体的营地
303	浮梁瓷路茶香营地	2000 亩	拥有 2000 亩欧盟有机认证生态茶园风光
304	南昌神龙潭逸景营地酒店	150 余亩	坐落于梅岭国家森林公园腹地，位于神龙潭景区内，拥有节约时尚，高雅舒适的露营空间
305	岷鹏沧溪营地	20 000 m^2	拥有亲子无动力乐园、野境帐篷营地、汽房车营地、山人户外探索学校、沧溪秘境篷客大本营、古村定向区域、水上项目体验区及狩猎文化体验场
306	公主岭飞行营地	/	有滑翔伞、动力伞、热气球体验飞行基地，起飞场海拔 506m，高空落差 300m 以上
307	森海帐篷营地	/	位于庐山西海，群山环绕、湖面浩渺、有多种动植物，提供一站式服务和精致的户外美学体验
308	灵山森灵营地	/	营地有 12 顶北欧豪华帐篷，设置有浴室、卫生间、小卖部等，可体验射箭、吹乒乓球、桌游等娱乐活动
309	明月山露营营地	/	在明月山山顶虎背界，一期工程包括住宿区、餐饮区、活动区、集市区
310	途居开沙岛露营地	近 1000 亩	坐落于开沙岛，设有房车营位、湖景别墅、丛林树屋、湖景帐篷，还有烧烤区、露天电影、篝火区、休闲运动区、餐饮会议厅
311	南昌狮子峰低空飞行营地	/	江西第一家集滑翔伞、热气球、无人机、飞艇、直升机、航模于一体的综合飞行场地
312	萍乡武功山景区草甸星空户外营地	约 230 亩	位于“云中草原，户外天堂”的武功山景区，融合音乐、旅游休闲、文化娱乐、户外赛事于一体，是国内最大的帐篷节举办地
313	映翠湖房车露营主题酒店	/	以房车星空露营为吸引力核心，划分有 5 个房车营区，营地内配设高档木屋接待中心、木屋别墅、娱乐广场、音乐清吧等
314	龙虎山云上清旅居营地	/	依山傍水，融合龙虎山和芦溪河优美的自然景观，融入了房车度假、露营旅游、道医康养、国学游学、科普研学等多种深度旅游体验业态
315	途居宁州水乡房车露营地	300 亩，投资 1.3 亿元	有豪华拓展房车 16 辆、标准拓展房车 16 辆、豪华房车 9 辆、情侣房车 6 辆、KTV 房车 2 辆、豪华商务房车 1 辆，针对不同的客户需求打造不同客服环境，每个营位拥有私密庭院、专享停车位、户外独享 VIP 烧烤台
316	凤凰山山地运动营地	约 1364 亩，投资 5.3 亿元	规划建设梧桐山谷商业建筑、凤凰之眼人文博物馆、钢结构网红廊桥、凤凰书院、栖息地科普总馆、小动物科普分馆、管理服务建筑、花房等设施，是集休闲运动、儿童游乐、野外露营、生态旅游于一体的城市公园

续表

序号	名称	占地面积及投资	主要特色
317	SEEK 科技露营	/	营地为国家文旅科技创新工程项目的中试基地，以绿色低碳露营为发展理念，与环境高度融合，集合了生态美宿、文化美食、音乐休闲、剧场活动、休闲商业等业态
山东			
318	山东临沂市红石寨香山湖汽车营地	200 000 m^2	自驾车位 1000 余个，属于山地型、乡村型营地，主要以汽车自驾运动为核心，主要由房车营区、木屋营区、帐篷营区、蒙古包营区 4 种不同风格的营地露营模式组成
319	日照阳光海岸露营公园	405 亩	国家 AAA 级风景区，山东最大的滨海型生态营地，内设特色木屋别墅区、房车营位区、帐篷营位区、沙滩游乐区、露营装备展区、餐饮服务区、游客服务中心等多个功能区
320	常青火车营地	8.1 亩	营地为铁路文化研学项目，由 11 节绿皮车厢和 3 台机车组成，可为 200 余名游客提供火车主题的特色住宿和娱乐活动
321	山东济南乐沃自驾营地	20 000 m^2	地处济南、泰安、莱芜 3 市交会之地，坐落于被称为省城后花园的济南南部，有 1000 多个就餐位，500 人营地帐篷
322	山东曲阜石门山自驾车露营地	/	坐落于石门山国家森林公园景区，森林覆盖率达 70%
323	金象山橡谷国际营地	/	位于国家 AAAA 景区金象山，是经过国家认证的优质冬、夏令营场地
324	潍坊白浪河房车露营公园	约 154 亩	房车营位 114 个、木屋营位 38 个、集装箱营位 18 个，设有家庭亲子、田园风光、艺术等主题房车，为家庭式自驾游群体及团队游客提供独特的房车住宿体验和全新的游乐体验
325	济南米果时光营地	/	毗邻济西国家湿地、润华汽车公园，交通便利，有世界各地珍稀树木 20 余种，专注于打造野奢露营体验、私人聚会、高端团建、音乐会等特色主题项目
326	泰安溪谷森林 STEAM 营地	40 000 m^2 有余，一期投资 410 万元	位于天颐湖畔，整个营地被循环贯通的水系环绕，四季分明，景色优美，是泰安唯一一所集多种功能为一体的多业态自然教育营地
327	泰安吉星房车露营基地	21 亩	位于国家 AAAAA 级景区旅游城市泰山脚下，房车内部设施同样充满了趣味性与创意性，洗浴房、餐厅、沙发、床、酒店备品一应俱全
328	金象山星野橡谷露营地	110 亩，投资 5000 万元	位于济南的后花园国家 AAAA 级景区金象山内，距离济南市区仅 20km，夏季平均气温 25℃，负氧离子含量高于市区 150 倍，是绝佳的天然氧吧草地露营胜地
329	七星台星光摩旅营地	300 亩，投资 3600 万元	是国内首座星空公园和星空保护区，被美国地理杂志称为世界十大最美星空
330	济南跑马岭野奢营地	/	位于群山之巅，是济南离星星最近的轻奢露营地
331	花 Young Park 嗨！KING 野奢营地	/	位于花 YOUNG PARK 景区内，是山东省最早种植香草的农业园区，拥有大面积的浪漫花海，遍植世界各种香草
332	济南野生动物世界营地	/	坐落于千亩森林中，建有木结构房屋为主的动物森林营地、以全景玻璃房及莲花帐篷为主的疯狂动物城营地、以多床位研学房为主的科普研学露营地
333	777 济南滑翔伞飞行营地	/	距离市区约 15km，一年四季均可飞行，是飞行体验、初中级飞行训练的极佳飞行场地
334	女峰山越野营地	/	集越野汽车和越野摩托车线路、山地自行车和徒步线路为一体的综合户外运动项目，规划建设模拟军营、房车营地、帐篷营地等配套设施
335	夏津露营地	208 亩，投资 2000 万元	农场型露营区，有帐篷露营区、湖景房露营区、烧烤餐饮区、水上拓展区、游乐区、散养牧场萌宠区、霍比特小屋打卡区等区域
336	泰山凤凰湾房车露营地	/	营地内项目完善，集游览、拓展、住宿、用餐于一体，拥有多个房车营位

续表

序号	名称	占地面积及投资	主要特色
337	吉星房车露营基地	/	位于国家AAAAA级景区旅游城市泰山脚下，共有“主题”房车酒店20个、自驾车营位8个，还建有帐篷露营区、休闲娱乐区、亲子儿童乐园、采摘区、拓展区等多个户外体验项目
338	金蜗牛岩马湖房车露营公园	/	引进有多款造型新颖、功能齐全的拖挂式房车，可供房车住宿体验，同时设有帐篷营位，提供纯自然的住宿体验，还可接待各类拓展训练、企事业单位团建等活动，为各类聚会、家庭户外休闲活动、亲子活动提供场地等服务
339	威海东浦湾房车营地	/	是邻近市区最近的依托海水浴场、拥有免费儿童游乐场的营地，设有独院亲子房车、独院情侣房车、独院商务房车、房车二合院、房车三合院等不同类型的庭院
340	烟台爱往度假养马岛营地	/	一家户外野奢营地，新晋网红打卡地，背靠万亩野生黑松林，面向广阔无垠的大海；现有3大露营区，1个滨海野奢露营区和2个松林野奢露营区，4种风格迥异的帐篷散落分布其中
341	日照关于海野奢露营	/	位于中央活力区的黄金位置有集海滨帐篷、露营营地及自助烧烤于一体的特色项目
342	金蜗牛滕州红荷景区露营地	200亩	以红荷湿地景区为依托，集旅游观光、房车露营、观星小屋、精致帐篷、儿童乐园、休闲度假为一体，设有房车40辆、帐篷30顶、木屋10栋、船屋8艘，可共计接待近300人住宿活动
343	费县利山涧房车小院	/	设有各式独立的特色房车小院，可开展聚会、烧烤、看夜空美景等多种活动，主打森林房车露营特色品牌
344	U+Jungle野奢帐篷营	/	设有19顶印第安帐篷，依山傍水瞰海，拥有齐聚欢乐的自助餐区和舞台、贩卖快乐的网红餐车、生产欢笑的亲子碰床和沙坑、烘焙亲子互动时光的柴烧窑烤比萨炉、舒适便捷的集成公共卫生间
345–355	北纬35度野奢营地（345）、乐沃露营地（346）、绿地泉幸福营地（347）、三水源房车露营基地（348）、九如山浪漫野奢营地（349）、昆嵛山汽车露营地（350）、若谷山居野奢度假营地（351）、空谷花园星空帐篷营地（352）、临朐龙潭湖露营帐篷营地（353）、茅山东方盐湖城露营地（354）、麓美营地潍坊基地（355）		
江苏			
356	江苏南通狼山自驾游基地	约30余亩	设有房车体验区、露营烧烤区、汽车电影观赏区、湿地荡舟区等5大功能区
357	江苏南京汤山温泉房车公园露营地	175亩，投资1.1亿元	已建成接待中心、茶园温泉、房车营位区、集装箱主题民宿、风情木屋区、帐篷区、餐饮区、草坪音乐广场、BBQ、户外拓展等10大区域，有80个房车营位、150个自驾游停车位、20个温泉池、4公里运动步道、中式餐饮、户外烧烤、草坪拓展及儿童游乐等配套设施
358	盐城大纵湖绿丘露营地	36亩，一期投资近2000万元	位于盐城大纵湖旅游度假区，由房车区、方舱区及帐篷区组成，配备游客服务中心、篮球场、皮划艇和自助烧烤等设施项目
359	途居南京秦淮河房车露营公园	22 000 m^2	露营位约200个，附属普通停车位170个，年接待房车、自驾车2万车次，车友、游客及专业用户5万人次
360	江苏苏州太湖一号房车露营地	170余亩	以生态绿色为主题的房车露营花园，与会议活动等紧密结合，建设140个标准房车营位、60栋移动木屋
361	江苏金坛宝盛园房车露营基地	/	位于国家AAAAA级旅游景区茅山风景区内，景区拥有盆景博物馆、茶艺博物馆、知青博物馆等5大博物馆，以及知青客栈、别墅疗养院
362	茱萸养生谷房车露营地	1000亩，投资2亿元	依山而建，毗邻茱萸寺，督公湖、凤鸣海等国家AAAA级旅游景区，修建了生态停车场、汽车电影院、风情木屋、游客接待中心、烧烤营地、垂钓中心、咖啡吧等配套设施
363	途居扬州国际露营地	1600多亩	建成后包含300余个房车营位，包含自行式营位60个及30余套木屋别墅
364	盱眙国际房车露营基地	60亩	集房车露营、生态旅游、休闲度假、运动养生、文化娱乐于一体的新型文化旅游综合体
365	途居泰州溱湖绿洲露营地	400亩	位于溱湖湿地旁，可体验蔬果采摘、牧马放羊、丛林烧烤、露天垂钓、马场马术、体育拓展、卡丁车等新鲜好玩的参与性活动

序号	名称	占地面积及投资	主要特色
366	矿山乐野探索营地	/	坐落于汤山矿坑公园，提供一站式服务及体验，有造型独特的印第安帐篷、高端新鲜的各色美味、专业周到的服务与配套及完善丰富的活动可供选择
367	途居南通开沙岛露营地	500 亩	位于开沙岛，岛内风景如诗如画，设有房车营位、湖景别墅、丛林树屋、湖景帐篷
368	棕榈湾美音营地	/	坐落于曹山山脚、紧邻上兴水库，有野奢帐篷营地、棕榈湾水上运动中心等
369	乐营淀山湖国际营地	/	紧邻淀山湖，拥有 220 亩自然净水湖面，营地内有真人 CS、攀岩、皮划艇等户外项目
370	苏州澄湖航空飞行营地	600 多亩，投资 1.5 亿元	经国家体育总局航管中心授权批准，可开展旅游观光、户外运动、航空科普、体育文化等活动
371	汽车来斯	200 亩	位于曹山旅游度假区，是以汽车游玩为主题的乡村风情体验园，有森林房车、大巴酒吧、星空露营等设施
372	镇江途居圌山房车露营地	占地约 300 亩	设有森林、花海、滨水等多种主题的房车和木屋营位，辅以生态餐厅、户外拓展、森林探险、高空滑索等休闲娱乐设施，塑造了一个生态的、环保的、充满自然情趣的具有镇江当地特色的生态营地
373	南京行者房车营地	/	营地有 11 套房车，另配有大草坪、蹦床、秋千等娱乐设施，是亲子活动、公司拓展团建等活动的选择之地
374	镇江金山湖国际房车露营地	/	位于国家 AAAAA 级景区“金山湖”与长江交汇处，配套餐饮、住宿、酒吧、书吧、亲子游乐等休息场所
375	常州牛路野营帐篷谷特色民宿	30 亩	帐篷谷汇集了多种不同类型的帐篷，分为格瓦拉帐篷、星空帐篷和贝壳帐篷三大区域，被桃花林环绕
376	东台喜马拉雅野奢帐篷露营地	/	共有 20 余间客房，配有空调、地暖、浴缸、智能马桶、电视等设施，可提供下午茶、垂钓、采摘、桌游、烧烤等贴心服务
377	花境田园露营地	/	苏州与上海近郊配套最为完备的户外露营地，有配套奢华露营帐篷 15 套
浙江			
378	杭州天禄（休博园）房车营地	30 余亩	位于杭州的“龙坞风景区”，是杭州六大旅游区之一，集生态旅游、农业观光、野外拓展、休闲垂钓、极限运动等项目为一体
379	浙江象山松兰山滨海露营地	一期 13.3 亩	以海之静谧、海之浪漫、海之狂欢、海之律动为形态布局，除了户外露营项目，还提供户外烧烤、亲水平台、茶室、音乐喷泉、景观廊架等休闲项目
380	西溪蜗牛房车营地	约 15 亩	位于西溪湿地公园，共有房车生活体验区、烧烤篝火区、房车客房区、房车销售展示区、独立餐饮酒店、集装箱咖啡吧、儿童娱乐区等 7 个区域
381	永嘉楠溪江·探花杣舍露营地	/	时空舱营地，位于西岸村的滩林，距离著名景点狮子岩仅 2km，距离楠溪江仅 100m
382	千岛湖（姜家）露营基地	300 亩	南邻千岛湖，环抱 600 余亩百琴湖，地理位置绝佳，临湖露营专用草坪、自然基地、柏油运动场、原生态户外运动体验场，餐厅、生态菜地、无线网络、公共卫生等设施一应俱全
383	杭州鸬鸟房车露营公园	500 多亩	身处“最美生态小镇”——余杭区鸬鸟镇，可以露营、赏星空、看萤火虫
384	千岛湖半岛绿道露营营地	/	骑行营地，半岛绿道骑行全程 7.8km，沿途都是滨湖独立景观绿道，设有骑行服务点、休闲农庄
385	杭州路隐那森自然营地	/	位于杭州市径山镇绿景村内，村内绿水青山、茶园满坡，北苕溪由西向东纵贯全村，森林覆盖率达 95%以上
386	木塔地球探索营地	约 28 000 亩	是以地球地质科普为主题的亲子训练营地，融合星空、岩层、森林、湖泊、山地等各种地质、地貌及生态环境，开设六大地球科学主题课程
387	徐凫岩营地	/	位于徐凫岩景区内，左边是群山、右边是溪水、旁边还有百年寿命的古树，景区里有浙东第一瀑布，还有玻璃栈道、飞拉达和攀岩、丛林穿越项目

续表

序号	名称	占地面积及投资	主要特色
388	北仑嘉迪房车露营基地	30 亩，投资 1200 万元	周围群山环抱、竹林茂密、溪水潺潺，集房车露营、帐篷露营、餐饮、骑行等休闲娱乐项目于一体
389	许家山房车营地	145 亩，投资 5000 万元	位于宁海许家山，历史可追溯到明洪武时期，是宁波市内现有建筑群规模最大、保存最完整的石屋古村，也是浙东沿海山地石屋建筑群落的典范，房车采用全透明玻璃屋顶
390	后艚海螺度假村	820 亩，投资 3500 万元	位于浙南黄金海岸线重要延伸点上，主要设施有木屋别墅、海景餐厅、海螺广场、水上游乐区、亲水烧烤平台、休闲观景长廊等
391	棕榈湾房车营地	/	建有摄影基地、露营区、海钓区、房车营地、儿童乐园等设施
392	瓯海派岩自助营地驿站	15 亩，投资 650 万元	建有游客中心、自驾车露营区、儿童游乐区、烧烤区等设施
393	杭州风之谷木屋房车营地	30 亩	山地、竹林、松树林构成整体环境底色，房间采用原木定制拖挂房车形式，提供多样室内外娱乐活动
394	南洞艺谷户外成长营地	5500m²，投资 190 余万元	位于南洞艺谷入口往里 200m 处，设有高空探索、烧烤、真人 CS、素质教育营地、房车露营、儿童游乐区等户外拓展设施及场地
395	莫干山沈园户外拓展营地	/	户外探险活动包括丛林滑索、高空玻璃桥、马背骑士、露营、热气球、攀岩，皮划艇等
396	宁波中林无边森林境营地	15 亩，投资 500 万元	国家 AAAAA 级风景名胜区溪口北端，森林资源丰富，致力于不同游玩人群提供多样化的户外野奢帐篷营地
397	莫干山亲泉谷露营地	约 190 亩	依山傍水，山湖翠竹环绕，莫干山户外网红打卡地，“一站式”综合体验基地，被誉为天然氧吧，为户外露营配备有专业活动教练若干名
398	仙居绿地野营基地	450 亩，投资 800 万元	集旅游度假观光、户外运动、拓展训练等于一体的大型综合性基地，内有森林闯关探险、户外动动休闲、真人 CS 军事活动等项目
399	三悦自然营地	10 余亩	建有亲子研学、团建拓展服务基地，200m² 以上室内空间 4 处，1000m² 草皮 2 处
安徽			
400	途居龙山露营地	200 亩，投资 7000 万元	位于凤鸣景区龙山公园内，营地周边交通条件良好，从营地出发，30 分钟内可直达市中心、滨江公园、十里江湾画廊；可提供接待、餐饮、购物、会议、娱乐、企业团建、拓展、研学等多样化的服务
401	途居黄山露营地	约 1000 亩	位于黄山市黄山区焦村镇，毗邻黄山风景区西大门，集高端接待、餐饮、养生度假、休闲娱乐为一体
402	打鼓岭汽车自驾运动营地	4000m²，投资 800 万元	位于打鼓岭景区入口处，与五溪山国家森林公园毗邻，建有停车区、露营区、烧烤区、餐饮区、篝火区、娱乐区等服务区域
403	途居芜湖马仁山露营地	510 亩	位于芜湖周边观赏星空的理想地点之一，周边历史文化资源丰富，拥有 200 余亩的风景绿地景观，超大户外大草坪，以“自然、野趣、益智、亲为”为主题元素
404	霍山房车营地	/	位于大别山主山峰——白马尖脚下，最美旅游环线旁，地理位置优越，提供旅游接待、会议会展、户外拓展、婚庆策划、餐饮住宿，土特产出售等服务
405	安徽齐云山服务区汽车营地	投资 300 万元	国内第一家高速服务区汽车营，有三星客房，同时还设有 KTV、徽州派私房菜馆，免费提供场地供自驾的游客露营及露天烧烤
406	长院自驾游露营地	6000m²	位于单龙寺镇东风桥村长院组，与屋脊山摄影家村隔湖相望，可容纳 20 多顶帐篷和 4 辆房车
407	淮南市八公山露营地	规划 40 000m²	规划建设户外拓展基地、户外露营帐篷、水果采摘园、花卉园，以及野茶采摘、洗云泉品茗、特色小吃等
408	江南第一村	100 余亩	位于绩溪县伏岭镇徽杭古道入口，距绩溪高铁站、高速口约 25 分钟车程，集度假木屋、徽州民宿、房车营地、自驾车营地、帐篷营地、夏令营基地等于一体的休闲体育旅游区
409	天柱山露营地	610 余亩，投资 2.5 亿元	位于天柱山风景区脚下，邻近火车站，有房车营位、木屋营位、集装箱营位、帐篷营位、儿童乐园、水上乐园、美食餐饮等设施
410	望庄营地	90 亩	背靠具有千年历史文化底蕴的望母山，面临王湾小水库，集餐饮、住宿、文化、休闲、运动于一体

序号	名称	占地面积及投资	主要特色
411	天源时光创意营地	400 亩	坐落于芜湖市湾沚区花桥镇，以自然教育为主题，依山临水，有泳池、水吧、餐厅、公共卫浴等区域
412	楚城•溪田花筑营地度假乐园	1097 亩	融合野奢营地、休闲度假、特色民宿（房车、木屋、集装箱、泡泡房等）、亲子乐园、艺术家工作室概念的轻奢私人田园度假综合体
413	亳州林趣露营地	30 000 m^2	建有 10 套不同类型的森林木屋，以及商务房车及亲子房车等设施
414	砀山梨墅帐篷酒店	占地 66 亩	位于砀山经济开发区果林公园内滨湖路，配套有集装箱、帐篷等露营设施
415	芜湖红杨山房车露营地	4800 亩，投资 1.8 亿元	位于国家级生态镇——红杨镇，是省级生态体育营地，建有红杨山房车营地、越野车场地赛道、卡丁车赛道、丛林穿越、宴会中心、休闲木屋、民宿窑洞等设施
416–420	西京岭露营地（416）、黄山西溪南营地（417）、芜湖信德房车露营地（418）、庐江金汤湖湿地公园露营地（419）、巢湖云水湾公园露营地（420）		
		上海	
421	上海崇明东平国家森林公园房车营地	90 亩	位于国家 AAAA 级旅游景区东平国家森林公园，营地配套独立淋浴间、便利店、24 小时热水、Wi-Fi、商店、茶室、垂钓区
422	牛路野营上海海湾森林公园露营地	1600 亩	紧邻水域和森林，拥有宜人的空气和自然环境，配备地暖空调独立洗浴 24 小时热水，配置丰富户外活动、自然课堂、草坪游戏
423	上海崇明岛明珠湖房车营地	/	位于明珠湖附近的天鹅苑，是湖畔型营地，每个营位都是一个小花园
424	上海邻家露营地	10 000 m^2	位于上海国际旅游度假区核心区内，步行到上海迪士尼乐园不到 10 分钟；主要设施有进口房车、G-BOX 型客房、亲子广场、咖啡厅、农家餐厅及活动室
425	房车中国（上海）露营地	近 20 000 m^2	位于上海汽车博览公园内，为都市型营地，提供车辆停泊、水电燃气、洗衣淋浴、环境灯光音响、宠物娱乐园等配套设施
426	美帆游艇俱乐部	335 亩，投资 5000 万元	位于淀山湖湖畔，可以租用或自带帐篷露营，可体验皮划艇、桨板、独木舟、帆船等水上项目
427	LxCamping 宠物露营营地	/	上海首家集露营、烤肉、动物农场于一体的开放式宠物公园
428	滴水湖有哲水上营地	/	可以体验龙舟、皮划艇等水上项目，也提供游艇租赁、湖岸烧烤服务
429	Morning Island 早安太阳岛营地酒店	/	由多个形态各异的“帐篷”组成，配套无边际泳池、禅意茶室，不定期举办户外音乐会、互动喜剧、亲子活动等活动
430	廊下星空度假营地	/	是一处集特色住宿、餐饮、休闲娱乐、休闲体育运动、研学科普、拓展训练、自驾游、私人订制、会展演绎、农业生产种植于一体的综合型农业休闲旅游景区
431	巢 CHAO CAMPING	/	1200 亩超大空间，营地内的 11 个 Vidaildo（维达利多）炎帐和 7 个 Offweek（皓风）精致小川帐篷，风格不同、玩法也非常多样化
432	壹岛露营地	/	河岸营地，可自带或租赁帐篷，提供皮筏艇和桨板
433	上海迪加房车营地	8800 m^2	位于上海国际旅游度假区南侧，与上海迪士尼乐园直线距离约 500 m
434	游美（上海）国际营地	300 亩	坐落于太阳岛旅游度假区，是青少年综合训练营地，提供皮划艇、马术、高尔夫、英文阅读、戏剧等训练体验
435	光源老谷仓风格露营地	/	位于沙田湖生态园区内，有着独一无二的农场风光，提供一站式管家服务
436	王贰狗的露营地	/	拥有万亩大草坪，采用济州岛农场风格，有萌宠乐园、儿童游乐区、拍照区及淋浴、卫生间等基础设施
437	麓场湖心岛营地	/	位于上海近郊松江区，主营区在一个湖心岛上，四面环湖森林围绕，可体验垂钓、皮划艇、ATV 越野、骑马、射箭等活动项目

续表

序号	名称	占地面积及投资	主要特色
438	西郊林场一月一露营地	/	位于涌禾农场内，整个农场位于黄浦江上游的一个天然小岛上，配套完善的露营设施
439	自冉露营房车营地		
西北片区			
陕西			
440	太乙驿	138亩，投资8亿元	地处秦岭山脚下，自然淳朴，以回归自然为特征的营地，位于环山路与去太乙镇交会处，还与环山路骑行道无缝衔接，交通便利，提供房车营位及房车租赁服务
441	西安嗨KING野奢露营地（秦灞庄园）	/	提供陪伴式露营服务，包含户外美学区、户外烧烤区、成人休闲区、射击体验区、手工体验区等区域，可满足全年龄段人群的户外度假需求
442	西安金蜗牛房车露营地	30 000 m^2	位于连霍高速公路高桥服务区，为汽车露营爱好者提供一站式服务，提供房车、帐篷露营设施
443	华山自驾露营基地	130亩	位于华山游客中心南侧，绿植面积达到90%，拥有特色木屋、房车露营区、景观湖帐篷露营区、大型停车场、综合服务区等功能区
444	西安白鹿之隐温泉房车度假营地	320亩	位于白鹿原白鹿仓景区内，包括温泉汤浴、水疗养生、ATV户外运动、篝火台烧烤、无动力儿童乐园等休闲项目
445	宝鸡玉池公社房车营地	/	宝鸡市火车站北12km处，配套有宠乐园、房车营位区、共享厨房区、自助烧烤区、游戏拓展区、帐篷区、房车民宿住宿区
446	宝鸡陇县关山草原房车营地	/	位于具有“小天山”美誉的关山牧场，以高山草甸为主体，呈现欧陆风光，有森林、草原、河流、山峦、峡谷等自然景观，营地以各类木屋为主要露营设施
447	太白鳌山星陌野地露营地	/	位于鳌山度假区内，高海拔自然山地景观，是观云海、星空的场地，营地为帐篷营，设施完善，可体验项目有射箭、飞盘、DIY手工印染、丛林漫步等
448	丝路泊客星空露营民宿	/	营地有高颜值装配式建筑、高奢重型法式露营帐篷等独特露营设施，配套有户外电影、儿童卡丁车、潜水运动池等设施
449	鲸梦谷营地	270亩，投资5000万元	位于距离市区20km有余的白鹿原，提供一站式服务的精致露营营地
450	柞水星谷营地	/	位于柞水县营盘镇朱家湾村，可自带或租赁帐篷，提供餐饮、自然课堂、越野摩托ATV等服务
451	南山路亚营地	/	位于路亚钓场，分为两个帐篷营区，可以体验钓鱼、足球、羽毛球等多样户外休闲活动
452	“秦岭四宝”主题体验营地	44.6亩，投资5000万元	位于“全国乡村旅游重点村”佛坪县长角坝镇沙窝村，以“秦岭四宝”为元素规划，现建设有大熊猫竹鸣、朱鹮舞翼、羚牛花海等元素的休闲度假屋20栋和综合服务岛、帐篷区、儿童活动区、休闲廊亭、景观雕塑等设施
453	汉中尤曼吉国际汽车营地	/	位于天汉生态文化公园内，自然环境优美，配套儿童游乐园、游泳池等休闲设施
454	秦岭峡谷乐园秦岭自然教育营地	/	位于世界知名的秦岭中央造山带核心部位，具有丰富的造山带和古海洋地质奇观；充分利用秦岭独特的自然科学资源，为全国大、中、小学生提供优质自然教育研学实践活动，同时开展滑雪、皮划艇、游泳、攀岩、滑索、户外露营等强身益智的户外活动
455	商洛洛南县石坡镇新华村自驾游营地	133.4亩，投资1200万元	位于洛潼公路沿线的洛南县石坡镇新华村，生态环境良好，交通条件优越，提供乡土风情休闲服务
456	柞水九天山风景区营地	22.5亩，投资3200万元	位于AAA级景区九天山风景区内，依山傍水而建，建有高山帐篷营地、房车营地
457	不舍・吾心伴山奢野山宿	/	位于西安市长安区子午街道，距市区40分钟至1小时车程，背靠绵延的南山，拥有院落式民宿和餐厅

序号	名称	占地面积及投资	主要特色
458	周至水街国际营地	/	坐落在国家 AAAA 级景区周至水街内，被誉为中国第一水街，是国内首家立体水景、互动式滨河生态主题公园，开设有绣品店、酒肆、土特产铺、游船等丰富的休闲服务项目
459	翠华山飞柚营地	/	位于西安的后花园翠华山，从西安市区自驾仅需 40 分钟，可以体验传统印染、户外草坪音乐会、户外电影、烟花等
460	照金星空房车营地	/	位于照金牧场，以丹霞山峰为背景，可体验全体型赛车、射击、骑行等户外运动，以及采摘、烧烤、观星等休闲活动
461–464	无山居·陌野营地（461）、西部兰花园·森林浴场露营地（462）、泾河花海野趣花园营地（463）、Safari 莎法瑞户外营地（464）		
甘肃			
465	敦煌漠葛沙漠露营基地	/	位于沙漠腹地，有国家资质认证的初级户外指导员全程陪伴，可体验沙漠越野、沙滩碰碰球、沙漠骆驼等丰富多样的沙漠休闲活动
466	越国开心农场房车营地	20 亩，投资 500 万元	集合了农业观光、苗木培育、蔬果采摘、土鸡养殖、休闲垂钓、稻草艺术等休闲活动设施，房车营地位于其间，配套有餐厅、酒吧、亲子等设施
467	夏河阿米贡洪牧场帐篷酒店	投资 100 万元	距离甘南机场不远，位于牧场内，房间都是 360° 的落地玻璃，可深刻感受甘南大草原独特的景色
468	北海子沙枣林露营公园	270 亩，投资 1500 万元	位于北海子湿地风景区东部，是天然的氧吧，有西圃彩霞、香泉喷馥、鹿苑雀鸣、马踏泉等景色，兼具康体健身、户外露营、休闲娱乐功能
469	敦煌秘境沙漠露营地	/	位于鸣沙山后山，距离月牙泉景区 5km，配套有大型免费停车场地、公用卫生间、行李寄存柜
470	敦煌鸣沙山玩友房车野奢露营地	/	乘车 10 分钟即可到达沙漠腹地，可自带帐篷，提供餐饮服务和各类沙漠运动、沙漠休闲活动
471	甘加秘境生态露营地	100 亩	位于甘南夏河甘加草原，平均海拔 3000m，群山环绕，营地帐篷采用原木装修风格并结合了藏族元素
472	黄河石林国际露营地	223 亩，投资 2 亿元	国内唯一一个坐落于红岩石地貌的户外营地，周边有国家 AAAA 级景区，已建房车区、集装箱区、星空帐篷区、欧式帐篷区及木质别墅区
473	张掖国际露营基地	364 亩，投资 6500 万元	提供“露营 + 餐饮 + 住宿 + 游乐 + 研学 + 户外拓展”的一站式旅游体验
474	刘家峡国际滑翔营地	48 亩，投资 2400 万元	开展滑翔伞等航空体育运动的理想之地，成功举办 2018 年全国滑翔伞定点联赛（甘肃永靖站）、2019 年全国滑翔伞锦标赛，基础配套及休闲娱乐设施正在进一步完善
475	甘肃张掖窝窝自驾游露营营地	/	位于祁连山脚下的世界最大的山丹军马场旅游区，集雪山、湿地、草原自然景观于一体，营地为蒙古包式露营设施，提供各色草原特色休闲体验服务，还可接待大型活动
476	诺尔丹营地	/	位于海拔 3200m 的甘南桑科草原，中国首个位于环境敏感区的游牧营地，一年仅开 5 个月，提供管家式服务，能够深度体验游牧生活
477	扎熙恰仁·云居野奢露营地	280 余亩	位于桑科草原的最西侧，占据了达恩河流入桑科草原的“发源”位置，提供藏族歌舞表演、藏族特色餐饮等当地特色服务
478	燕欧桑科国际露营公园	/	位于甘南州夏河桑科草原，距离兰州 254km，行车约 4 小时，露营设施有住宿，有野营帐篷、星空房、房车，逃离城市的野奢露营基地
479	东风胡杨林露营公园	/	位于酒泉卫星发射中心西侧，服务设施包括营地接待中心、胡杨林公园、观景木屋、房车营位、帐篷区、停车场等
480–485	桑科扎熙恰仁桑青野奢露营地（480）、永靖黄河三湾达可可营地（481）、康县长坝自驾游房车露营地（482）、康县花桥房车露营地（483）、临夏黄河三湾自驾营地（484）、官滩沟官谷营地（485）		
青海			
486	冷湖火星营地	约 5.3 公顷	坐落于中国四大盆地之一的柴达木盆地边缘，被誉为“地球上最不像地球的地方”，是中国首个火星模拟基地；露营设施模仿太空舱的形态，提供教育研学、航空服拍照打卡等火星主题体验

序号	名称	占地面积及投资	主要特色
487	格尔木318汽车营地公园	226亩，投资3亿元	位于格尔木市格尔木新区，规划分为商业街、游乐园、汽车营地三大板块，提供休闲、运动、餐饮、娱乐于一体的露营服务
488	环青海湖自行车自驾车营地公园	150亩，投资6000万元	位于海北藏族自治州海晏县达玉部落民俗村，依山傍湖
489	318沱沱河自驾营地	/	位于青藏高原腹地、三江源自然保护区内的格尔木市唐古拉山镇，海拔4547m，是318旗下海拔最高的营地
490	海西水上雅丹房车营地	/	位于乌素特（水上）雅丹地质公园景区内，是世界上唯一一处水上雅丹地貌群，现有88辆凯伦宾威房车
491	北纬37°星空露营地	/	位于大柴旦G3011柳格高速南向大华化工出口处，坐落于湿地、草场、群山、戈壁荒漠之中
492	青海湖鸟岛9号露营地	40 000 m²	环青海湖而建，分为九号克图营地、九号沙岛营地、九号鸟岛营地、九号大水桥营地、九号151营地
493	祁连草原房车营地	/	祁连县227国道西中国石化峨堡加油站西北50m，提供停车洗车、水电补给、餐饮住宿、团体接待等服务
494	青海湖呷布哒野奢营地	/	呷布哒营地灵感来源于藏语中“干杯”的意思，致力于提供一站式精致露营服务
495	江西沟莫热宽河驿马房车度假营地	50 000 m²	分为住宿区、餐饮区、儿童露营体验区、高原生态牧场等区域，距离青藏高原动物观赏园、青海湖较近
496–499	茫崖市昆仑探险自驾游营地（496）、金银滩露营基地（497）、龙羊峡红柳庄园营地（498）、西宁市体育公园自驾车房车营地（499）		
新疆			
500	欣驿那拉提自驾车营地	33.4亩，投资3700万元	位于国家AAAAA级景区那拉提旅游风景区内，配套有山景房、帐篷、房车、庭院房露营设施
501	库木塔格沙漠景区露营基地	/	营地推出“夜－楼兰”大型实景演出，配套零售、夜间沙漠冲浪及骆驼乘骑、拍照等游乐功能
502	欣驿赛里木湖自驾车营地	/	营地位于果子沟，海拔2100m，配套设施及服务较为完善
503	点将台星空营地	/	坐落于赛里木湖点将台北侧，有栈道联通房车、星空房，分帐篷营地、餐饮区、篝火区等不同功能区
504	岚地·花田计划露营地	/	坐落在天山脚下的精致营地，与山野花田融为一体，配套餐饮、篝火、酒吧等设施，每年仅开放5个月
505	天麓小镇飞行营地	/	位于新疆伊犁州的特克斯县，该县是现今世界最大规模的八卦城，营地提供热气球体验服务，可鸟瞰整个八卦城风貌
506	乌尔禾国际房车露营公园	800亩，投资4亿元	奎阿高速、217国道在公园周边穿行，是新疆自驾旅行必经之地。半径5km范围内有乌尔禾世界魔鬼城（AAAAA）、乌尔禾影视城（AAA）等景区，是全疆最大的房车露营公园，建有小木屋、星空房、帐篷等多种接待设施
507	小拐乡星空露营基地	/	坐落在绿草地上的星空房营地，夜晚可欣赏星空
508	南郡·露营小镇	投资4.5亿元	位于乌鲁木齐县板房沟镇，距离乌鲁木齐30多km，露营设施完善，提供露营、餐饮、休闲娱乐一站式户外休闲旅游服务
509	格美自驾车营地	60 000 m²	位于克拉玛依市独山子区独库公路的起点处，毗邻独库公路博物馆、美食商业街等景区，生活服务便捷多样；营地有木屋、集装箱及异型别墅露营设施，配套有儿童乐园、健身场所和大草坪
510	莎车轻奢露营	/	位于喀什地区莎车县喀拉苏乡的一片沙漠地带，营地有星空房、帐篷
511	Kruger Camps 克鲁格营地	/	位于博尔塔拉蒙古自治州温泉县海拔2000m的高山之间，需坐直升机到达，被一些露营爱好者称为“露营界的天花板”
512	喀什巴楚红海运动休闲综合营地	/	位于巴楚红海景区，是集湖泊、河流、草原、湿地、戈壁、胡杨林于一体的生态景观区。除了基本露营体验外，还可以体验滑翔机、热气球

续表

序号	名称	占地面积及投资	主要特色
513	唐布拉草原四美房车营地	60 亩	位于尼勒克唐布拉大草原，力求提供高品质的房车露营服务，未来规划融入文艺表演、景区游览、篝火晚会等活动
514	泰都新能源汽车营地	26 000 m^2	位于布尔津泰都优享七彩小镇内，有木屋、房车、轻装别墅多种露营设施
515–522	赛里木湖亲水滩星空房车露营地（515）、四美·赛里木湖房车营地（516）、伊犁仙女湖 CC 星空营地（517）、那拉泉房车露营基地（518）、景向阳光自驾车营地（519）、努拉洪红旗沐野营地（520）、阿凡提房车基地（521）、南山 TAGH– 塔格营地（522）		
西南			
云南			
523	云南滇池睡美人房车露营地	占地 300 亩	一期 20 个房车营位，提供住宿、公共浴室、餐厅、自助烧烤、足球场、儿童游乐场等设施，还能为游客提供住宿、餐饮、休闲、娱乐等服务
524	云南昆明中国兵器房车温泉露营地	/	配套建设有中国兵器集团自主研制的标准型、豪华型房车 20 辆，以及天然温泉泡池、喷泉、休闲吧等设施
525	云南昆明五甲塘湿地房车露营体验营地	10 亩，投资 1500 万元	建设有双层木屋式、蒙古包式、集装箱式、自行式及拖挂式房车客房等设施，还有咖啡吧、酒吧及茶室为一体的休闲区
526	云南大理洱海兰林阁房车露营地	占地 60 亩	引进 200 辆房车，是集房车休闲、草坪自助餐、帐篷露营、草坪婚礼、篝火烧烤、垂钓休闲、自行车出租、马车游览、下午茶、户外运动等项目于一体的综合型营地
527	石林长湖风景区露营地	100 亩	建成标准营位 800 个，修建服务设施 1000 m^2
528	西部大峡谷温泉露营地	180 亩	主要建设项目包括自驾车停放区、自驾房车停放区、营地房车展示区、营地木屋区、野营帐篷区、固定篷房区和接待区
529	西双版纳云南省南腊河户外营地	投资 7500 万元	房车营位 30 个，帐篷营位 100 个，自驾车营位 20 个，是以趣味性、体验性、刺激性为主的水上运动和户外运动型营地
530	康藤·南方丝绸古道帐篷营地（腾冲）	/	属康藤 Vinetree 品牌旗下营地，筹划近 10 年，平均海拔约 2300 m，位于高黎贡山枝繁叶茂的森林边缘，1000 m 长的高空栈道将 15 顶自然探险风格客房帐篷与 5 个公共空间抬升到了树梢之上，雾气缭绕让这里成为南方丝绸古道旁的自然探索秘境
531	玉溪新平磨盘山露营地	100 亩，投资 2000 万元	建设有营位和营地综合管理服务区、游客休憩区、帐篷和木屋区等相关配套基础设施
532	红河康藤·红河谷帐篷营地	/	以村寨遗址为基础，面朝万亩梯田，包含带泡池的客房帐篷院落和 5 个夯土公共空间，位于世界文化遗产“红河哈尼梯田”之畔“石头寨”的残垣断壁中，开启全新的“考古探秘”风，是一座以“考古探秘”为主题的帐篷营地
533	弥勒太平湖森林木屋酒店	/	坐落在 29 km^2 之广的太平湖国际生态旅游度假区内，由木屋酒店、房车营地、花园蔬屋、湖景餐厅、会议中心组成，是滨湖生态型营地
534	昆明吕合房车露营地	/	位于昆明老厂房 871 文化创意园内，院落内配备了超大的欧式营地房车、韩国的酒店帐篷、德国的水疗温泉浴缸，是近郊休闲型营地的尝试
535	大理古城房车体验营地	/	位于古城洱海门旁，配套建设 10 套房车院落
536	昆明世博房车时光·行云轩轩房车营地	占地 12 000 m^2	拥有 31 个独立温泉院落并配有 35 辆高级配置的房车，一辆咖啡酒吧车，一辆概念接待车和一个集沙龙、休闲、用餐为一体的湖景创意综合休闲厅，是集休闲、养身、娱乐为一体的生态、低碳、智能型新概念森林房车温泉院落社区
537	雪山诺野奢帐篷酒店	占地 3000 m^2	秉承现代野奢露营和半山酒店理念，将酒店分为野奢帐篷区、露营区、烧烤区及喂养区，是一家集住宿、休闲、亲子、露营等项目于一体的综合体验型营地。其中野奢帐篷区客户 4 项、综合性餐厅 1 项

续表

序号	名称	占地面积及投资	主要特色
538	普洱倚象山营地暨半山酒店	/	是集绿水青山、茶山云海等优质生态资源与山地运动相结合的运动休闲型营地，建设有16栋木屋别墅、27栋帐篷酒店，西侧地块设有房车14辆、星空露营位8个，营地可开展采茶、制茶、咖啡制作及专业咖啡师课程等活动，户外可开展特色体育赛事，如全地形车、山地越野、徒步探险、团建等活动
539	玉龙眷然野奢帐篷营地	/	共配套建设有房车、木屋、星空帐篷等各类露营设施6套，以玉龙雪山十三峰和哈巴雪山的全景观赏为特色，以户外野奢露营为核心
540	丽江玉龙星托邦营地	/	以旅游休闲、互动体验、户外演艺为主题的户外度假营地，配套建设有房车、帐篷及森林木屋三大类露营设施
541	香格里拉游牧一族帐篷营地	/	位于依拉草原，拥有20套多种规划舒适帐篷房型，并附有烧烤、篝火、露天电影、live演出等活动，是提供管家式服务的野奢型营地
542	香格里拉仁安山谷270度帐篷庄园	/	位于拥有香格里拉世外桃源之称的仁安山谷，打造11套形态各异的观景帐篷，成为抖音破5000万点击的网红打卡房，营地以地域文化、美食和美景为核心特色
543	西双版纳可见泽栖帐篷酒店	/	位于亚洲十大最美勐巴拉高尔夫球场中央，首创仿生帐篷建筑设计，造型上融入了多种仿生小生物设计，独特的建筑风格给人带来不一样的视觉享受
544	德钦松赞雨崩帐篷营地	7990 m^2	营地设有住宿帐篷与淋浴及卫生间帐篷，“公共区域”的大帐则分别承担了酒吧、书吧、餐厅的功能，是以地域文化与生态景观相融合的生态野奢型营地
545	香格里拉云阶·格兰平帐篷营地	/	提供大小两种尺寸的12间帐篷，每间都能看到雪山，并配有独立的浴室和观景台
546	师宗县菌子山风景区露营地	100亩，投资1亿元	建有露营基地、登山通道及补给站、民族竞技体育场及其他配套设施，拥有汽车帐篷营位100个、旅居车营位50个、帐篷营位1000个、木屋50栋
547	迪庆州香格里拉纳帕海依拉草原露营地	100亩，投资5000万元	拥有房车营地、木屋、帐篷露营、烧烤、自驾车露营、藏族歌舞表演、藏民家访，篝火晚会、骑马观光、射箭等设施和活动
548	泸西鹿梨山营地	150亩，投资2000万元	盘距于山水间的精致露营地，泳池、天幕、帐篷等一应俱全
549	大理白塔邑兰林阁房车环游营地	100亩，投资1000万元	提供房车露营、篝火烧烤、露天卡拉OK等项目
550	沾益珠江源露营地	320亩，投资6000万元	拥有汽车营地、露营帐篷区、三星级旅游厕所、景区标识牌、景区服务站、民族餐饮、旅游特色购物中心、自驾俱乐部等设施和活动
551	丽江市玉龙雪域飞鹰航空运动营地	300亩，投资8000万元	滇西北重要的青少年营地，以航空飞行为主题，积极引进航空模拟设备、航空实训培训体系，配套露营设施，强化青少年营地服务功能
552	丽江老君山格拉丹露营地	150亩，投资2000万元	分为综合服务区、营地露营区、休闲娱乐区和汽车服务区4大服务区，主要建有风光餐厅、房车营地、自驾车竹屋营地等设施
553	罗平航空露营地	100亩，投资1500万元	营地、航空培训基地及相关服务和配套设施
554	乐田安云农场山地露营地	130亩	农场地形多样、植被丰富，营地分山谷营地和星空露营，有蒙古包帐篷、房车、木屋
555	昆明云象潘茂野趣露营地	/	邻近昆明市区，配套有萌宠乐园、沙池、儿童乐园，周边还有水果基地，可体验农业采摘
556	GOWO新享私田自驾车营地	/	位于棋盘山国家森林公园内，可自带帐篷或租赁帐篷，营地配套有淋浴间、卫生间等基础设施
557	山游记长湖露营地	/	可自带或租赁帐篷，营地每月定期举办露营音乐节，节日期间会开展包括特色市集、手工体验等在内的丰富休闲活动内容
贵州			
558	息烽国际汽车露营基地	/	包括汽车影院、火车旅馆、水上拓展中心、帐篷区等设施，集自驾露营与休闲娱乐于一体

续表

序号	名称	占地面积及投资	主要特色
559	荔波茂兰国际汽车营地	/	房车＋特色露营设施，共 22 个 360° 全透视帐篷，集生态露营、房车露营、帐篷酒店、户外拓展及体育运动休闲为一体
560	六枝叁壹捌浪哨缘房车营地	1000 亩	营地内设有房车、观景厢房、木屋别墅、山顶客栈、帐篷酒店和大型餐厅等设施
561	乌蒙大草原故艾蒙帐篷营地	300 亩	帐篷特色住宿＋高原草场风光，营地设有餐厅、书吧、咖啡吧、酒吧、多功能放映厅等功能区
562	黔西水西泰丰园露营地	/	建有生态餐厅、垂钓中心、儿童体能活动中心、特色小吃烧烤场、水上乐园、精品水果采摘区及农家住宿
563	百里杜鹃奢香军营山地公园国际露营基地	/	主要以打造彝族（奢香）文化为主线，是集彝族古军事展示、体验与现代山地体育运动于一体的山地公园
564	盘县七彩蜗牛房车露营地	1000 亩	坐落于北部乌蒙之巅观景台之下，房车 70 余辆，配有餐车、咖啡车、餐厅、书吧、茶室、酒吧等设施，供彝族歌舞、篝火烧烤、天灯烟花，还有露天电影、弓防箭、溜波球、风洞等特色娱乐项目
565	青岩古镇房车花园酒店	/	位于贵阳花溪区青岩古镇内，配套建设有近 10 辆房车庭院
566	肇兴途塔房车营地	/	位于贵州肇兴景区大门口，建设有 20 辆进口房车露营设施
567	赤水 365 露营地	/	建设有休闲娱乐区，以及营地房车、帐篷、木屋、360° 全景房等 22 套住宿设施，提供 VR 体验、9D 电影，3D 裸眼长廊、直升机体验、西南地区 LED 屏放热门电影等丰富的休闲娱乐项目
568	兴义云屯·星空帐篷野奢酒店	/	以林海休闲为特色的奢华营地，配套建设有 10 套不同风格及主题的露营帐篷
569	册亨星空帐篷酒店	/	位于风景名胜区喀斯特地貌册亨万重山景区，主打奢华星空野营特色，配有 5 套不同风格的奢华帐篷
570	南野际·红水河帐篷营地	/	位于贵州高端民宿集群红水河·宿集村，建设有 5 套奢华帐篷，提供一站式管家服务
571	崔苏坝国际露营基地	/	位于大方县星宿乡，基地现有房车、星空泡泡屋、木屋别墅等房型共计 49 套，主打生态奢华路线
572	安顺优途丝路天龙谷文化露营地	投资 6000 万元	拥有以房车、木屋、帐篷、集装箱等多种形式露营设施共计 53 套，提供户外运动、自驾旅游、房车亲子体验活动及禅修养心的多样产品
573	长顺神泉谷露云·客天下露营地	/	配套有田园山景亲子房车山景娱乐野奢房车、山景湿地野奢房车、山景娱乐野奢房车、山景情侣野奢房车、山景星辰野奢帐篷共计 41 套
574	独山拉然露营基地	/	提供野奢、标准及亲子等不同类型帐篷共计 20 套，配套有体育娱乐及生态休闲等多种当地活动
575	路游憩·都匀绿博园营地	/	以奢华露营为方向，提供帐篷、房车等露营类型共计 16 套，还配套有麻将、KTV 等多种休闲娱乐设施
四川			
576	四川都江堰川旅因地哥自驾营地	总占地约 190 亩	拥有房车营位、自助式营位、豪华帐篷等设施
577	中天行四川死海营地	10 000 m^2	15 辆中天之星拖挂式房车和 40 个贝壳帐篷
578	四川福洪乡杏花村房车营地	19 980 m^2	美洲虎房车 20 余台，是西部地区规模最大、品质最高的房车营地项目
579	野鸡坪营地	190 亩，投资 2 亿元	营地位于玉屏山山顶，有一、二、三号营地构成，连贯成线，全长 20 公里。一号、三号营地以户外休闲运动为特色，二号营地以生态度假为特色
580	梓潼县七曲山风景区自驾车营地	12 亩，投资 300 万元	提供停车、自助服务、旅游产品销售等服务
581	平武县南坝旅游营地	32 亩，投资 2920 万元	分为室外烧烤区、露营区、露天电影区、餐饮接待、购物中心、停车区

续表

序号	名称	占地面积及投资	主要特色
582	四川攀枝花上村露营公园	1000 亩	集直升机观光旅游、汽车房车露营为一体的休闲园区
583	成都郫县棕榈世界露营地	占地约 200 亩	一期建设面积 50 亩、二期 150 亩，一期房车营位 30 个、太空房营位 10 个、帐篷营位 30 个，同时可容纳简易帐篷营位 100 个
584	四川天府方舟房车露营公园	26 000 km^2	提供综合服务组团、川藏自驾游集结中心、自驾游营地、房车度假营地等设备设施及服务
585	四川古蔺县黄荆老林汽车露营地	131 亩，投资 6000 万元	依托天然森林资源，建设有民俗帐篷、房车、户外运动休闲等多功能区，日接待能力 300 人以上
586	港中旅（樱花宾馆）房车营地	6000 m^2	建有 10 个国际标准房车营位
587	四川成都浦江妙音湖房车营地	4100 m^2	营位 124 个、房车停车位 43 个、木屋 10 栋
588	四川冰川京什露营公园	占地 230 亩	建有房车露营、食堂营、野炊营、亲子营、汽车自驾营、帐篷营及客户接待中心
589	牛背山・星辰营地	约 20 000 m^2	营地位于雅安市牛背山风景区山顶核心区域，位置优越，拥有绝佳的观景视野
590	都江堰途悦・霞客行房车营地	26 000 m^2	依托千亩高山杜鹃研学基地建设，配套有星空房车、奢华房车、公共活动房车及丛林木屋等各类露营设施约 20 套
591	318 连锁汽车旅馆（新津斑竹林房车营地店）	200 亩	集房车区、露营区、生态房屋区、休闲活动区、儿童游乐区、中西餐厅为一体，以公路文化 318 为主题线索，有各类客房 58 套
592	崇州最爱游缘道院子度假营地	400 亩	分设 5 个农场特色区：有机生态农业种植区、生态养殖区、创意农业观光区、农耕互动体验区、餐饮休闲接待区，共有各类帐篷及房车约 10 套
593	乐山 63 号自驾车营地	/	城市近郊型营地，建设有大、小观景型房车庭院约 10 套
594	汶川篷客营地（赵公山无忧谷店）	/	位于青城山主峰区域，拥有春日帐、庭院帐、loft 山居等各类露营设施 30 套
595	水磨镇篷客营地拾云店	占地 1700 亩	以户外运动及亲子研学为开发方向，配套有森林露营、星空木屋等住宿类服务设施，总计客房数量 26 套
596	红原牧星空自驾游营地	/	位于红原大草原腹地，有联排观景房、独栋帐篷星空房、特色餐厅、露天活动平台等露营设施，以在地美食和草原生态休闲为特色
597	汉源梨乡别院野奢帐篷酒店	占地 24 亩	位于四川汉源九襄镇花海果乡，帐篷酒店由 12 顶特色帐篷酒店客房、1 顶帐篷特色酒吧、1 顶帐篷特色水疗、无边际游泳池，以及能同时容纳 150 人就餐的餐厅和咖啡厅组成
598	青城山馨野奢・享筑帐篷酒店	占地 6000 m^2	由 27 个形态各异的“帐篷”组成，酒吧、咖啡厅、茶餐厅、露天烧烤等餐饮设施一应俱全
599	成都淼兮帐篷度假酒店	/	西南地区一家集野奢、健康、艺术为一体的度假帐篷酒店，有 19 间全河景客房，两间临河水疗房，其中独立式帐篷 5 间，两间豪华河景帐篷套房室 120 m^2，高级河景日式套房，上下层的复式活动空间
600	见山・阿布穆孜帐篷民宿	/	位于四川藏寨中的一片高山牧场，以玻璃全景独栋帐篷为特色，共有 9 间客房，藏餐、烧烤、咖啡、营地、篝火、徒步、旅拍等活动一应俱全
601	都江堰牧云青城星空帐篷民宿	/	/
602	彭州绿野星辰帐篷酒店	90 亩	设有 4 种不同主题共 32 间特色客房，配套有动物乐园、户外餐厅、儿童乐园、婚庆广场及运动中心等项目
603	德阳和海野奢帐篷营地	/	拥有韩式帐篷、野奢帐篷及水居亲子房等各类房型共计 16 套

续表

序号	名称	占地面积及投资	主要特色
604	兴文磊兮帐篷酒店	7 亩	由客房、茶室、大堂、餐厅、无边界泳池、娱乐室 6 个部分组成，有帐篷式建筑 7 栋，共有 18 间客房，其中大堂区 5 间，帐篷区 13 间
605	德阳红枫岭山野帐篷露营地	/	位于红枫岭景区中心区域，拥有日式春日帐，印第安帐篷等各类不同帐篷客房共计 60 间，以星空露营的精致生活为特色
		重庆	
606	重庆高炉淌汽车营地	规划面积约 102 亩	富有高山草甸特色的优美自然风景，景观资源丰富，服务性建筑规划占地面积约 6000m^2，可接待 350 余人
607	客乐得港中旅（重庆）玉峰山房车露营地	/	依托 200 亩原始森林，建设有亲子无动力乐园，房车营地、核桃木屋、轻钢院墅等
608	结庐山野南山野奢营地	105 亩，投资 1150 万元	营地坐落在重庆市南岸区南山山顶，环境优美、交通便利、设备齐全。基地帐篷、炊具、烧烤架等设施齐备，同时还有沙滩车钓鱼等娱乐活动
609	黑山谷露营基地	30 亩，投资 300 万元	分为篝火区、烧烤区、露营区、停车区、餐饮区
610	客乐得（重庆）玉峰山房车营地二期	188 亩，投资 2000 万元	房车营地及休闲旅游配套设施、建筑产业现代化科普场馆科普基地与集成建筑体验园
611	重庆秀湖汽车露营公园	占地 200 余亩	毗邻御湖国际生态旅游度假区，建有小车停车区、大巴车停车区、帐篷露营区、房车露营区、儿童游乐区、烧烤区 6 大功能区
612	重庆鲁能美丽乡村房车营地	/	位于江津现代农业园区，开发了房车营地、帐篷营地、桃花驿、白鹭源 4 款露营产品，共计 60 余间，可接待游客 100 余人，还配套生态餐厅、多功能会议厅（满足 300 人接待）、农产品展销厅、皮划艇体验、儿童游乐场、蔬果采摘、11 人制真草足球场、篮球场、网球场、CS 基地等旅游产品
613	长寿湖驿露美国际房车露营地	占地 240 亩，总投资 5000 余万元	位于长寿湖 AAAA 景区旁，营地可提供房车 19 辆，200 多个帐篷露营位，是含房车营地、特色木屋营地、露营基地、自驾营地、儿童游乐、休闲区、运动健身区等项目的综合性营地
614	万盛板辽湖房车营地·帐篷酒店	一期占地 1.8 亩	共有 20 辆拖挂式房车、5 间帐篷特色酒店，营地周边还配备了公共卫生间、智能停车场、游步道等基础设施
615	石柱高速冷水服务区生态旅游自驾营地	/	是全国首批 CCCC 级自驾车旅居车营地，是中国高速自驾营地，也是西部地区一个集自驾车、房车、帐篷营地及运动休闲等多功能于一体的高速公路自驾营地
616	金佛山金水湾露营基地	/	位于金佛山南坡，有豪华大帐篷、小帐篷共计 20 套，休闲娱乐设施齐全
617	重庆山地星空露营公园	/	以度假游玩、创作体验、农耕体验、森林探险、网红影视为主，以研学、赛事活动为辅，拥有房车、帐篷及特色露营设施共计 28 套
		西藏	
618	古乡国际露营地	/	依托古乡湖建设，古乡湖是帕隆藏布江上的一处堰塞湖，雪山森林环抱
619	芒康拉乌山国际自驾游营地	/	位于川、滇、藏三省交区，是西藏首个标准化自驾游营地，周边森林、草原植被丰富、野生动物较多
620	西藏优易 4028 帐篷营地	/	以帐篷露营为主（同时还提供单人 / 双人房间住宿），露营装备租赁及特色餐饮等服务
621	西藏然乌湖营地	70 亩	包含有综合服务中心、9 栋高端度假酒店、休闲吧、展销中心、自助烧烤、医疗救助中心、星级卫浴设施、露营帐篷，以及配置若干轿车停车位、大巴停车位及房车停车位
622	松赞雨崩营地	约 12 亩	直面缅茨姆峰和巴乌八蒙峰，能够近距离感受梅里雪山的魅力，分为住宿区和公共区两部分，配套有淋浴、卫生间以及酒吧、书吧、餐厅

续表

序号	名称	占地面积及投资	主要特色
623	松赞巴百营地	约 18.58 亩	位于有"西藏江南"之称的林芝，拥有丰富的森林资源，四周树木围绕，环境优美，规划帐篷客房、帐篷酒吧、帐篷餐厅、接待公区及其他配套保障区域
624	西藏途友庄园	18 亩	设有标准间、多人间、房车停车区、烧烤、藏式早餐、锅庄篝火、酒吧等特色休闲项目
625	林芝华侨城南山国际汽车营地	用地面积 436 亩	集湖景客房、木屋别墅、帐篷与房车营地、服务中心、营地餐吧、观景台等设施于一体，共有各类露营客房 50 间
626	南迦巴瓦露营基地	/	坐落于雅鲁藏布大峡谷景区第二观景点内，由特色球体星空房、帐篷屋及临江而建的江景套房构成，住在营地抬头一望即是南迦巴瓦的雄姿，还有悬崖秋千、热气球等网红打卡游玩设置，玻璃房内可享用地道川藏美食
627	巴松措喜马拉雅轻奢露营基地	/	毗邻高原湖泊而建，共有湖畔星空帐篷三种类型，露营客房 7 套，主打小众生态奢华度假体验
628	神山圣湖景区帐篷营地	/	距离玛旁雍错游客服务中心 4km，为景区配套型营地，以帐篷露营为主
东北片区			
辽宁			
629	港中旅大连长海房车露营地	/	100 个营位，五栋别墅院落，还配备了近千平方米的餐饮设施，美味的海鲜大餐即可享受
630	港中旅大连槐之乡房车露营地	1.5 亩	有驾车营位、房车营位、帐篷营位
631	大连金石滩度假区国际汽车露营地	/	有房车、木屋、帐篷 3 大住宿设施，可同时接纳房车 60 辆、自驾车 5000 辆
632	联邦户外房车露营地	120 亩	集房车露营、帐篷露营、CS 野战、垂钓采摘、特色烧烤、文化娱乐、户外用品于一体的综合性服务基地
633	东戴河银泰房车酒店	150 亩	建有银泰房车营地、银泰房车酒店、银泰帐篷露营酒店及多功能餐厅，配套有 40 多辆房车，提供房车主题旅馆、自行房车水电补给、房车托管、房车自驾租赁、房车旅游、休闲度假等服务
634	银泰房车露营酒店（大连银沙滩店）	占地 3000 m^2	配备银泰房车服务站和银泰房车文化体验中心、拖挂式房车酒店、海滨咖啡厅、房车帐篷露营基地、团建游戏区、房车草坪婚礼区、音乐派对区、啤酒花园酒吧等
635	能是果园·露营营地	/	建设有帐篷、箱式房、三角形木屋及全景玻璃星空房等多样化的露营设施
636	金石滩时光海格调营地	/	海滨型营地，提供花园帐篷及露台观海帐篷两种露营设施，共计 6 套，以小而美的一站式露营为服务特色
黑龙江			
637	黑龙江伊春好运通房车露营地	139 m^2、投资 8 亿元	木屋别墅 30 栋、帐篷 20 顶、房车停靠车位 20 个，可满足 120 人同时入住
638	黑龙江中俄绥芬河汽车营地	58 500 m^2	分为配套服务区、商业消费区、特色住宿区、休闲娱乐区和环湖风景区，还包括停车场、游客中心、64 个特色集装箱营房建筑、篝火广场、汽车影院、72 个帐篷营位、自驾游营位、10 个房车营位、特色运动场、儿童娱乐区、环湖步道、白桦林湿地、垂钓台、码头及 30 多处风格各异的景观等设施
639	哈尔滨呼兰河口湿地公园房车营地	500 亩，投资 1 亿元	有房车营地、自驾车营地、营地、水上娱乐、旅游观光、餐饮等设施和服务
640	帽儿山汽车自驾营地	800 亩，投资 1.1 亿元	有房车营地、自驾车营地、营地、观光农业、购物、采摘等设施和服务
641	小兴安岭户外运动谷	200 亩，投资 6000 万元	有自驾车服务、全地形车、森林穿越、真人 CS 野战、松林河漂流、树屋部落、1983 俱乐部、青年旅社等设施

续表

序号	名称	占地面积及投资	主要特色
642	五大连池风景区火山堰塞湖房车营地	投资 1200 万元	木质房车拖车、自驾车营地、垂钓园、餐饮区、观光车
643	呼玛尔自驾车营地	97.5 亩，投资 1.4 亿元	集住宿、餐饮、游客服务于一体的多功能型营地，设有“春、夏、秋、冬”4 个健身、娱乐的角楼和以“春分”等 24 个节气命名的高中低档客房
644	齐齐哈尔梅里斯湖自驾营地	200 亩，投资 8000 万元	休闲农业、自驾车房车配套服务
645	龙山丽水自驾游营地	投资 2000 万元	餐饮住宿、车辆服务、植物观赏区、野外露营、垂钓、特色旅游产品展示销售和旅游服务中心、自驾营地
646	中国瑷珲国际汽车营地	占地 21.4 公顷	以房车露营、帐篷露营、星空木屋、滨江慢行步道、户外运动娱乐、特色住宿、舌尖美食、会议会展为 8 大主题元素，以旅游康养、生态度假、亲子研学、赛事活动、文化交流、会议会展、特色美食为 7 大服务板块
647	汤旺河汽车营地	180 000 m^2	由综合服务区、房车停靠和临时休闲区、帐篷酒店汽车营区、太空舱住宿区、户外体能拓展运动区、儿童室内外游乐区等 6 大功能区组成
648	中国伊春五营汽车营地	/	旅游与汽车文化、森林康养、房车度假相融合的“森林风”旅游休闲度假综合服务区，建设有太空舱、帐篷及房车露营区，还配套有烧烤及综合服务等功能区
吉林			
649	长白山和平休闲旅游度假区房车营地	15 亩，投资 1100 万元	建有营房、室外营地、房车营地、游客服务中心等设施
650	吉林辽源鴜鹭湖湿地露营公园	/	汽车帐篷营位 50 个、旅居车营位 40 个、帐篷营位 80 个
651	剑鹏马城汽车露营地	300 亩，投资 4500 万元	汽车营地及木屋等设施
652	长白山戏冬游乐景区房车度假营地	/	位于长白山北坡原始森林中，配套雪地摩托车原始森林穿越、徒步穿越原始森林、长白山戏冬滑雪场、长白山戏冬森林木屋、房车营地;提供独立水电桩、Wi-Fi;营位区有帐篷营地、房车 50 辆、森林木屋 19 栋
653	吉林省图们市日光山露营地	/	位于图们市森林公园中，配有淋浴间、Wi-Fi、商店，营位区有汽车帐篷营位 20 个、旅居车营位 20 个、帐篷营位 50 个
654	吉林庙香山汽车自驾运动营地	8000 m^2	配备有水电桩、车行道路、无障碍道路、超市、餐厅、咖啡厅、淋浴间、医疗室等设施，自行式房车营位 54 个，还有拖挂房车营位、帐篷区域、木屋别墅区等设施
655	吉林慢山里营地综合体	/	省内一家以农业、自然、生态为理念的综合性现代化自然教育分享农场，可以体验专业国际马术俱乐部、儿童平衡车俱乐部、成人专业拓展，还设有房车营地、学生营地、水上高尔夫营地、橡皮艇营地等多种不同风格的训练营地
656	长白山万达鹰之翼航空运动营地	/	可提供滑翔伞飞行体验，由专业飞行教练进行操控，提供一对一服务，教练带领乘客在空中游览自然景观并体验飞行乐趣，一般全年均可体验飞行
港澳台地区			
台湾			
657	基路伯营区	/	坐落于仁爱乡，距离莫那鲁道抗日纪念碑 1.8 km，距离小瑞士花园 1.9 km，配备免费 Wi-Fi 和空调，可通往花园
658	水中月民宿露营度假村	/	距离台中市有 43 km，配有花园、烧烤设施和露台
659	蔷薇谷	/	坐落于拉拉山上巴陵卡拉部落下方，邻近卡拉溪，四面环山，生态环境良好，适合释放压力

序号	名称	占地面积及投资	主要特色
660	Millu 32	/	位于宜兰，距离台北 45 km，地处三星安农溪畔，邻近三星落羽松秘境、太平山风景区，有木屋、帐篷，可租借烹饪设施
661	垦丁后壁湖露营车民宿	/	坐落于屏东的恒春古城，邻近后壁湖海洋保护区海滩（Houbihu Marine Protected Area Beach）、小巴厘岛海滩（Little Bali Island Beach）
662	驿马栈露营车	/	位于仁爱，提供烧烤设施及公共休息和用餐区，配套有儿童游乐场，邻近青青草原、清境农场、小瑞士花园
663	乐基伯露营天地	/	位于苏澳，邻近苏澳冷泉、珊瑚法界博物馆、武荖坑风景区
664	宜兰县樱花陵园	/	台湾唯一的墓园露营区，景色优美，园区由许多观景平台，山上可以一览整个兰阳平原
665–677	听涛营地（665）、天际线茶园营地（666）、樱花温泉营地（667）、拉拉山观星营地（668）、阔濑营地（669）、那卡斯营地（670）、荖浓溪营地（671）、双龙景观营地（672）、居大雁营地（673）、贵子坑营地（674）、珊瑚潭童军营地（675）、尖山埤营地（676）、邦腹溪营地（677）		
香港			
678	南山营地	/	位于屿南道，依山势而建，被树木群抱，环境舒适宜人，设施完善，烧烤场是大屿山郊野公园最大的一个，可以容纳百多人在此烧烤野餐
679	贝澳营地	/	位于大屿山南面贝澳泳滩旁边，内设营位、烧烤炉、营地办事处等设施
680	鹤薮营地	/	位于石坳山之东麓，邻近鹤薮水塘。区内树木蔽天、百鸟争鸣、溪流处处、气候凉爽；配套有烧烤炉、淋浴室、卫生间、凉亭等设施
681	昂坪营地	/	位于南大屿郊野公园凤凰山与弥勒山之间，被山谷围绕，可登山赏日出及海景
682	东龙洲营地	约 3 公顷	位于东龙洲的东北部，风景优美，有东龙洲炮台、东龙石刻等著名景点
683	百富田营地	/	位于凤凰径旁，四周树木覆盖，内有溪流横亘，环境清幽雅静，是夏日避暑的好地方
684	河背营地	/	位于河背烧烤场内，靠近山边，邻近河背水塘，烧烤场四周林木成荫，环境清幽
685	流水响营地	/	位于石坳山之西麓，流水响水塘南端，周围树木蔽天，附近的柳林别具一格
686	三桠涌营地	/	位于三桠湾南面水溪旁的一个小山岗上，被娥眉洲和吉澳环抱着，印洲塘尽收眼帘
687	涌背营地	/	位于八仙岭之东麓，船湾淡水湖尽在眼帘，邻近八仙岭、新娘潭
688	东平洲营地	/	位于独特的更楼石旁，三面环海，旁边有一大块海蚀平台，观景条件良好
689	湾仔南营地	/	位于西贡西郊野公园内风景优美的湾仔半岛南部，邻近大滩海，是远眺整个大滩海的最佳观景点之一；营地空旷广阔，宁静优雅
690	湾仔西营地	/	处于西贡西郊野公园内风景优美的湾仔半岛西南部，邻近海下湾海岸公园，是远眺整个海下湾美丽景色的最佳观景点之一
691	猴塘溪营地	/	位于海下路旁，地面平坦、树木成荫；营地旁是一个大型烧烤场，适合团体活动，场内种植了各式各样的树木，营区附近还有一条溪涧
692	嶂上营地	/	位于西贡嶂上高原之上，营区平坦，四周树木成荫，远眺可见到西贡最高的石屋山山峰
693	北潭凹营地	/	位于西贡东郊野公园，地形呈梯田状，营地树林成荫，邻近牛湖墩
694	黄石营地	/	位于黄石巴士总站对面，交通便捷，可远望高流湾、塔门、东心淇及大滩海沿岸景物
695	大滩营地	/	位于北潭路旁大滩烧烤场内，交通方便
696	西湾营地	/	位于西贡东部风景最优美的景点大浪四湾之一的大浪西湾北面沙滩，可远眺附近离岸岛屿的海光山色

续表

序号	名称	占地面积及投资	主要特色
697	元五坟（南风湾）营地	/	位于南风湾山丘上，面对南风湾及万宜水库西坝，环境优美，湖光山色尽收眼底
698	曝罟湾营地	/	在曝罟湾山丘高处，位于上窰郊游径旁；营地环境宁静优美、四周林木茂盛，在此可眺望盐田仔及滘西洲等西贡内海之风光
699	扶轮公园营地	/	位于大帽山郊野公园扶轮公园烧烤区内，邻近荃锦公路、交通便捷；每个营位均由散发芳香的植物围绕，适合大型团体活动
700	昂平营地	/	位于马鞍山郊野公园昂平地区，是香港少数的高山草原之一（高约400m），地形辽阔、风景秀丽
701	石榄洲营地	/	位于石门山山麓西南方，地处凤凰径第9段，原为耕地，可欣赏田埂阡陌相连的景观
澳门			
702	澳门黑沙滩营地	/	黑沙滩宽约1000m，呈半月形，坡度平缓，沙粒均匀光滑，有专门的露营区，提供自来水、卫生间、就餐空间

附录 2　国际自驾车营地名录

1. 美国自驾车营地名录

序号	名称	地理位置	特色主题
703	斯通山营地（Stone Mountain Park）	南达科他州	毗邻总统山，自然景观占地 3200 英亩（1 英亩≈ 4046.86 m^2）；配套有丰富的自然徒步、历史探索、生态体育等活动；营地内建设有拖挂式、自行驱动式、帐篷及木屋等各类露营配套设施
704	锡安峡谷房车营地（Zion Canyon Campground）	犹他州锡安河国家公园	是锡安山国家公园中的私有营地，划分为露营木屋、公共厨房、游戏室、儿童游乐区、房车露营区、滨河帐篷区、游泳池等不同的功能区
705	美国纽波特沙丘海滩度假营地（Newport Dunes Water front Resort marina）	（纽波特）海湾	占地 110 英亩，位于 Newport（纽波特）海湾，是美国南加州最大的滨海房车营地；设施完备，娱乐项目丰富，包括游泳池、水疗中心、健身房、超市、水上运动中心、海湾休闲餐厅、大型私人游艇码头、高尔夫球场、洗衣房等；另外，营地还拥有 42 栋豪华别墅的建筑度假区、木屋区、382 个房车营位等
706	诺曼底农庄家庭汽车营地（Normandy Farms Campground)	新英格兰区	新英格兰地区顶级的综合型房车露营目的地，拥有一个专业的自行车公园、飞盘高尔夫公园、宠物狗乐园及推盘游戏等，还配套建设了一个康复中心，提供私人瑜伽等课程。配有顶级奢华的各种露营设施，如奢华木屋、圆顶帐篷、旅行帐篷、拖挂房车等
707	蓝水房车乐园营地（Blue Water Resort）	佛罗里达州	碧蓝清澈的海水资源、高端奢华的私家码头，佛罗里达州顶级的海滨汽车露营目的地，具有浑然天成的热带风情，隶属于一家非营利性公司管理和运营，营地的每一分收益都被用于提升营地建设和服务水平
708	虎跑汽车营地（Tiger Run Resort）	科罗拉多州	被洛基山环抱，营地总面积 12 000 平方英尺（1 平方英尺≈ 0.09 m^2）；与营地西部接壤的蓝河及贯穿营地的天鹅河则是钓鱼爱好者的天堂；配有房车营位（包括标准营位、会所营位、天鹅湖营位、蓝河和豪华营位）、小木屋、网球场、排球场、篮球场、儿童游乐场、健身中心、会所、室内游泳池、热水浴缸、游戏室、电视室、洗衣机等设施
709	贝弗利海滩州立公园营地（Beverly Beach State Park）	俄勒冈州	位于海岸旁的密林中，提供拖挂式、自行驱动式、帐篷等不同露营区，周围资源丰富，是俄勒冈著名的鲸鱼观赏地
710	贾拉马海滩县公园和露营地（Jalama Beach County Park & Campground）	加利福尼亚州	拥有 107 个直达海滨的营位，包含房车、帐篷及木屋等多种住宿形式，以丰富的滨海休闲活动知名，提供游泳、冲浪、鲸鱼观赏、海边野餐等娱乐活动
711	旧金山房车度假公园 (San Francisco RV Resort）	距离旧金山 15 英里（1 英里≈ 1.61 km）	位于一个 60 英尺（1 英尺≈ 0.305 m）的悬崖，可俯瞰太平洋，是冲浪者的理想选择
712	马里布海滩房车公园（Malibu Beach RV Park）	距洛杉矶约 29 英里	位于洛杉矶西北方向，以优美的海滩美景为亮点，是冲浪者的天堂；营地拥有 142 个房车营位及 35 个帐篷营位
713	沙迪戴尔复古拖车营地（The Shady Dell Vintage Trailer Court）	亚利桑那州	邻近美国 80 号公路，乡村怀旧主题汽车营地，以 20 世纪 50 年代好莱坞风格房车为特色吸引物
714	波尔森汽车房车度假村（Polson Motorcoach RV Resort）	蒙大拿州	蒙大拿州排名第一的营地，坐拥冰川山色及湖泊风光，距离美国冰川国家公园车程很近
715	阿兹特克房车度假村（Aztec RV Resort）	佛罗里达劳德代尔堡	紧邻美国冰川国家公园，拥有异常丰富的体育运动设施和场所
716	佩托斯基房车度假村（Petoskey RV Resort）	坐落在密歇根湖旁	邻近巴尔港口，拥有漂亮开阔的湖景及丰富的休闲运动设施

续表

序号	名称	地理位置	特色主题
717	山地瀑布豪华房车营地（Mountain Falls Luxury Motorcoach Resort）	北卡罗来纳州西北部	位于蓝山山脉附近，四季型营地，拥有湖光山色及适宜的气候
718	黄石国家公园汽车营地（Yellow Stone National Park RV Campground）	怀俄明州、蒙大拿州，爱达荷州的交界处	位于黄石公园内部，依托 8 条环形公路共分布着 12 个营地，可同时提供约 2200 个露营位，其中 7 个营地不需要预订，采用随到随住的方式，另外 5 个营地则需要通过 Xanterra Parks & Resorts 网上提前预订才能入住，提供简单的水电、厕所、住宿、垃圾处理等基础的生活服务设施；以营地为依托，游客可以在公园内部进行钓鱼、划船、漂流、滑雪、野生动物观赏、地质考察、徒步健身等丰富多样的户外活动
719	海洋营地（Ocean Pond Campground）	弗洛拉州，奥拉斯蒂	丰富的亲水活动、两英里长的沙滩及漂亮的湖景，提供水电接口及其他设施，各种规格的超大营位
720	IVM 度假村（IVM resort）	拉斯维加斯	浓郁的热带风情及完善丰富的娱乐设施，配套有 2 个九洞高尔夫球场，以及室外网球场、台球室、棋牌室、游泳池、漂流池，还有水疗馆、健身房、按摩室、桑拿室、豪华大理石淋浴间及图书馆等，还不定期为游客准备丰富多彩的节目及活动
721	美国露营集团红杉营地（Sequoia KOA）	加利福尼亚维塞利亚	有大片的草地，绿树成荫，建有泳池、排球场、骑马场、儿童游乐场、游戏室、酒吧、遛狗区、宠物公园（军犬类）等
722	嘉年华岛房车营地（Fiesta Key RV Resort）	佛罗里达群岛的中心	占地 28 英亩，是美国最受欢迎的度假胜地之一，拥有漫长的海岸线、游泳池、餐厅、沙滩酒吧、免费 Wi-Fi、水疗馆、钓鱼台、宠物区等设施
723	佛得谷房车及露营地（Verde Valley RV & Camping Resort）	亚利桑那州佛得河畔	占地 300 英亩，为沙漠高地中的一片绿洲，邻近著名的杰罗姆鬼城，配套有活动中心、儿童游乐场、信息中心、宠物区、商店、水疗中心、免费 Wi-Fi、徒步旅行俱乐部
724	美国营地连锁集团霍默维尔营地（Homerville KOA）	俄亥俄州	配套有大型户外泳池、湖边小木屋、房车营位等，将历史悠久的谷仓改建为营地娱乐中心，会开展现场音乐会、艺术手工课及主题周末等活动，还会有专业人士引导参观种类繁多的野生动物
725	美国营地连锁集团比林假日营地（Billing KOA Holiday）	蒙大拿州	美国营地连锁集团（KOA）全球第一个连锁房车营地，配套超大型豪华天井式房车营位、居家式洗手间、美食服务和相思木露营小屋及高尔夫练习场，营地保留了青少年免费露营的传统
726	杜兰戈房车度假村（Durango RV Resort）	雷德布拉夫市	五星级奢华型营地，拥有秀丽湖景，配套高尔夫练习场、宠物乐园及按摩等设施
727	基韦斯特露营地和房车公园（Key West Campgrounds & RV Parks）	佛罗里达州	拥有无与伦比的海岛风情和超过 50 年的露营文化传统，营地配备游泳池、自助洗衣设备、野餐设施租赁服务，有针对女性的瑜伽、健身，还有针对赛事的赛船、超级碗晚会等娱乐活动项目
728	豪斯西弗湖畔营地（Horsethief Lake Campground）	南达科他州	地理位置优越，距希尔城（Hill City）10 英里，距拉什莫尔山国家纪念碑仅 2 英里，拥有设备齐全的房车、拖挂房车和帐篷营位等不同的露营区，春夏秋三季徒步、爬山、钓鱼、越野赛车十分受欢迎，冬季则有滑雪、雪橇等活动
729	河畔房车公园营地（Rivers Edge RV Park）	阿拉斯加州	位于美国 89 号公路旁，距格拉伊格尔（Graeagle）仅 2.5 英里，荣获 2017 年全美最受欢迎营地称号，提供包括动物服务在内的全露营体验（周边的 100 个等待探索的湖泊带来不一样的露营体验），以及包括高尔夫课程、骑行、徒步、登山等在内的丰富活动
730	优胜美地国家公园营地（Yosemite National Park）	加利福尼亚州	距离优胜美地国家公园南入口仅 25 英里，营地建设有多规格房车、帐篷等设施，开设有丰富的骑行、水上及探索自然活动
731	海堤营地（Seawall Campground）	缅因州阿卡迪亚国家公园	五月末到九月开放，位于国家公园内部，环境清幽，营位私密，允许携带宠物及自己动手烹饪

续表

序号	名称	地理位置	特色主题
732	卢恩莱克湖畔房车露营公园（Loon Lake Lodge & RV Resort）	俄勒冈州，里兹波特	五星级营地，拥有壮丽辽阔的湖泊风光和舒适宜人的气候温度，依托湖泊，可提供多种多样的户外活动，如垂钓、游泳、爬山、日光浴、狩猎等
733	魔鬼湖州立公园营地（Devils Lake State Park Campground）	威斯康星州，巴拉布	依托湖泊在北岸和南岸分别布局三个、九个公共营地，每个营地特色都不相同，既有便宜的基础露营产品，也有高端的私密露营产品
734	克罗布特公园营地（Crow Butte Park）	威斯康星州，帕特森市	占地 275 英亩，位于帕特森市西仅 12 英里，提供游泳、徒步、滑水、驾船等特色活动
735	瑜伽熊杰里斯通公园营地（Yogi Bear's Jellystone Park）	北加利福尼亚州	获杰里斯通最佳营地称号，营地提供包含圆顶帐篷、房车、木屋在内的多样度假设施，以及两块运动场、3 个游泳池、9 个垂钓池、篮球场、狗狗乐园、宝石乐园、高尔夫场、迷你高尔夫、室内剧场、跳跃枕头等丰富的户外活动场地和活动设施
736	熊溪湖州立公园营地（Bear Creek Lake State Park CA）	弗吉尼亚州，坎伯兰郡	营地周围有占地 1600 英亩的森林景观，为家庭度假提供了良好的户外和私密场所；活动丰富，依托占地 40 英亩的湖泊，提供垂钓、日光浴场、划船等活动设施
737	斯坦丁印第安山营地（Standing Indian Campground）	北卡罗来纳州	位于南塔哈拉国家森林的深处，周围群山环抱，以徒步登山与河流垂钓和划船而知名，营地内有全球知名的阿巴拉契亚山道，是全球登山爱好者的天堂
738	山立公园营地（San-Lee Park）	北卡罗来纳州	占地 177 英亩，能够提供登山、垂钓、野餐等丰富多样的露营活动
739	第八湖营地（Eighth Lake Campground）	纽约	位于第八湖岸边，共提供 126 个包含房车、帐篷在内的营位，营地设施齐全，提供热水、野餐区、游泳池等，此外依托于湖泊还提供垂钓、骑行、徒步、划船等活动
740	富兰克林湖营地（Franklin Lake Campground）	威斯康星州，易北河畔	Franklin Lake 于 1988 年列入国家历史遗迹名录，营地周边风光优美，营地内设施齐全，提供水上活动及湖畔露营等多种产品
741	巴丁湖露营地（Badin Lake Campground）	北卡罗来纳州	营地被周边茂密的森林遮盖，依湖而建、视野开阔，为各类水上休闲爱好者提供了丰富的水上活动类型
742	毗斯迦山营地（Mount Pisgah Campground）	北卡罗来纳州	位于阿巴拉契亚山脉，海拔 1518m，常年气温温和凉爽，是城市人群避暑的绝佳选择，营地周边植被丰富、野花繁多，从春季到秋季，红、蓝、黄交替出现，赏心悦目，营地依托自身条件打造多条徒步登山路线，从入门级到专业级均有
743	上派恩斯露营地（Upper Pines Campground）	加利福尼亚州	位于海拔 1200m 的优山美地国家公园峡谷上，提供帐篷，包含 38 英尺和 24 英尺的 238 个营位，营位设施齐全，能够为游客带来在户外的完美度假之旅
744	四橡树房车度假村（Four Oaks Lodging & RV Resort）	北卡罗来纳州	是距离塔克湖最近的营地，以丰富的高尔夫场地和课程而闻名；营地内有多个知名高尔夫俱乐部，并会在地开展课程培训；开阔的河岸为野餐、休闲提供了天然庇护
745	灯塔码头拖车度假营地（Lighthouse Trailer Resort and Marina）	加利福尼亚州	营位 90 个，灯塔是一个“钓鱼营”，由 20 个乡村小木屋、15 个房车和 10 艘木船组成
746	伯灵顿露营地（Burlington Campground）	加利福尼亚州	营地毗邻国家公园中心区域，有老旧和二次生长红木的 57 个营位，以及徒步或骑自行车可到达的 3 个远足和自行车站点
747	贝克斯菲尔德房车度假村（Bakersfield RV Resort）	加利福尼亚州	豪华和舒适相结合，使贝克斯菲尔德房车度假村成为假期旅行的理想目的地，凭借卓越的设施和卓越的客户服务，成为加州中部绿洲的房车度假胜地之一
748	大苏尔木屋度假营地（Big Sur Campground & Cabins）	加利福尼亚州	位于原始的大苏尔河沿岸雄伟的沿海红木树林中，提供以家庭为核心的露营和住宿服务，游客可在森林里享受帐篷和房车露营，或者选择不同风格的小屋

续表

序号	名称	地理位置	特色主题
749	默特尔比奇旅游公园（Myrtle Beach Travel Park）	南卡罗来纳州	南卡州规模最大的滨海型营地，占地125英亩，拥有超过1000个滨海营位，配套建设了泳池、室内恒温泳池、漂流池等丰富的水上活动场所
750	美国营地连锁集团尤宁敦假日营地（Uniontown KOA Holiday）	宾夕法尼亚州	营地位于约克加尼河（Youghiogheny River）和阿勒格尼大通道自行车道（Great Allegheny Passage bike trail）之间，每个露营地都享有小径或河流景色。全年开放，营地提供租用皮划艇服务，同时提供宾果游戏、手工艺品体验等休闲娱乐项目
751	美国露营集团西棕榈滩狮子公园营地（West Palm Beach / Lion Country Safari KOA）	佛罗里达州	位于雄狮王国野生动物园的旁边，感受到的是来自非洲的无尽狂野；不仅拥有各种舒适的生活设施，而且营地围栏之外就是真正的非洲野生动物的栖息地
752	弗恩伍德度假村（Fernwood Resort）	加利福尼亚州	在营地就仿佛置身于童话世界，可体验神奇的红木森林，仰望神秘的耸立峭壁；从营地出发，可徒步到大苏尔州立公园感受瀑布带来的清爽
753	美国营地连锁集团盐城湖营地（Salt Lake City KOA）	犹他州锡安河国家公园	距离大盐湖30分钟车程，设备齐全，淋浴无限使用，Wi-Fi信号较好，周围分布着世界上最大的煤矿及2002年夏季奥运会遗产等资源
754	北兰丁海滩营地（North Landing Beach）	弗吉尼亚州	依地形而建，包含滨海、森林房车营位及露营木屋等多种设施，营地配套有私人沙滩、泳池及海上皮划艇等丰富活动
755	安徒生房车营地公园（Andersen's RV Park）	华盛顿地区	位于长滩半岛区域，是宠物及亲子型海滨营地，拥有临海和丛林两种营位类型，营地提供丰富的自然及文化探访项目，如骑行、徒步、高尔夫等
756	卡梅尔河畔房车公园（Carmel by the River RV Park）	蒙特利半岛	私人拥有，是超过40年运营历史的主题营地，以青蛙为主题，到处都是青蛙小饰品，拥有自行、拖挂及奢华等多种类型房车营位，提供丰富的户外活动空间
757	疯马营地（Crazy Horse Campgrounds）	亚利桑那州	位于沙漠的滨水湖畔，邻近哈瓦苏湖，露营设施包含了房车、帐篷及木屋等多种形式
758	特拉夫假日营地（Holiday Trav-L Park Resort）	北卡罗来纳州	位于水晶海岸，拥有超过300个房车营位，配套有泳池、骑行步道等活动场所，还可提供音乐会及教堂服务等特色服务
759	瓦维普码头营地（Wahweap Campground）	鲍威尔湖畔	位置极佳，离羚羊谷和马蹄湾仅20分钟车程；靠近湖的营位景观很好，日出和晚霞都非常美
760	日光码头房车公园（Sunshine Key RV Resort & Marina）	佛罗里达州	极具热带风情的海岛型营地，是钓鱼爱好者绝佳的露营天堂，提供丰富的球类及水上运动
761	鲁比露营地（Ruby's Inn Campground）	布莱斯国家公园门口	营地门口即可搭乘接驳车入园游玩，设施齐全，如洗澡设施、Wi-Fi等，另外，在营地还能加LPG燃气
762	美国营地连锁集团基西米房车营地（Kissimmee KOA）	奥兰多	位置优越，几英里范围内分布着海洋世界、环球影城、迪士尼、乐高世界等大型主题公园；提供房车营位、帐篷、木屋等住宿设施，还配备有加热泳池等特色设施
763	美国营地连锁集团休伦港营地（Port Huron KOA）	密歇根州	位于距离休伦港附近的一块占地70英亩的美丽土地上，3英里范围内有爱迪生之乡等旅游资源，营地内活动设施丰富，有轻便马车、蹦床、沙滩排球等
764	美国营地连锁集团圣达菲营地（Santa Fe KOA）	新墨西哥州	周边有十分丰富的文化旅游资源如圣达菲歌剧院、拉瑞多教堂等。营地一年四季活动丰富多彩如垂钓、猎鸟、热气球旅行等
765	美国营地连锁集团蒙特利湾营地（Monterey Bay KOA）	加利福尼亚州	提供多种多样的住宿设施，如房车、帐篷、木屋，位于圣克鲁兹和蒙特利市之间，位置优越，还有游泳池、运动场、迷你高尔夫、咖啡吧等休闲场所

序号	名称	地理位置	特色主题
766	希尔顿黑德岛汽车度假村（Hilton Head Island Motorcoach Resort）	南卡罗来纳州	拥有视野无限的海滩和森林景观，是奢华营地中的一员，提供丰富的户外运动项目，如网球、篮球、健身中心、水疗屋等
767	松树山营地（Mountain Pines Campground）	宾夕法尼亚州	营地提供帐篷、房车以及木屋露营设施，提供迷你高尔夫、垂钓、漂流、远足等休闲运动体验，附近还有众多购物商场和景区景点
768	至日汽车营地（Solstice Motorcoach Resort）	内华达州	距离拉斯维加斯很近，是美国知名的奢华营地之一，丰富的活动设施和令人惊叹的景色相得益彰，提供地滚球、桌球等活动，还提热水浴缸等设施
769	银铃营地（Silver Bell Campground）	科罗拉多州	位于科罗拉多州阿斯彭郊外，坐落在标志性的 Maroon Bells 风景区的 Maroon Creek 岸边，周围环绕着白杨树林和亚高山森林，海拔 8460 英尺，场地配备了野餐桌、拱顶厕所和篝火圈，不提供电气连接
770	舒格博特姆营地（Sugar Bottom Campground）	艾奥瓦州	营地位于科勒尔维尔湖岸，是重要的防洪区，湖区提供丰富的休闲项目，包括划船、远足、山地骑行、狩猎等
771	乡村汽车俱乐部营地（Motorcoach Country Club）	加利福尼亚州	位于美国知名的棕榈泉区，令人惊叹的景观让你犹如置身于某个电影场景中，超一流的设施也带来超一流的营地体验，营地内配套有游艇码头、五星级酒店等
772	埃弗格莱兹岛营地（Everglades Isle）	南佛罗里达州	位于巴伦河右岸，配套有占地 8500 m^2 的休闲中心，内部有电影剧场、水疗中心和健身中心等一系列设施，价格 110—115 美元 / 晚
773	河湾汽车度假营地（Riverbend Motorcoach Resort）	南佛罗里达州	位于克卢萨哈奇河附近，营地内除了房车、帐篷等特色住宿设施外，还配套有两个休闲娱乐中心，旺季时价格 120 美元 / 晚
774	那不勒斯汽车度假营地（Naples Motorcoach Resort）	佛罗里达州	位于一处宽阔的海岸上，优美的海岸线和蔚蓝的大海让人心情愉悦，配套有游泳池、户外水疗等休闲设施，还可以租一艘小船直达海湾深处
775	鹈鹕湖汽车度假营地（Pelican Lake Motorcoach Resort）	佛罗里达州	位于一处设施齐全、景色一流的湖畔附近，提供包含俱乐部、图书馆、奥运会规格标准泳池、按摩浴缸在内的一流度假设施
776	巴特利特湾露营地（Bartlett Cove Campground）	阿拉斯加州	设在 Bartlett Cove 的步入式营地，位于 Bartlett Cove 码头以南 0.25 英里海岸边风景秀丽的热带雨林中，设有防熊食物储藏室、堆肥厕所、海滩上的火坑和小型取暖避难所，提供木柴
777	韦恩斯房车度假营地（Vines RV Resort）	加利福尼亚州	位于帕索罗伯斯，包含了游泳池、狗狗乐园、图书馆、健身中心等设施
778	海洋天堂房车营地（Paradise by The Sea RV Resort）	加利福尼亚州	南加州唯一的一座海岸型营地，距离圣地亚哥非常近，因为丰富奢华的一流露营设施在 Trip Advisor 上名列前茅，高峰期标准套餐一晚价格 90 美元
779	麦克道尔堡鹰景度假营地（Eagle View Resort at Fort McDowell）	亚利桑那州	非常美丽和知名的营地，提供加热泳池、超大俱乐部、宠物乐园和健身中心等设施
780	哈瓦苏房车度假营地（Havasu RV Resort）	亚利桑那州	因特殊的景色和一流的设施而出名，内部配套有两个加热泳池、水流按摩浴缸、高尔夫球场、活动中心及户外火山洞口探险等设施
781	旅行者房车营地（Voyager Hotel & RV Resort）	亚利桑那州	2016 年获得 Trip Advisor 优秀营地的推荐，活动丰富多彩，包含手工艺课、运动、舞蹈、游戏等

续表

序号	名称	地理位置	特色主题
782	格罗夫汽车营地（Hearthside Grove Motorcoach Resort）	密歇根州	位于风景如画的佩托斯基的五星级营地，配套有游泳池、小剧场、俱乐部等活动休闲场所，还开设了本地美食培训等特色课程
783	河岭房车度假村（River Ridge RV Resort）	密歇根州	专注于户外运动的奢华营地，提供的体育运动项目包含排球、网球及游艇等
784	银溪房车度假村（Silver Creek RV Resort）	密歇根州	距离银湖三英里，营地内的娱乐活动丰富多彩，如丢沙包、游泳、篮球，此外还配套了一个超级大的电玩城
785	伊斯特波因蒂房车度假营地（Eastpointe RV Resort）	密歇根州	位于格兰德湖畔，配套有杂货店、游泳池等场所，还提供如篮球、划船等水上和陆地运动项目
786	野花溪汽车度假营地（Wildflower Creek Motorcoach Resort）	北卡罗来纳州	北卡罗来纳州的一流营地，配套有一个集合水吧和游戏的俱乐部、社交中心、棒球场等场馆设施
787	苹果山谷农庄营地（Apple Valley Farm Motorcoach Resort）	北卡罗来纳州	视觉绝佳的近水型营地，位于露尔湖湖畔，配套有游泳池、高尔夫和网球球场
788	拉特利奇湖营地（Rutledge Lake）	北卡罗来纳州	位于拉特利奇湖畔的一流奢华型营地，设施包含一个集合多种游戏场所的娱乐中心、泳池和杂货店等
789	狼溪汽车营地（Wolf Creek Run Motorcoach Resort）	科罗拉多州	位于帕戈萨斯普林的圣胡安河流域，深入河畔，有几处临水区域拥有开阔的视野，配套有俱乐部、篝火广场，还拥有天然温泉
790	山谷房车木屋营地（Mountaindale Cabins & RV Resort）	科罗拉多州	拥有各种尺寸的房车，还配套有游戏室、淋浴间、搭帐篷等特色设施
791	河景房车度假营地（River Vista RV Resort）	乔治亚州	大烟山区域排名前列的优秀营地代表，依托自然资源，开发了系列特色活动，如掘金探险、登山徒步、山地高尔夫、骑马等
792	博伟海滩房车营地（Buena Vista Coastal RV Resort）	亚拉巴马州	位于奥兰治海滩的知名营地，设在州立公园内，提供室内恒温泳池、6000 m^2 的俱乐部中心，以及室内漂流池等设施
793	大烟山奢华房车度假村（Smoky Mountain Premier RV Resort）	田纳西州	位于大烟山国家公园内部，一流的露营设施和令人惊叹的美景让人置身其中流连忘返
794	布莱尔克利夫房车度假营地（Briarcliffe RV Resort）	南卡罗来纳州	配套有标准泳池、设施齐全的淋浴室、游乐中心，此外行程满满的各色活动让家庭中的每一位成员都能享受到露营的乐趣
795	凯瑟琳码头营地（Catherine's Landing）	阿肯色州	距离凯瑟琳湖仅 1 km，配套有酒吧、小皮艇租赁等特色服务
796	大西洋海岸度假营地（Pacific Shores Motorcoach Resort）	俄勒冈州	位于纽波特港附近，仅接受自行 A/C 式房车露营，提供设施包含室内泳池、篮球场、宠物乐园、高尔夫等
797	图特勒河房车度假村（Toutle River RV Resort）	华盛顿州	功能设施齐全的大型综合营地，位于图特尔河和考利茨河交汇处，配有令人眼花缭乱的活动和设施，如整个州最好的垂钓点、室内泳池、水疗中心、俱乐部等

2. 德国自驾车营地名录

序号	名称	地理位置	特色主题
798	维尔斯霍夫营地（Camping Wirthshof）	巴登-符腾堡州	位于格伦贝格山（Gehrenberg Mountain）山脚下，距离德国第一大淡水湖——博登湖大约7km，每年春天到秋天，营地都会组织丰富多样的自主活动，也会定期为游客提供富有创意的手工互动活动
799	阿尔夫塞营地（Alfsee Campingplatz）	下萨克森州	营地占地220公顷，拥有独立的营地管理中心、露营区、娱乐区、儿童娱乐中心、水上娱乐中心、洗衣房、卡丁车赛车场、残疾人居住区、宠物家庭区
800	维塔营地（Vital Camp）	巴伐利亚州	曾获得德国露营行业联合会和德国露营俱乐部的最高评价，露营区有三大湖泊，配套有完善的露营基础设施，同时提供优质的水疗服务
801	哈维尔山房车露营公园（Camping und Ferienpark Havelberge）	萨克森-安哈特州	距离赖因斯贝格（Rheinsberg）25km，配有私人海滩区，提供自行车租赁服务，可以进行浮潜和钓鱼等多种活动
802	普鲁姆谷露营地（Prümtal Camping）	莱茵兰-普法尔茨州	五星级营地，北边与比利时交界处是普鲁母国家森林公园，分休闲娱乐区、生活服务区、入口服务区
803	沃尔卡内费尔自然露营公园（Naturcamping Vulkaneifel）	北莱茵-威斯特法伦州	距离曼德沙伊德（Manderscheid）约1km，离风景秀丽的曼德沙伊德山非常近，营地提供70个营位，有大型游乐场、运动场（乒乓球、排球、羽毛球、篮球、足球）、营火处和烧烤处，可参与登山、徒步、自行车运动，认识自然地理
804	霍夫公司吉岑韦勒营地（Gitzenweiler Hof GmbH）	巴伐利亚州	坐落在康士坦茨湖附近，拥有广阔的湖泊、果园、山地景观、周边有森林和动物
805	赫高家庭营地（Hegau Familien-Camping）	巴登-符腾堡州	坐落于黑森林地区，靠近博登湖地区，有水上乐园、人工沙滩、垂钓场等休闲娱乐场所
806	易北河营地（Camping Elbsee）	巴伐利亚州	位于易北河（Elbsee）清水湖畔，山林和湖泊形成的独立水循环使得易北河（Elbsee）营地成为天然的大氧吧，营地全年开放，分为帐篷露营区和房车汽车露营区
807	霍芬湖露营地（Campingplatz Hopfensee）	巴伐利亚州	位于黑森林与博登湖之间，以大型水疗和保健项目闻名，除了传统桑拿，还可预约不同的治疗服务
808	沃尔夫纳营地（Wulfener-Hals）	石勒苏益格-荷尔斯泰因州	高尔夫球场和冲浪者的天堂，地势平缓的沙滩、温暖的海风为水上活动提供了理想的场所，除了冲浪还可以驾帆船、打高尔夫、骑马、射箭
809	谷仑斯邦营地（Campingpark Kühlungsborn）	梅克伦堡-前波莫瑞州，西波美拉尼亚	非常适宜家庭度假的滨海营地，可以尽享波罗地海滨海风情，并且距离城市非常近
810	蒂勒·奥格南海营地（Südsee-Camp G. & P. Thiele OHG）	下萨克森州	以亲子儿童露营而知名的顶级家庭度假营地公园，营地内配套有室内游泳池，有亲水湖泊和丰富的亲子活动
811	至简营地（Campingplatz "Auf dem Simpel"）	下萨克森州	位于吕纳堡希思（lüneburg heath）的中心地区，距离海德公园（Heide Park）仅有800m距离
812	加托营地（Camping Gatow）	勃兰登堡州	位于林地边缘，公共交通可达，附近有博物馆、剧院、游乐场等建筑和设施
813	德雷特湖营地（Camping am Dreetsee）	勃兰登堡州	位于Feldberger Seenlandschaft自然公园内，配套各种户外运动场地
814	克瑙斯露营公园（Knaus Campingpark Oyten）	下萨克森州	配有休息区、用餐区，以及带各种烹饪设施的配套齐全的小厨房、儿童游乐场

续表

序号	名称	地理位置	特色主题
815	啄木鸟营地（Campingpark Buntspecht）	勃兰登堡州	位于 Westhavelland 自然公园内的现代露营公园，与湖泊自然相连，可饱览水上风情
816	石头营地（Camping Stein）	巴伐利亚州	巴伐利亚州知名的田园风情营地，营地外围是视野宽阔的山水景观
817	河畔营地（Camping am Fluss）	梅克伦堡–前波莫瑞州	位于哈维尔河畔穆里茨国家公园内，可租赁独木舟、渔船、自行车，配套有操场、无线网络及零售服务
818	费马恩岛营地（Insel-Camp Fehmarn）	石勒苏益格–荷尔斯泰因州	天然优越的地理位置决定了这是一个迷人的营地，位于波罗的海海岸，设置有丰富的休闲和体育运动项目
819	弗里森布鲁克营地（Camping am Freesenbruch）	梅克伦堡–前波莫瑞州，西波美拉尼亚	环境清幽，距离波罗的海仅 100m 的距离，内部配套十分舒适的现代化露营设施
820	石勒苏益格自然营地（Naturcamping Spitzenort）	石勒苏益格–荷尔斯泰因州	营地蜿转盘蜒，临海而居，夏季时树木郁郁葱葱，海风阵阵，特别凉爽；这里适合做各项水上运动，如皮划艇、帆船、冲浪、赛艇等，另外，还有特别为儿童设置的游乐场、迷你迪斯科的海盗之旅、山地卡丁车等
821	伍尔芬纳·哈尔斯营地（Campsite Wulfener Hals）	下萨克森州	五星级海滨营地，位于波罗的海区域，提供超一流的设施和多种多样的活动，如海钓、高尔夫、篮球、排球等，配套有酒店、冰淇淋屋、美容屋等设施
822	霍尔默霍夫营地（Camping Holmernhof）	巴伐利亚州	配套有室内外游乐和运动场，以及室内泳池、室外泳池、恒温泳池和儿童泳池在内的多规格泳池，对于想放松的人可自由享受日光浴、水疗或是美容
823	特雷普尔斯费尔森露营地（Campingplatz Am Trepplesfelsen）	拜仁州	营地位于广阔的草坪上，提供帐篷、房车及公寓露营设施，同时提供众多水上运动、山地运动体验项目，是户外爱好者的天堂
824	卢克斯绿洲游乐园营地（Camping-& Freizeitpark LuxOase）	萨克森州	紧邻湖泊，被田野和森林包裹其中，营地半小时路程内分布着许多壮丽的城堡，距离萨克森城堡和森珀歌剧院路程也很近；提供住宿和设备租赁服务，配套泳池、蒸汽浴、桌球、篮球等多项运动
825	波罗的海自然营地（FKK Camping Ostsee）	石勒苏益格–荷尔斯泰因州	位于费马恩岛（Fehmarn）岛东侧，海滨风情浓郁，提供音乐、运动、休闲等多种休闲场地，配套儿童游乐中心和宠物乐园等不同场所
826	卡勒塔尔营地（Campingpark Kalletal）	北莱茵–威斯特法伦州	位于威悉山地（Weserbergland）山脉及条顿堡林山（Teutoburg Forest）森林之间，周围风景如画，提供丰富的陆地和水上游乐运动项目，如滑水、迷你高尔夫等
827	卡格尔布施营地（Campingplatz Kagelbusch）	石勒苏益格–荷尔斯泰因州	位于卡格尔·布什海的海滩旁，配套有大型运动场和游乐场，提供针对大人和儿童的多种项目，如冲浪、游泳和球类运动，对于想放松的人有桑拿、水疗等选择
828	阿特霍夫营地（Camping Arterhof）	巴伐利亚州	虽配套有现代化的露营设施，但颇具传统形式的各类活动却传达出怀旧的度假氛围
829	无忧宫营地公园（Camping Park Sanssouci）	勃兰登堡州	周围散落分布着 14 座宫殿，浪漫的古典文化和大海深邃悠远的景观互相映衬，分外美丽，游客可乘车、坐船等来一段怀旧之旅
830	杜伊茨兰多克托尔湖营地（Camping Doktorsee Duitsland）	下萨克森州	氛围清幽，十分适宜独自或组团度假；木屋、房车等露营设施齐全，配套有淋浴间、厨房等设备；为儿童专门开辟的运动游乐场所让家庭出行省心
831	吕讷堡石楠草原自然露营公园（Naturcamping Lüneburger Heide）	下萨克森州	位于吕讷堡荒野自然公园内，是欧洲最大的荒地，也是远足、骑行的最佳地点，有众多游乐场所，能够欣赏到独特的荒野景观
832	林道露营公园（Park-Camping Lindau）	/	位于博登湖湖畔，提供一流的美食，可以欣赏风景如画的阿尔卑斯山

续表

序号	名称	地理位置	特色主题
833	古盖营地（Campingpark Gugel）	莱茵兰–普法尔茨州	位于黑森林和孚日山脉之间的阳光明媚的马克格拉斐兰德（Markgräflerland），被称为德国托斯卡纳；提供法国的生活方式，配套餐厅、酒吧，并提供丰富的儿童游乐、户外休闲、户外运动
834	明斯特黑森林营地（Camping Münstertal Schwarzwald）	巴登–符腾堡州的巴特克罗青根	置身营地之中可以尽享黑森林南部的纯净空气和静谧时光，营地还配套有滑水、山地自行车租赁等服务，设备设施包含了各种球类运动、加热泳池等
835	假日公园奥斯特塞露营地（Ostseecamping Ferienpark Zierow）	梅克伦堡–前波美拉尼亚州维斯马市	位于安静的小镇边陲，浪漫的波罗的海沙滩、葱郁的树荫、纯净的海景能让游客尽情放松，营地还提供各种球类运动和潜水课程
836	美因斯佩萨尔特公园露营公园（Camping Main–Spessart–Park）	巴伐利亚州	营地深入森林，同时距离河流仅 500 m，设施一流，尤其适合家庭度假，营地内活动场地众多，爱好水上游戏的也可选择划独木舟、垂钓、滑水等
837	太阳湖自然家庭及运动营地（Naturisten FamilienSport–und NaturCamp Sonnensee）	下萨克森州	位于湖畔，附近有博物馆、歌剧院、动物园等休闲娱乐场所，提供餐饮、自行车租赁等服务，配套有洗手间、淋浴等基础服务设施
838	田野自然营地（Campingpark Lug ins Land）	巴登–符腾堡州	提供房车、公寓、移动木屋的度假住宿租赁，提供私人导览服务，营地内建设有室内和室外运动娱乐场，配套室外泳池、儿童专用泳池、恒温泳池等
839	森夫滕贝格湖家庭公园（Familienpark Senftenberg See）	勃兰登堡州	拥有自己的私人沙滩，直通湖边，主打亲子度假主题，提供丰富多彩的活动，特别适宜 12 岁以下儿童游玩
840	海边营地（Waging Am See Campingplatz）	巴伐利亚州	营地邻近海边，卵石滩是一大特色，配套有室内外游乐场和一个运动中心，提供房车和公寓租赁服务
841	霍恩·哈根营地（Campingplatz Am Hohen Hagen）	下萨克森州	德国中心地区最知名的五星级营地，充满田园风情的人文和自然景观让人心旷神怡，提供一流的美食和多样游乐设施，包含泳池、高尔夫、桌球等
842	克兰恩索夫营地（Kleinenzhof）	巴登–符腾堡州	位于黑森林地区舒适宜人的营地，十分适宜家庭度假，除了必备的泳池、球类运动场等，营地还特别设立了儿童俱乐部，配套多种适合儿童游玩的设施

3. 法国自驾车营地

序号	名称	地理位置	特色主题
843	桑达亚勒拉诺连营地（Camping Sandaya Le Ranolien）	布列塔尼	位于法国自然保护区的中心地带，在保存完好的布列塔尼农场基础上改建而成，营地被粉红色的花岗岩海岸环抱，并巧妙的将海岸陡峭景观融入景观设计，整体生态环境极佳，营地内配置了五星移动房屋、球场、瀑布与水滑道相融合的水上乐园。550 m^2 的特色水疗中心各类设施也极具特色
844	萨斯·罗布雷奇营地（Sas Robrech）	阿尔卑斯蓝色海岸大区	位于圣特多佩，距离佩洛尼海滩仅 2 分钟步行路程。这里是世界明星、富豪、各国皇室的度假首选目的地。该营地拥有空调住宿、户外泳池花园和汽车与房车租赁服务，提供内部私人停车场。另外，营地为客人提供自行车租赁，客人可自行在附近体验骑行
845	迪耶讷酒庄营地（Domaine de Dienne）	阿基坦大区	多样化的活动及极具特色的住宿设施，如蒙古包帐篷等
846	埃斯特雷尔营地（Esterel）	法国普罗旺斯	位于蓝色海岸圣拉斐尔东北方向的郊外，多元化的住宿，综合型的游乐活动，度假村般的氛围

序号	名称	地理位置	特色主题
847	扎加雷拉营地（Le Zagarella）	普瓦提埃区	位于普瓦提埃 (poitevin) 沼泽附近，有数英里长的1600亩的沙滩、松树林和橡树林，还拥有一个超大型的未来时空乐园
848	玫瑰园爱若特露营酒店（Airotel Camping La Roseraie）	拉博勒-埃斯库布拉克	以水上活动及齐全的运动活动设施著称
849	湖畔森林营地（Au Bocage du Lac）	布列塔尼	紧邻风景优美的湖泊，可以直接通往沙滩，风格突出的水岸风情让人印象深刻
850	海洋果园营地（La Pommeraie De L'ocean）	布列塔尼	位于法国一处自然公园内，距离海岸线仅 1 km
851	克莱门汀营地（La Croix Clementine）	朗格多克-鲁西永大区	位于一处自然公园内，距离加尔东河仅有 3 km，周边植被丰茂，环境清幽
852	新弗洛里达海滩俱乐部（Beach Club Nouvelle Floride）	马赛	科特达祖尔，法国地中海海滨休假胜地
853	阿里内拉·比安卡营地（L'arinella Bianca）	科西嘉岛	家庭营地度假的绝佳选择，设施齐全，在阳光沐浴下的短暂放松或长时间度假皆相宜
854	龙之域营地（Domaine De La Dragonniere）	朗格多克-鲁西永大区	有丰富的活动设置，无论是带儿童的家庭或是陪伴父母出游都能在这里获得非凡体验
855	卡玛格湿地营地（La Petite Camargue）	奥克西塔尼大区	位于地中海旁，占地 40 公顷，配套设施一流，马术中心和超大的水上游乐中心无疑是营地最吸引人的地方
856	阳光营地（Le Soleil）	奥克西塔尼大区	开设于 1964 年，是落日和溪水爱好者的绝佳度假胜地，有沙滩和超大戏水游乐场，游客还可选择垂钓、日光浴等特色活动
857	大匕首营地（Le Grand Dague）	法国南部阿基坦大区	位于田园风情浓厚的山谷中，邻近 A89 号公路，距离法国历史文化名城佩里格市开车仅 10 分钟，提供房车、木屋多种住宿选择，还有水上游乐、河道漂流、徒步等活动
858	马内盖尔内韦营地(Mané Guernehué）	法国西北部布列塔尼	拥有布列塔尼地区所有美好的食物，沙滩、清澈海水、文化古镇等让人彻底放松，配套有超酷的水上游乐场，提供儿童看护服务以及马术骑行、健身、水疗等多项活动
859	海鸥营地（LES MOUETTES）	法国西北部布列塔尼	营地邻近布列塔尼地区最美丽的海湾，拥有 14 公顷的森林和花园；水上活动丰富，配套有超大水上公园和室内水疗池，提供超级市场、甜品屋等生活设施
860	大梅泰里营地（La Grande Métairie）	卡尔纳克	营地前身是一个拥有悠久历史的农庄，占地超过 15 公顷，宜人的气候，超棒的沙滩让其成为家庭度假首选
861	红杉公园营地（Séquoia Parc）	法国西部普瓦图-夏朗德大区	距离海岸仅有 7 km 的家庭露营胜地，配套有 4 个泳池的大型水上乐园，提供按摩、桑拿、水疗等休闲服务，屋顶有近 800 m^2 的日光浴室，迷你俱乐部为 4-12 岁的孩子提供多样娱乐活动设施
862	雅黛歌自然公园营地（Nature Parc L'Ardéchois）	罗讷-阿尔卑斯大区	位于法国南阿什代尔的知名葡萄酒产区，高标准的配套设施十分齐全，包含了各类适用于儿童、婴儿和残疾人的露营设施，最吸引人之处在于丰富且宜人的徒步路线
863	旺德尔营地（Domaine La Yole）	奥克西塔尼大区	位于地中海海岸地区，是有着超过 40 年历史的五星级优秀营地；拥有水上乐园、健身中心、运动场等各类娱乐设施，最引人注目的是拥有悠久历史的酿酒厂，酿酒厂占地超过 110 公顷，游客可以品尝各种品质优秀的葡萄酒
864	德朗考特营地（Domaine De Drancourt）	皮卡第大区	营地 2 km 处有一个中世纪风情的文化小镇，因众多知名画家的墙体绘画艺术而知名；可以选择徒步、骑行或是在营地内配套的水上乐园中嬉闹

续表

序号	名称	地理位置	特色主题
865	奥蒂山谷营地（Le Valle D'authie）	皮卡第大区	距离优良的天然海滩步行仅 10 分钟，可以选择在海滩尽享日光浴或者在营地配套的占地 7 公顷的乐园内休闲放松

4. 英国自驾车营地名录

序号	名称	地理位置	特色主题
866	怀特克里夫海湾度假营地公园（Whitecliff Bay Holiday Park）	英格兰南部	营地氛围绝佳，在海滨休闲和乡村风情之间形成了完美的平衡，一侧是茂密幽深的森林景观；另一侧是阳光闪耀，开阔怡人的沙滩
867	海景国际度假公园（Seaview International Holiday Park）	英格兰南部	康沃尔郡南海岸地区设施一流的舒适营地代表，提供室内外泳池、迷你高尔夫、桌球等娱乐活动，洗衣、烹饪等配套设施齐全，允许携带宠物
868	沃克斯豪尔度假公园（Vauxhall Holiday Park）	英格兰东部	大雅茅斯和诺福克湖区交汇处的宜人营地，拥有 45 年的运营历史，配套有室内外泳池、水上乐园、比萨店、酒吧等设施
869	亨德拉度假公园（Hendra Holiday Park）	英格兰南部	设施齐全，提供酒店、淋浴帐篷、房车等各类住宿设施，配套有室外恒温泳池、室内带水滑道的水上乐园，儿童俱乐部等设施
870	喷特湾沙滩度假公园（Pentewan Sands Holiday Park）	英格兰南部	坐落于梅瓦吉西海湾，2008 年被英国 Out and About 杂志评选为最美丽海滩，营地内住宿设施以拖挂式房车为主，依托海滩开展了冲浪、帆船等海上活动
871	海勒山谷度假公园（Hele Valley Holiday Park）	英国西南部	五星级家庭友好营地，距离伊福拉康比仅 20 分钟步行路程。营地依山傍海，每个营位都有良好树荫遮蔽，提供高尔夫、儿童乐园、滨海等丰富活动

5. 意大利自驾车营地名录

序号	名称	地理位置	特色主题
872	意大利露营小镇（Italy Camping Village）	威尼托	距离威尼斯和圣马可广场有 40 分钟的船程，坐落在海边，拥有超大沙滩，配套有游泳池、比萨店、海滨酒吧、超市等设施
873	联合丽都营地（Union Lido）	威尼斯湖和历经沧桑的亚得里亚海之间	丰富多彩的游乐活动和休闲活动
874	杰索罗露营小镇（Jesolo Camping Village）	威尼托大区利多迪耶索罗	占地 11 公顷，位于广阔的海滩上，距离威尼斯很近，完全能满足国内外游客的愿望和需求；大部分的娱乐、健身及体育设施为免费，是培养露营兴趣的理想场所
875	塞斯托房车公园（Caravan Park Sexten）	意大利北部的南蒂罗尔白云石山区	毗邻 Sesto Dolomites Natural Park，主打奢华露营，提供超大规格营位，泳池、水疗及多样化的运动场地一应俱全
876	拜亚多米提亚村营地（Baia Domizia Villaggio）	意大利西南部、加利格里阿诺河自然公园	坐拥超过 1km 长的海岸，拥有 1000 多个树荫连连的露营场所，泳池及多样活动设施是特色
877	巴克皇家营地（Barco Reale）	托斯卡纳大区	原生态的乡村风景、丰盛的葡萄园、葱茏的橄榄树和诸多独特民宿，健全的露营设施及成熟的露营服务也同样为人们津津乐道
878	克罗地亚营地（Piani di Clodia）	威尼托	营地占地 26 公顷，配套 7 个大型泳池、2 个大型足球场，另外还有乒乓球、网球、羽毛球、沙滩排球、保龄球、瑜伽健身馆等设施，同时营区的三个大型餐厅从早到晚都会供应各种美食
879	巴瑞卡特度假营地（Barricata Holiday Village）	威尼托	位于 Pò Delta 国家自然公园的中心地区，对于海滩爱好者而言是绝佳的度假胜地，营地内各种设施一应俱全，各种水上、球类、健身、休闲活动应有尽有

续表

序号	名称	地理位置	特色主题
880	原乡营地（Residence Village）	威尼托	距离威尼斯非常近，拥有宜人的风景、凉爽的气候和欧式风情满满的沙龙，泳池、沙滩、娱乐塔、各种住宿设施一应俱全
881	伊萨米尔度假营地（Isamar Holiday Village）	威尼托	创立于1971年，位于从威尼斯通向罗马的景观大道旁，30km范围内分布着若干历史小镇，随着对现代露营设施进行的升级，营地成为欧洲范围内最知名营地之一
882	国际旅游村度假营地（Villaggio Turistico Internazionale）	威尼托	营地邻近Bibione中心，坐落于亚得里亚海最迷人的沙滩上，占地超过15公顷，提供2—3人客房或单人客房等不同规格的住宿设施，各类设施和娱乐活动也十分多样
883	拉古纳布鲁乡村营地（Camping Village Laguna Blu）	萨萨里	奢华五星海岛型营地，营地坐拥私家沙滩、海岛森林，配置有临海水上乐园，可开展独木舟、帆船等水上运动
884	威尼斯码头营地（Village Marina Di Venezia）	威尼托	营地邻近威尼斯，迷人的环境和丰富的水上娱乐活动让它与众不同，拥有碰碰船、攀岩塔、立体互动（XD）影院、迷你高尔夫等各类运动和休闲设施
885	圣天使村度假营地（Sant'angelo Village）	威尼托	总面积超过20公顷，拥有私人沙滩，一流的设施、舒适的住宿和令人惊叹的泳池，还配套有婴儿看护室和儿童俱乐部，是绝佳的度假目的地
886	卢比康露营村（Camping Villaggio Rubicone）	艾米利亚－罗马涅大区	拥有190m长，50m宽的沙滩，地中海风光一览无余，配套有各类房车、木屋、别墅等设施，水上娱乐设施丰富多元
887	卡瓦利诺露营村（Camping Village Cavallino）	艾米利亚－罗马涅大区	完美的滨海型营地，将水上娱乐特色发挥到极致，配套有成人及儿童的多样化水上娱乐公园项目
888	蓝湾拉托尔图加露营村（Camping Village Baia Blu La Tortuga）	艾米利亚－罗马涅大区	位于北撒丁岛中心地区，有房车、帐篷、移动木屋多样化露营选择，以滨海休闲及水上娱乐为特色
889	海松露营村（Camping Village Pino Mare）	乌迪内省Lignano Sabbiadoro度假区	营地拥有近1km长的海岸线及迷人的松树林，提供品质舒适的露营体验，休闲吧、健身房及各种娱乐设施完备
890	圣方济各乡村露营地（Camping Village San Francesco）	伦巴第州	五星营地，位于加尔达湖畔，提供丰富的徒步及水上活动
891	阿科宿营地（Ab&c Arco Bed and Camping）	特伦蒂诺－上阿迪杰大区	为家庭及喜欢户外运动的人提供舒适的环境，配套洗衣房、自动贩售机及超大球场、游泳池、游戏室等设施
892	西尔韦拉欧洲营地（Campeggio Europa Silvella）	伦巴第大区	可以俯瞰意大利最大的湖泊加尔达湖，自然环境优美，提供丰富的户外活动
893	柯林斯玫瑰花园营地（Camping Catinaccio Rosengarten）	特伦蒂诺－上阿迪杰大区	坐落于滑雪天堂多洛米蒂山脉，海拔1320m，冬夏都开放；配备高山向导，可以体验各类高山运动，同时配备足球、网球、射箭等多种运动场所
894	弗尼拉健康家庭露营地（Fornella Camping & Wellness Family Resort）	伦巴第大区	坐落在加尔达湖和大片橄榄树林之间，距离圣费利斯老城仅2km，距离萨罗5km，配套设施完善、生态环境优美，是理想的营地
895	阿布鲁佐玫瑰园营地（Eurcamping Roseto degli Abruzzi）	阿布鲁佐大区	位于亚得里亚海沿岸，坐落在一个绿色安静的区域，配套有帐篷、木屋，提供排球、网球、篮球等运动场所，同时有自行车租赁服务
896	斯阔内托庄园舒适营地（Comfort Camping Tenuta Squaneto）	皮埃蒙特大区	坐落于意大利的美食之城——皮埃蒙特，被誉为美食美酒天堂，生产世界上最贵的阿尔巴白松露，还有意大利酒王巴罗洛

6. 奥地利自驾车营地

序号	名称	地理位置	特色主题
897	奥芬费尔德舒适型露营地（Erlebnis Comfort Camping Aufenfeld）	蒂罗尔州	位于阿尔卑斯山脉齐勒河谷（Zillertal）谷，被称为“世界上最刺激的山谷”，提供丰富多样的与滑雪相关的运动，如高山滑雪、雪地徒步、滑雪巡游等
898	蒂罗尔祖格皮策舒适露营地（Tiroler Zugpitze Comfort Camping）	蒂罗尔州	背靠阿尔卑斯山脉楚格峰（Zugspitze），与德国仅“一峰之隔”，能够欣赏到 4 个国家不同的风景，可体验自行车骑行、登山、攀岩以及滑雪等休闲运动
899	西布里克托尼露营地（Camping Seeblick Toni）	蒂罗尔州	所在区域拥有蒂罗尔州最美丽的湖畔之一，提供五星级的营地配套与服务，每个营位都提供电源、饮用水、天然气、无线网络等基础配套服务
900	阿亨湖施瓦泽瑙露营地（Achensee Camping Schwarzenau）	蒂罗尔州	位于蒂罗尔州最大的湖泊阿亨湖（Achensee）湖畔，全年开放，营区为梯田区域，每个营位都可观赏到周边山水景色
901	施卢加黑马戈尔露营地（Schluga Camping Hermagor）	克恩滕州	依山傍水，配备帐篷、房车、可移动木屋别墅等住宿设施，能够体验徒步、山地自行车、山地滑雪、滑冰等丰富多样的户外休闲运动
902	沃弗尔古特运动营露营地（Sportcamp Woferlgut Campsite）	萨尔茨堡州	位于奥地利最高峰大钟山（Großglockner）山脚下，靠近陶恩山（Hohe Tauern）国家公园，配套先进的健身房及丰富的休闲娱乐场所，依托温泉资源开发了水上乐园、温泉疗养、温泉洗浴等服务
903	伯格斯托勒舒适露营公园（Komfort-Campingpark Burgstaller）	卡林西亚州	占地 8 公顷，距米尔施塔特湖 (Millstätter See) 湖仅 100m，配套建有儿童专用区、婴儿护理室、残疾人专用设施，以及丰富的户外运动休闲场地，如足球场地、沙滩排球、骑马场等，还有各类休闲娱乐场所，如音乐馆、电影院等
904	南岑阿尔卑斯露营地（Alpencamping Nenzen）	福拉尔贝格州	荣获 2011 年德国 全德汽车俱乐部（ADAC-CAMPING-AWARD）最佳营地大奖，位于南辛格·希梅尔（Nenzinger Himmel）自然公园内，配套建设有室内外游泳池、桑拿房等设施，提供多种户外徒步线路指导和建议
905	布伦纳湖畔露营地（Camping Brunner am See）	卡林西亚州	营地荣获 2007 年最佳露营设施奖，位于米尔施塔特湖 (Millstätter See) 湖畔，风景秀丽，为大人和儿童专属设计的贴心设施，能给游客一份独特的露营体验
906	格鲁布霍夫露营公园（Camping Park Grubhof）	萨尔茨堡州	以提供豪华露营为特色，以四季不同的露营活动而知名，在冬季以提供带有水疗的情侣浪漫露营为卖点，营位都拥有超大的空间和豪华的配套设施
907	采尔湖湖畔营地（Seecamp Zell Am See）	萨尔茨堡州	位于采尔湖（Zeller）湖北侧，在营地中可尽享远处的湖光山色，冬季被白色覆盖时别有一番风情，可开展有益身体的滑冰、滑雪、高尔夫等丰富的运动项目，独特的文化之旅也能带来别样体验
908	黑马戈尔－纳斯费尔德公园（EuroParcs Hermagor-Nassfeld）	卡林西亚州	五星级营地，营地配套有健身中心、桑拿水疗房、小马牧场等设施
909	曼特尔露营地（Camping Mentl）	卡林西亚州	位于著名滑雪区盖利岑山，营地设施一流，建设有水滑道及运动儿童乐园，开设有晨练、徒步、爬山等活动，还根据季节开展户外音乐等特色活动
910	纳特勒湖假日天堂营地（Ferienparadies Natterer See）	提洛尔	山间湖畔型营地，夏季戏水、冬季滑冰是营地核心特色
911	施卢加－塞露营自然公园（Naturpark Schluga-Seecamping）	卡林西亚州	森林湖畔型营地，仅在每年夏季开放，可以远眺山岳风光，提供树荫及阳光多种营位选择，水电、淡水、网络等设施完备，儿童看护服务周到
912	艾布纳露营地（Camping Ebner）	卡林西亚州	湖畔型营地，营位区依山环水，配套有户外加热泳池，儿童乐园等
913	蒂罗尔洛伊塔什营地（Tirol.Camp Leutasch）	提洛尔	营地坐落于海拔 1200m 的阿尔卑斯山域，开设有丰富的滑雪活动，配套泳池、桑拿及水疗等

续表

序号	名称	地理位置	特色主题
914	齐勒塔尔地狱费里恩度假村（Hells Ferienresort Zillertal）	提洛尔	位于齐勒河谷 (Zillertal) 第一度假区，群山环抱、邻水而建，是四季型营地，户外骑行等休闲活动极具趣味
915	伯格霍夫露营地（Camping Berghof）	卡林西亚州	位于奥西阿赫湖 (Ossiach) 湖畔，拥有超过 50 年的运营历史，各种休闲、运动及娱乐设施分布在 5 公顷的绿地中
916	阿尔卑斯阿亨湖大篷车公园（Alpen Caravan Park Achensee）	提洛尔	位于提洛尔地区最大湖泊——阿亨湖（Achensee）北岸，周围交通十分便利，营位硬件配套齐全

7. 荷兰自驾车营地

序号	名称	地理位置	特色主题
917	维尔德霍夫露营地（Camping de Wildhoeve）	荷兰格尔德兰省	1995 年荷兰年度营地大奖，周围分布着天然湖泊和茂密森林，设施齐全且舒适，为儿童和大人特别设立的丰富活动体系让大家都能自得其乐
918	亨泽达尔露营地（Camping Hunzedal）	弗里斯兰省	营地环境生态自然、现代设施齐全，为游客提供了绝佳的放松和休闲胜地，配套有室内外加热泳池、高尔夫、水上运动等项目，还特别为儿童开设了运动训练课程
919	维吕韦斯特兰巴德露营地（Camping – Veluwe Strandbad）	弗里斯兰省	位于湖畔，靠近沙滩，设有游乐场和运动场，可以体验冲浪、游泳等水上活动
920	包道格露营地（Camping de Paal）	北布拉班特省	荷兰知名的以亲子为亮点的家庭营地，设有水上乐园、游泳池，配套完善的基础服务设施，是儿童户外休闲游玩的天堂
921	德特威布鲁根露营地（Camping De Twee Bruggen）	格尔德兰省	营地周围风景宜人、景色秀丽，内部配套奢华，不仅拥有各种规格的营位，且设施完备，除了房车外，还拥有各种房型的木屋、别墅等，特色活动也是营地一大特色
922	洛伊克米尔假日公园（Vakantiepark Leukermeer）	林堡省	位于马斯杜宁De Maasduinen国家公园中的洛伊克米尔(Leukermeer)湖畔，坐拥 300 公顷的水域、森林营地保证了营地可提供类型丰富的娱乐活动，且能提供室内泳池和视野超棒的度假屋
923	惊叹露营地（Camping Marveld）	荷兰格尔德兰省	位于荷兰与德国交界处，所在区域自然景色优美，人文气息浓厚；营地服务和活动丰富，提供了室内泳池、桑拿、按摩等休闲活动，还提供了钓鱼、健身等运动项目
924	克瑞姆特克塞尔度假公园（Camping De Krim）	北荷兰省	位于特塞尔和弗里斯兰群岛设施最完备的国家公园内，不仅拥有森林、沙滩、花田等诸多自然景观，游客还可以在这里享受到徒步、骑行等丰富多样的活动
925	特斯佩格尔特休闲公园露营地（Camping Recreatiepark Ter Spegelt）	北布拉邦省	以超棒的亲子氛围而知名，共有 500 个露营泊位，其中大多数都邻近水边，拥有超棒的景观视野，并且以此为基础设立了丰富的水上休闲活动
926	阿纳姆地露营地（Camping Arnhem Land）	荷兰格尔德兰省	位于费吕沃(Veluwe)地区最美丽的地方，地处森林之中，配备网球场、弹跳城堡、迷你高尔夫球场和各种游乐场
927	德阿赫特斯特霍夫露营地（Camping De Achterste Hoef）	北布拉邦省	位于荷兰知名的乡村旅游景区，独特的景观和风情让人身心均可得到完美放松；配套有各种规格的泊位，且配套有超市、室内外加热泳池等设施
928	韦斯特霍夫露营地（Camping Westhove）	泽兰省	主打亲子品牌，配套有服务完善的儿童看护中心，度假游客可放心将孩子交由看护中心照料，便可自由享受属于自己的一天，此外还配套有室内外水上乐园
929	谢尔德奥德露营地（Camping Scheldeoord）	泽兰省	视野辽阔的海滨型营地，以种类丰富的活动和完善的服务而知名，游客可以在这里徒步、爬山、钓鱼、游泳、高尔夫和健身，提供儿童俱乐部等特色服务

续表

序号	名称	地理位置	特色主题
930	兰达尔斯卢夫特瓦莱露营地（Camping Landal Sluftervallei）	北荷兰省	荷兰知名的海滨营地，拥有安静辽阔的氛围、丰富多彩的自然活动；顶级餐厅品质的特色美食也是一大特色；提供儿童俱乐部、冰淇淋屋、特色集市等特色休闲设施及活动
931	卡拉桑德露营地（Camping Callassande）	北荷兰省	荷兰省北部海滩上的知名奢华营地，拥有柔软干净的舒适沙滩景观；配套有超大面积的露营营位，还配套有海滩和滑雪度假小屋，室内泳池等各类运动设施一应俱全
932	霍夫多姆堡露营地（Camping Hof Domburg）	泽兰省	因具有国际化知名品质的海滩而出名，步行几分钟就可到达荷兰历史上最为悠久和景色最为宜人的多姆堡海滩，配套海滩有蓝旗标志，也意味着良好的航海品质
933	滕珀尔霍夫露营地（Camping Tempelhof）	泽兰省	景色宜人的特色海滨型度假营地，最为出色的是其高品质的沙滩和丰富的配套活动，无论你是想安静地享受一场日光浴还是徒步、骑行，都可自得其乐
934	黑格霍斯特平房公园露营地（Camping en Bungalowpark de Haeghehorst）	荷兰格尔德兰省	出色的家庭亲子型营地，最为知名的是超大的室内外泳池，拥有长达45m的欢乐水滑梯，第二大特色是种类丰富、线路多样的骑行娱乐，拥有多达35条自由骑行路线
935	德赫茨胡恩露营地（Camping de Hertshoorn）	荷兰格尔德兰省	位于荷兰中部地区，坐落在风景如画的公园景观中，提供球类运动、市场、泳池等多项配套设施
936	德赫尔登斯博森露营地（Camping De Heldense Bossen）	林堡省	假期孩子们展开户外活动的绝佳去处，精心设计了许多针对儿童的户外拓展活动，还提供儿童看护服务，超级市场等配套设施和服务

8. 瑞士自驾车营地

序号	名称	地理位置	特色主题
937	坎波菲利斯露营村（Campofelice Camping Village）	提契诺州	坐落于马焦雷湖湖畔上，拥有树荫遮蔽良好的超大营位，每个营位都配套有水电接口、免费Wi-Fi等设备设施，还配套有运动场、网球场、小吃店、比萨店等
938	弗拉索牧场露营地（Camping Fraso-Ranch）	瑞士坎托尼朱拉州	坐落于查西鲁峰（Chasseral）山脚下，车程10分钟可抵达纳沙特（Neuchâtel）及比恩（Bienne）湖畔，提供一价全包式的服务，以及包括加热泳池、保龄球场、儿童游乐场在内的多种休闲活动
939	卢加诺穆扎诺露营地（TCS Camping Lugano Muzzano）	瑞士卢加诺市	五星级营地，全年开放，提供丰富的各类活动，骑行范围内分布着有趣的动物园、巧克力博物馆等场馆设施，还特别为孩子们配套了火车乐园等游乐设施，此外每年还有丰富的特色节庆活动等
940	圣莫尼卡露营地（Camping Santa Monica）	瑞士瓦莱州	位于瓦莱州的中心区域，建有超大尺寸的全设备营位，还提供小木屋等多样住宿设施，配套有加热泳池，各类运动场等设施
941	露营地贝拉托拉（Camping Bella—Tola）	瑞士瓦莱州	位于Pfyn国家公园旁，游客可以欣赏到世界文化遗产——壮丽的阿莱奇（Aletsch）冰川景观，静谧的山谷、壮美的阿尔卑斯山脉和营地安静的休闲氛围相得益彰
942	丽都马普露营地（Camping Lido Mappo）	瑞士提契诺州	位于马焦雷湖（Lago Maggiore）右岸，湖水碧蓝清澈，让人心旷神怡，葱郁的山脉和充满地中海魅力的风情小镇让一切都显得与众不同
943	露营地 艾恩瓦德利（Camping Eienwäldli）	瑞士恩格尔贝格	部分营位有良好的树荫遮蔽，营地提供各类专业和非专业的骑行、攀岩路线；设施齐全的水上乐园也是一大特色，配套有加热泳池、按摩泳池、水上滑梯等休闲设施
944	塔马罗露营地（Camping Tamaro）	瑞士提契诺州	位于马焦雷湖（Lago Maggiore）湖岸，营地为无烟营，实行一价全包，营地内配套有超市、比萨及面点店等配套设施

9. 丹麦自驾车营地

序号	名称	地理位置	特色主题
945	维兹比约海滩假日营地（Camping Hvidbjerg Strand Feriepark）	日德兰半岛西海岸	拥有北海（Noord Zee）干净舒适的海滩，建设有不同风情的度假小屋，既有海滨风景的石头小屋也有热带风情的木制小屋，水上活动异常丰富，拥有室内恒温泳池，4 个大型水滑梯等设施
946	费代特露营地（Camping Feddet）	波罗的海区域	除了泳池、运动场等必备设施，各种应季的活动是一大特色，旺季营地提供小型赛车、丛林课程、赛牛等比赛，秋季还提供苹果采摘、南瓜派手作课程等活动
947	本德海滩露营地（Camping Bøjden Strand)	波罗的海区域	有五星级营地必备的一切设施，邻近海滨，拥有三个儿童友好型日光浴沙滩，此外还配套有华丽的餐厅、水上咖啡厅、木屋等设施
948	博索尔海滩营地（Camping Bøsøre Strand)	波罗的海区域	坐落于海滨与森林之间的开阔区域之上，配套有城堡和水上乐园，此外还邻近一所拥有200年历史的庄园，古老的木屋彰显着独有的地域气息，提供骑马等特色活动
949	特雷尔德奈斯露营地（Camping Trelde Næs）	丹麦东南部	距离乐高乐园仅 50km，且拥有自己的沙滩、森林和悬崖景观，水上乐园等设备配套齐全，42 座设施完备的木屋和营位为游客提供非凡露营体验
950	杰斯珀胡斯露营地（Camping Jesperhus）	丹麦北部	是一座家族运营式营地，曾经是一座区域性公园，后发展成为北欧知名的综合性花园旅游目的地。营地配套有高尔夫、水上乐园等设施，植物造型花园也是一大亮点
951	卡特加特露营地（Camping Kattegat Strand）	丹麦北部	所在区域是丹麦最知名的儿童友好区域，沙滩干净、日光温和，营地邻近东胡鲁普（Φster Hurup）小镇，且拥有 600 个营位，每个营位距离沙滩距离都不超过 200m
952	兰克伦登野营别墅（Camping Lærkelunden）	丹麦东南部	拥有全视角的良好水域景观，配套有室内外泳池、游戏屋、健身房及各类运动场
953	詹博露营地（Camping Jambo）	丹麦北部	Jambo 在斯瓦希里语中意思是欢迎，这也正如贯穿在营地中的热情理念一般；配套有露天泳池、儿童迪斯科，还提供水下按摩等休闲活动
954	斯基维伦露营地（Camping Skiveren）	丹麦北部	邻近北海（Noord Zee）的海滨休闲营地，建设有超多的露营营位，拥有私人沙滩、酒吧、比萨店，儿童俱乐部等设施
955	埃默博勒海滩露营地（Camping Emmerbølle Strand）	波罗的海区域	属于典型的传统营地，提供包含帐篷、房车、木屋等各类露营设施，建设有橄榄球、网球、手球、加热泳池等各类运动设施
956	海恩斯特兰德露营地（Camping Henne Strand）	日德兰半岛西海岸	坐落于一个静谧优雅的风情小镇上，邻近阳光灿烂的柔软沙滩，拥有趣味盎然的徒步路线和种类繁多的购物选择，能提供与众不同的露营之旅
957	弗里加德露营地（Camping Frigård）	丹麦东南部	如果游客想体验两国风情的话，这个营地是不二之选，距丹麦与德国交界处仅 3km，区域内散落着与众不同的海滩风景和琳琅满目的购物商店
958	莫尔霍尔特海滩露营地（Camping Mørkholt Strand）	丹麦东南部	距离默克霍尔特海滩（Mørkholt Beach）仅 1.5km、凯勒斯公园（Kellers Park）高尔夫俱乐部 5 分钟车程，配套有室外泳池、儿童游乐场、迷你高尔夫等设施
959	博恩塞海岸露营地（Kyst Camping Bogense）	波罗的海区域	距离波根斯（Bogense）海滩仅有 500m、滨海景观视野开阔，营地设施完备舒适，配套有厨房、起居室完备的露营小屋，健身房、室内外泳池也能让游客肆意徜徉
960	拜尔特露营商店（Camping Storebælt）	波罗的海区域	大贝尔特海峡海岸的出色营地，无论处在营地的任何区域都可欣赏到令人惊叹的海洋景观，依托于此，营地开发了航海、海钓等丰富的海上活动
961	里斯假日公园（Riis Feriepark）	丹麦欧登塞	无论是室内场馆还是室外户外区域都具有安徒生故乡所具有的浓郁童话色彩
962	博恩斯斯特兰德露营地（Bogense Strand Camping）	营地距离博恩瑟中心只需步行 5 分钟	位于伯根斯沙滩露附近，提供私密性良好的房车和木屋营位，每一个营位都配有独立的卫生淋浴间和电视播放器等现代化设施；营地周边有着十分知名的高尔夫球场，步行 8 分钟即可到达诺德芬斯（Nordfyns）博物馆

续表

序号	名称	地理位置	特色主题
963	博恩霍尔姆岛营地（Under Canvas Bornholm）		位于丹麦最大的草原阿尔明丁根（Almindingen）草原内，配套有免费的汽车乐园、日光浴场及奢华帐篷等设施
964	赫维德比约斯特兰德露营度假地（Hvidbjerg Strand Camping & Resort）	丹麦北海美丽的海岸线上	建有传统的露营区、帐篷区、房车区，还有不同级别风格多样的木屋别墅区
965	克里姆斯特兰德露营地（Klim Strand Camping）	丹麦北日德兰半岛西海岸	多元化的住宿设施及大型室内游乐场
966	路肯克里特露营 & 别墅酒店（Camping Løkken Klit）	丹麦北部	坐拥北欧地区最漂亮的海岸，周围高林密布，特别配套了超大的水乐园及蹦床乐园，是绝佳的亲子乐园场地

10. 克罗地亚自驾车营地

序号	名称	地理位置	特色主题
967	双村度假中心（Centro Vacanze Bi-Village）	伊斯特拉县	2000 年 7 月开业的现代化营地，提供具有酒店服务标准的木屋、移动木屋和套房，坐落于布里俄尼群岛（Brijuni archipelago）国家公园的对面，被葱郁的松木林和海滩围绕
968	比耶拉乌瓦拉露营地（Camping Bijela Uvala）	伊斯特拉县	在这里露营意味着远离喧嚣，来一场与海水、清爽空气的激情拥抱；设施完备，建设有商店、酒店、市场等，还配套建设有一个小的港口，可以尽享海上风光
969	吉泽瓦克露营地（Camping Ježevac）	Quarnaro	位于亚得里亚海上最大的 Krk 岛，与陆地通过桥梁相连；该岛屿沙滩纯净、历史悠久、文化独特，让游客来一场和传统的邂逅，提供优质营位和特色度假小屋
970	玛雷达露营地（Camping Mareda）	伊斯特拉县	距诺维格勒（Novigrad）仅 4 km，被一片橡树林包围，拥有一处景观独特的鹅卵石滩，幽深静谧的景观和现代化配套的度假设施让游客既能逃离都市，又能享受到高品质度假
971	乌马格公园露营地（Camping Park Umag）	伊斯特拉县	坐落于一处海湾旁，彰显着自然、和谐与传统理念，有房车营位、传统木屋等设施，还可开展航海、沙滩游戏等，地域风情的风俗和景观也让人眼前一亮
972	斯拉蒂纳露营地（Camping Slatina）	Quarnaro	克罗地亚营地联盟授予的全国最佳营地，拥有地中海式的浪漫风情，所有露营位都临海而立，设施包含四种规格露营位和移动木屋等，拥有两个超棒的卵石滩
973	斯特拉什科露营地（Camping Straško）	达尔马提亚	除了能够欣赏到海洋上壮丽的落日景观和海岛风情外，还提供特色浓郁的活动，比如电影之夜、美食之夜等特色活动
974	韦斯塔露营地（Camping Veštar）	伊斯特拉县	距离罗维尼（Rovinj）中心仅 5 km 路程，位于海岸边，依托海洋开设了丰富的水上活动，是海洋爱好者的度假天堂，提供包含水上雪橇、香蕉船、水上单车、独木舟、泳池等活动
975	波利亚纳村庄露营地（Camping Village Poljana）	伊斯特拉县	位于美丽的洛西尼（Losinj）岛上，提供临海和海上营位两大露营选择，因高品质而获得欧洲蓝旗营地称号，网球、足球、橄榄球、冲浪等运动吸引着大批爱好者
976	扎顿度假村（Holiday Resort Zaton）	达尔马提亚	位于葱郁的松林深处，占地 300 000 m^2，是水上运动爱好者和家庭度假的天堂。营地有儿童友好型沙滩，可开展滑水、帆船、帆伞、水上摩托车及山地骑行等活动
977	乌利卡露营地（Camping Ulika）	伊斯特拉县	拥有蓝旗认证的高品质海滩，且所有营位都被橡树林所遮蔽，一流的环境和过硬的配套设施，让这里的露营生活惬意宜人，营地还配套有运动场、航行港口等设施和场地
978	泽莱娜拉古纳露营地（Camping Zelena Laguna）	伊斯特拉县	滨海型营地，获蓝旗认证。营地内植被丰富，营位能够较好地得到树荫的遮蔽，在邻近海洋的地方建设有超大泳池，配套有港口及日光沙滩浴场等设施

续表

序号	名称	地理位置	特色主题
979	瓦拉尔塔自然主义露营地（Naturist Camping Valalta）	伊斯特拉县	建设于 20 世纪 60 年代，经历了四个不断完善的阶段，拥有了大批忠实的露营粉丝；提供酒吧、比萨店、理发屋等在内的丰富配套，还有儿童迪斯科、滑水等活动
980	帕克莱尼察露营地（Camping Paklenica）	达尔马提亚	邻近帕克莱尼采（Paklenica）国家公园，许多设施都可通用，提供日光浴室、水下按摩、桑拿、泳池、网球、障碍赛、儿童中心等多种服务和娱乐场馆
981	菲尼达露营地（Camping Finida）	伊斯特拉县	地中海风景营地，海洋辽阔、森林高大茂密，在夏季也能清爽度过，建设有超市、集市等，还提供水上划艇等特色活动
982	苏里娜宿营公园度假村 (Camping Park Soline)	达尔马提亚	海滨营地，占地超过 15 公顷，周围森林茂密，配套有专属的私人海滩，提供帆船、海钓等活动
983	斯特拉马里斯营地（Camping Stella Maris）	伊斯特拉县	位于知名的斯特拉马里斯（Stella Maris）度假区，有针对性地开设了许多体育运动项目，如网球学校、赛船、帆船、冬季滑雪等
984	卡泽拉竞技场露营地（Arena Grand Kažela Campsite）	伊斯特拉县	位于伊斯特拉半岛的最南端，拥有两公里长的岩石和鹅卵石海滩以及宽敞的日光浴场，配套游乐场、海滨餐厅、泳池酒吧及各类运动器材和场所
985	阿雷娜旺 99 格拉平豪华帐篷 (Arena One 99 Glamping)	伊斯特拉县	隐秘在茂密的松树林中，邻近波默海滩和亚得里亚海，配备豪华型帐篷等露营设施

11. 比利时自驾车营地

序号	名称	地理位置	特色主题
986	利尔斯贝尔根营地（Camping De Lilse Bergen）	佛兰德斯	可选择自行驾驶房车或携带帐篷前往，或选择到达目的地后租用露营设施，提供房车、树屋、普通帐篷、水上帐篷等多种露营选择，还配套有大型泳池和游乐场
987	阿登贝特里营地（Camping Ardennen Bertrix）	瓦隆尼亚	高标准营地，露营设施配套十分现代化，还有专门为儿童配备的卫生设施，建设有水乐园、泳池等娱乐场所，周围动植物资源丰富，可开展动物观察等活动
988	克鲁苏尔公园营地（Camping Parc La Clusure）	瓦隆尼亚	营地历史超过 15 年，配备有占地 100 m^2 的超大营位。建设有室内外泳池，还提供小型划艇等娱乐活动
989	多尚小瑞士营地（Camping La Petite Suisse à Dochamps）	瓦隆尼亚	整体环境十分安静，散步时不经意间就会偶遇狐狸、鹿等动物，提供露营位出租，还配套房车、木屋、帐篷等，距离著名滑冰地仅 8km 路程
990	银滩露营地（Camping Zilverstrand）	安特卫普省	绝佳的亲子度假营地，为父母设置了徒步、骑行、海滩等活动，为孩子们准备了水上乐园等活动，此外还有手作课程、手工艺品、寻宝之旅等特色活动
991	省级银滩娱乐营地（Provinciaal Recreatiedomein Zilvermeer）	法兰德斯	亲子度假型营地，配套提供钓鱼、冲浪、潜水等丰富的水上运动项目
992	金海德营地(Camping Goolderheide）	法兰德斯	提供房车出租及自搭帐篷露营区，建设有规格多样的各类泳池、丰富的球类运动场地等，还特别为儿童开设了沙雕活动
993	克莱因斯特兰德休闲露营地（Camping Recreatiepark Klein Strand）	法兰德斯	距离布鲁日仅 15 分钟车程，营地内配套有豪华的水乐园，并提供来自世界各地的美食等特色服务

12. 瑞典自驾车营地

序号	名称	地理位置	特色主题
994	博达沙计时露营地（Kronocamping Böda Sand）	卡尔马省	营地邻近美丽的博达（Böda）海湾，提供房车、帐篷、木屋、树屋等多种露营选择，另外一大特色是丰富的体育运动项目，如网球、排球、高尔夫、水上乐园、水上体操等运动
995	索尔维克营地（Camping Solvik）	斯塔万格	位于一处安静的海滩边上，丰富的徒步线路让游客徜徉其中自得其乐，周围分布着野生动物园、水族馆等，提供房车、帐篷、木屋等露营设施
996	戴托夫营地(Camping Daftö）	斯特伦斯塔德市	邻近科斯特哈维（Kosterhavet）国家公园，被海浪冲刷的纯净海滩包围，配套建设有室内外泳池，提供酒吧、游戏室、运动场等设施和场地
997	比约尔坎斯哈夫斯巴德营地（Camping Björkängs Havsbad）	哈兰省	海滨型营地，提供丰富的海边活动如日光浴场、海滩游戏场等
998	克罗诺营地萨克纳斯酒店（Camping Krono Saxnäs）	卡尔马省	位于厄兰岛（Öland），是知名的海岛型营地，一年四季各有风光，春季百花齐放、夏秋各种节庆活动不断，且配套有高尔夫及马术等项目
999	趣味城市家庭公园（Fun City Family Park）	哈兰省	是典型的家庭亲子型营地，以丰富的水上乐园而知名，提供各类泳池及儿童水乐园等项目
1000	阿佩尔维肯营地（Camping Apelviken）	瓦尔贝里	交通便利，最近的沙滩 350m，提供丰富的商店、咖啡厅、酒吧等休闲设施，配套有迷你高尔夫、自行车出租等设施和服务

参考文献

[1] 倪欣欣，马仁锋，吴杨，等 . 西方露营旅游研究动向、方法及对中国森林旅游启示 [J]. 北京林业大学学报（社会科学版），2015,14(04):23-32.

[2] 张宪洪 . 中国汽车营地旅游项目开发运作的理论、方法与实务 [D]. 西北师范大学，2003.

[3] 陆军 . 广西自驾车旅游营地发展研究 [J]. 旅游学刊，2007,127(03):35-39.

[4] 鲍蕾 . 中美汽车露营地发展的比较研究 [D]. 北京体育大学，2014.

[5] 陈海涛 . 功能复合型汽车营地规划设计研究 [D]. 华南理工大学，2015.

[6] 谭玉梅 . 中国汽车露营发展的方向及策略研究——以美国汽车露营发展为参照 [J]. 新视野，2014(3):95-99.

[7] 杨东 . 房车营地消费者行为的调查与分析 [D]. 杭州师范大学，2016.

[8] 王作为 . 黑龙江省房车营地空间布局规划研究 [D]. 哈尔滨工业大学，2012.

[9] 张鸿睿 . 风景名胜区中露营地的规划设计研究 [D]. 南京林业大学，2017.

[10] 羿阳 . 房车度假营地的景观规划设计研究 [D]. 大连工业大学，2019.

[11] 李南辉 . 我国青少年户外营地运营管理及其优化研究 [D]. 武汉体育学院，2020.

[12] 颜文景 . 时区的选择及其影响 [J]. 地理教学，2016(17):58-60.

[13] 马静 , 张河清 , 王蕾蕾 . 研学旅游的价值与意义及研学基地建设实践研究 [J]. 产业与科技论坛，2019,18(14):101-103.

[14] 邵子桐 . 露营地知识知多少 [J]. 专用车与零部件，2015(03):27-31.

[15] 佚名 . 中国人均 GDP 突破 3000 美元经济迎来重大转折期 [J]. 国际贸易论坛，2009(2):55.

[16] 王玮 . 自驾游市场步入“高原阶段”[N]. 中国旅游报，2022-12-15(007).

[17] 武葳 . 自驾游快速增长 业界探讨新机遇 [N]. 中国旅游报，2021-12-30(005).

[18] 万展强，张绍文 . 房车露营地与房车企业多角化经营 [J]. 现代物业 (中旬刊)，2011,10(02):52-53.

[19] 邱尧荣 . 新一轮林地保护利用规划的背景、问题与技术要点 [J]. 华东森林经理，2020,34(S1):1-6.

[20] 关梅，杨志军，刘政，等 . 以第三次国土调查成果为森林资源“一张图”细化调查基础底图数据融合技术路线的探讨 [J]. 山东国土资源，2020,36(08):68-71.

[21] 李景 . 房车营地规划设计研究 [D]. 北京林业大学，2011.

[22] 陈晶 . 房车的发展与选择 [J]. 科技创新与应用，2020(17):55-56.

[23] 杨景升 . 酒店式房车营地设计研究 [D]. 哈尔滨工业大学，2021.

[24] 俞利珍 . 高黎贡山国家级自然保护区资源保护策略探究 [J]. 绿色科技，2021,23(01):82-83.